베트남 사상으로의 초대

베트남 사상으로의 초대

초판 1쇄 인쇄 · 2019년 8월 30일
초판 1쇄 발행 · 2019년 9월 10일

지은이 · 김성범
펴낸이 · 한봉숙
펴낸곳 · 푸른사상사

편집 · 지순이 | 교정 · 김수란
등록 · 1999년 7월 8일 제2-2876호
주소 · 경기도 파주시 회동길 337-16 푸른사상사
대표전화 · 031) 955-9111(2) | 팩시밀리 · 031) 955-9114
이메일 · prun21c@hanmail.net
홈페이지 · http://www.prun21c.com

ISBN 979-11-308-1454-4   93150
값 23,000원

이 도서의 국립중앙도서관 출판예정도서목록(CIP)은 서지정보유통지원시스템 홈페
이지(http://seoji.nl.go.kr)와 국가자료공동목록시스템(http://www.nl.go.kr/kolisnet)에
서 이용하실 수 있습니다.(CIP제어번호 : CIP2019033094)

이 도서는 한국출판문화산업진흥원의 '2019년 출판콘텐츠 창작 지원 사업'의
일환으로 국민체육진흥기금을 지원받아 제작되었습니다.

세계
문화 총서
6

The Invitation to Vietnam's Thought

베트남 사상으로의 초대

김성범

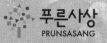

푸른사상
PRUNSASANG

베트남사회과학한림원 철학원 창립 60주년(1959~2019)을 기념하며

한국과 베트남 사상의 만남과 연대를 위하여

붉은 강이 흘러 돌아가는 자리에 하노이(Hà Nội)가 생겼다. 강 건너편
엔 세 봉우리 바비(Ba Vì)산이 보인다. 속선(Sóc Sơn)에 서면 동쪽과 남쪽
으로 산도 없이 너른 북부의 평야지대가 눈에 든다. 눈길을 돌려 북쪽
과 서쪽을 보면 산이 이어지며 푸토(Phú Thọ)를 지나 북부의 산악지대가
펼쳐진다. 산은 산대로 평야는 평야대로 나뉜 베트남은 우리나라와 마
찬가지로 70%가 산악지대다.

내가 처음 도착한 겨울 문턱의 하노이는 젖을 듯 말 듯 비가 부슬거
렸다. 부는 바람에 우유꽃 내음이 거리에 가득 날리고 밤이면 날카롭게
바람이 불었다. 덜컹거리는 창문과 수많은 생각들이 뒤섞여 잠을 청하
기 어려웠다. 몽골의 병사들이 탕롱성에서 추위를 견디지 못했다는 말
의 의미를 알 수 있었다.

그 옛날 월(越)족들은 이런 베트남 북부에만 살았던 것은 아니다. 그
들이 살았던 넓은 공간은 줄어들었다. 하지만 그들의 사유는 시간을 따
라 이어져 흘렀다. 베트남과 우리는 거대하게 소용돌이치는 중화라는

문명의 남쪽과 동쪽에 있다. 주변의 여러 민족들이 이 소용돌이에 휩쓸려 동화되었다. 수천 년 흐름에도 베트남은 우리와 마찬가지로 제 민족의 사유를 간직하고 전했다. 그래서 그 사유의 흐름을 거슬러 오르면 그 근원은 두 민족 모두 자신이다.

우리가 남북으로 분단된 지금의 상황을 해결하는 일도 그 뿌리 가까이로 각자의 현실을 초월해 만나는 한마음이라야 실마리가 보일 것이다. 베트남은 외래의 사상을 제 민족의 고유한 사유로 통섭하는 중이다. 도이머이 정책은 이를 잘 보여준다. 이러한 사상적 측면에서의 도이머이에 관한 연구는 그래서 우리의 통일 논의에도 여러 시사점을 제공한다. 다양한 통일 논의에서 우리는 철학이나 사상에 관한 질문은 거의 하지 않는다.

베트남의 공문에는 독립-자유-행복이 주요 가치로 문서 내용 위에 먼저 제시된다. 어떠한 물질적 풍요도 노예 상태에서 누린다면 행복과는 멀어질 수밖에 없다. 그래서 수천 년 동안 독립과 자유를 지키기 위해 민족의 생존을 건 전쟁을 마다하지 않았다. 평화를 유지하기 위해 협상했을 때 독립과 자유를 빼앗기는 경우가 많았던 역사적 경험을 잊지 않는다.

베트남의 고유한 사유를 듣고 이해하기 위해 노력하면서 나는 나의 근원과 우리 민족의 뿌리에 대해 동시에 깊게 숙고할 수밖에 없었다. 베트남사회과학한림원 철학원에 머물면서 우리 사유의 흐름에 대해 글로 정리하여『한국 사상으로의 초대』를 출판했다. 그리고『베트남 사상사』를 한국에 출판할 수 있었다. 이 글은 이 두 성과를 이룬 토대 위에 비로소 쓸 수 있었다.

이 글은 크게 다섯 부분으로 구성되어 있다. 사유의 흐름이 한 줄로 이어지도록 노력하면서 최대한 간결하게 구성하기 위해 노력했다. 베트남에 대한 큰 흐름을 먼저 이해할 필요가 있다고 생각했다. 그래서 베트남 사유를 일일이 나열하는 것이 아니라, 그 가운데 베트남의 고유한 사유라고 생각되는 중요한 대목만을 들었다. 이 과정에서 필연적으로 선택되지 못한 소중한 사유들에 대해서는 다음 기회로 미룰 수밖에 없는 한계가 분명히 있다. 그리고 그 한계는 현재 필자의 한계이기도 하다.

첫째는 전하는 이야기에 담긴 그들의 고유한 사유에 관해 들어볼 것이다. 여러 이야기 가운데 사상적으로 베트남의 사유를 잘 표현하고 있다고 생각되는 몇 가지를 선택했다. 학술적 접근보다는 사유의 이해를 돕기 위해 기록과 구전을 가리지 않고 풀어냈다.

둘째는 1,000여 년이 넘는 북속 시기에 대한 이야기다. 기원전 179년 어우락국이 남비엣에 멸망하면서 군으로 전락하여 이후 938년까지 식민 통치를 받았다. 고유한 민족적 사유에 대한 고민들이 외래의 사상과 충돌하면서 제 뿌리를 떠올리던 시기였다.

셋째는 불교와 유교가 베트남 사유의 흐름으로 융섭되는 과정이다. 베트남의 고유한 사유의 흐름이 얼마나 강하게 작동하는지 잘 엿볼 수 있다.

넷째는 이른바 근대 시기 프랑스의 침략에 맞서 싸우면서 베트남의 사유가 드러나는 양상을 살펴본다. 우리의 동학과 위정척사, 개화의 논의 등도 함께 비교하면서 들을 수 있다.

마지막으로 호치민에 관한 간략한 이야기다. 베트남 사유의 흐름에서 호치민이라는 인물을 바라보고자 하였다. 1954년 디엔비엔푸 전투를 승리로 장식하며 프랑스 식민주의자들을 몰아내고 독립을 쟁취하는 정면까지 살펴본다.

　이러한 과정을 이해하기에 앞서 베트남 사상사의 흐름을 간략하게 먼저 살펴보도록 하자.

　기원전 2세기 말에서 기원후 10세기까지 북속 시기가 이어졌다. 나의 연구에 따르면 베트남 사유의 특성을 잘 엿볼 수 있는 두 시기는 바로 이 북속 시기와 19세기 말에서 20세기 중반으로 이어지는 시기다. 고유한 사유의 흐름이 외부로부터 강한 충격을 받고 제 뿌리로부터 새로운 싹을 피워 올리던 시기이기 때문이다. 그 과정에서 외부의 사상과 무력을 한편 받아들이기도 하고 활용하는 입장에서 여러 방안을 모색한다. 그래서 모순 관계를 그대로 두면서 때마다 통합하려는 의식이 형성되었다.

　정착 생활 이전 시기의 유적과 유물은 오늘날 베트남 영토에서 발굴되었다 하더라도 직접적인 베트남의 조상이라 단정하기 어렵다. 농경이 시작되고 동굴 벽화도 등장하는 호아빈 문화에 이르러서야 오늘날 베트남 공동체와의 연관성을 이야기할 수 있을 것이다. 호아빈 문화는 7천 년에서 1만 2천 년 전에 형성된 문화다. 세 개의 선이 반복적으로 나타나는 조약돌도 발굴되었다. 리듬, 혹은 어떠한 규칙에 관한 표현으로 알려져 있다. 3을 기본으로 시간을 계산한 것으로 추론하기도 한다.

　4천여 년 전 베트남은 청동기 시대로 접어들었다. 베트남의 청동기 시대는 동선 문화가 대표적이다. 동선 문화에서는 철기도 함께 등장한다. 이 시기에 비로소 여러 마을이 모인 일종의 나라가 형성되었다고 본다. 청동북은 이 시기의 유물이다. 청동북은 태양 숭배 사상을 나타내거나 샤머니즘 의식과 관련된 상징으로 보기도 한다.

청동북 윗면은 천체의 지도이며 양력과 음력을 측정할 수 있다는 주장도 있다. 이에 따르면 홍 임금 시대에는 밤과 낮이 5시간씩 있었다고 추론하며, 응옥루 청동북의 표면에 새겨진 336개의 작은 원은 1년 주기와 상응하는 것으로 본다.

이 시대 사람들은 농업과 항해에 필요한 개별적인 역법을 가지고 있었다. 다양한 이야기들도 만들어졌으며 독특한 예술과 신앙 형태도 등장한다. 양합적 사유는 이 시기에 형성된 오래된 베트남의 사유다. 대립적인 두 상징들이 화해를 이루고 있음을 상징한다. 청동북은 물론 여러 이야기에서도 이러한 베트남의 사유를 찾아볼 수 있다.

건국신화에서도 락롱꿘과 어우꺼가 서로 대립하면서 긴장관계를 유지하지만 끊임없이 통합하려는 만남의 끈을 놓지는 않는다. 선띤과 투이띤은 서로 다투면서도 어느 한 편이 다른 편을 없애버리지 않는다. 베트남 사람들이 만들어낸 이야기에 담긴 이러한 사유는 오늘날에도 이어진다. 베트남의 사유를 이해하는 데 양합적 사유는 우리가 먼저 주목할 필요가 있다. 베트남에서 강한 마을 공동체에 대해서는 잘 알려져 있는데, 이 마을 공동체들 간의 대립과 갈등도 이러한 사유로 지속적으로 통합했다. 일상생활에서는 각자 살아가다가 강한 적의 외침이나 강의 범람과 같은 자연재해에 공동으로 대응해야 하는 것은 생존과 직결된 상황에서는 강하게 통합하여 문제를 극복한다.

기원전 179년 남비엣의 찌에우다는 어우락을 병합하고 이곳을 중심

으로 지아오치와 끄우천 두 개의 군을 설치했다. 이때부터 기원후 938
년까지 북방의 지배를 받은 북속 시기다. 불교를 비롯하여 유학, 노장
사상과 도교 등이 유입되었다. 유학은 유입 초기에 주로 한 통치세력의
지배 이데올로기로 작동했다. 불교는 인도에서 뱃길을 따라 무역상을
통해 먼저 베트남 땅으로 들어왔다. 그리고 인민층에 영향을 끼치기 시
작했다.

북방의 지배에 맞서 처음으로 독립투쟁에 나선 인물은 두 명의 쯩씨
자매였다. 기원후 40년에 소정 태수의 폭정에 맞서 봉기를 일으킨 후
옛 흥 임금의 제도를 회복하고자 했다. 두 번째 독립투쟁에 나선 인물
도 찌에우 성을 가진 여성이었다. 모두 20여 세의 젊은 여성들이었다.
베트남 문화에서 여성의 지위가 어떠했는가를 잘 보여주는 사례다. 불
교가 유입되고 베트남의 고유한 신앙 형태와 만나면서 사법신과 같은
수용 양상이 나타났다. 사법신 모두 여성 신격을 지닌다. 사회적으로
여성의 역할은 다양했으며 오늘날까지도 이러한 경향은 이어진다.

이 시기에 베트남은 강력한 한의 사상과 무력을 경험했다. 하지만 그
이전 수천 년 동안 민족 공동체의 고유한 사유 또한 이어져 내려오고
있었다. 이 둘은 하나가 될 수 없었다. 이 과정에서 민족 독립투쟁의 노
선이 형성되었다. 하나는 북방과 좋은 관계를 유지하면서 적절히 자치
를 유지하는 온건한 노선이었다. 다른 하나는 북방과 대등한 관계로 마
주 서서 싸우는 노선이었다. 첫째 온건한 노선은 부드러웠지만 결국 북
방에 예속되는 길로 빠져들었다. 둘째 대등하게 투쟁하는 노선은 큰 희
생과 실패가 반복되었다. 하지만 점차 희생과 실패를 통해 완전한 독립
을 쟁취하기 위한 역량을 결집시킬 수 있었다.

북속 시기에는 유교와 불교 사이에 논쟁도 벌어졌다. 6세기 이전에 일어난 논쟁 가운데 대체로 세 국면을 주목한다. 첫째와 둘째는 베트남에서 비롯된 논쟁이었으며, 세 번째 논쟁은 직접 베트남에서 일어난 논쟁이었다.

2세기 말에서 3세기 초에 지아오치에서 난을 피하고 있었던 모자(牟子)는 『리혹론』을 지어 논쟁에 불을 지폈다. 두 번째 논쟁은 오에서 벌어졌는데 강승회와 오의 권력자인 손권과 손호 사이에서 일어났다. 강승회는 본래 중앙아시아 사람이었지만 그의 부친이 지아오치 지역에서 무역을 했기 때문에 지아오치에서 공부하고 수행했다. 세 번째 논쟁은 지아오치 지역에서 벌어졌다. 이묘라는 중국인 유학자 관료와 석도고와 석법명이라는 베트남 승려 사이에 일어났다.

541년 제위에 오른 리남데(李南帝) 이후 확실하게 베트남에서도 유학이 중시되었다. 국호와 통치방식에서 유학의 특징이 강하게 드러난다. 아울러 개국사(開國寺)를 세워 불교 또한 주요한 사상으로 받아들이고 있다.

유학의 수용은 이렇게 북방의 지배에 맞서 싸우고 나라를 다시 세우기 위해 필요한 상황에서 적극적으로 이루어졌다. 하지만 마을의 인민에게 유학은 필요하지 않았다. 기원전에 유입한 유학이 대월의 마을에 수용된 것은 15세기에 이르러서야 가능했다.

불교는 만느엉의 이야기에서 우리가 알 수 있는 것처럼 유입 초기부터 마을 인민층과 가까웠다. 물론 인민이 학문적으로 불교를 공부하거나 수행했다는 의미는 아니다. 다양한 측면에서 인민은 불교를 받아들이고 믿었다.

위니다루치 선파는 6세기 말에 베트남에 유입되었다. 위니다루치는 남인도 사람으로 알려져 있으며 574년 당의 수도인 장안에 이르렀다. 중국 선종의 승찬에게 가르침을 받은 후 남방으로 향했다. 580년 베트남의 지아오치 지역으로 들어와 14년을 머물며 선파를 형성하고 도를 전했다.

무언통 선파는 9세기에 베트남에서 형성되었다. 무언통은 중국 승려로 820년 푸동 마을의 건초사 주지로 머물렀으며 826년 입적했다. 이후 선파를 형성하고 도를 전하면서 쩐 시기에 베트남의 고유한 불교 선파인 쭉럼 선파의 형성에 크게 기여한다.

북속 시기에 유입된 외래사상인 유학과 불교는 베트남 사유의 흐름에 많은 영향을 끼쳤다. 유입된 유학을 수용하는 과정에서 베트남 사유는 자주적인 유학으로서 북방 침략자들의 유학과 맞서 싸웠다. 불교 또한 강한 입세간적 경향을 지니면서 베트남의 사유 속으로 흘러들었다.

938년 응오꿔엔이 바익당강에서 남한(南漢)군을 물리치고 1,000여 년의 북속 시기를 종식시켰다. 응오꿔엔은 옛 어우락국의 수도였던 꼬로아를 정비하고 수도로 삼았다. 하지만 북속 상황에서 여러 지역을 근거로 삼아 할거하던 지방 세력들을 모두 통합시킬 수 없었다. 특히 응오꿔엔의 사후에 내분이 일어나자 곳곳에서 지방 세력들이 일어나 분열했다. 이런 세력들 가운데 홍강 유역을 따라 12지역의 세력이 강성했다.

이렇게 분열된 세력을 회유하고 통합하면서 딘 왕조가 일어섰다. 딘 왕조는 호아르를 수도로 삼았다. 국호는 다이꼬비엣(大瞿越)이었으며 연호를 정하고 화폐를 발행하여 경제 체제를 정비했다. 하지만 태자 책봉을 둘러싼 내분이 일었고 실권자였던 레호안이 레 왕조를 일으켰다. 송의 침략을 코앞에 두고 권력을 집중시킬 필요가 있었던 것이다. 레호안은 레다이하인으로 제위에 오른 후 바익당강에서 송의 침략을 물리쳤다. 이후 남쪽 국경을 안정시킨 후 국내 세력들을 다시 평정했다.

레다이하인 또한 태자 책봉 문제와 관련 내분이 일었고 조정은 분열했다. 결국 리꽁우언이 1009년 리 왕조를 일으켰다. 그는 1010년 오늘날의 하노이로 천도했다. 당시에는 용이 오른다는 의미로 탕롱이라 불렀다. 리타이또가 천도의 정당성을 역설한 「천도조」가 전한다.

리 왕조 시기 다이비엣(大越)은 화려한 문화를 꽃피웠다. 다이비엣이라는 국호는 리타인똥 시기인 1054년부터 쓰였는데, 호 왕조와 명의 침략기인 1400~1427년을 제외하고 1804년 베트남이라는 국호를 사용하기 전까지 이어졌다. 황성 인근에는 수공업 마을이 형성되어 수준 높은 도자기와 견직물 등이 만들어졌다. 불교 건축물들과 시문 작품들도 크게 늘었다. 오늘날 『이진시문(李陳詩文)』집이 전한다. 리타인똥 시기에는 타오드엉 선파가 형성되어 불교의 발전을 이끌었다.

쩐 왕조는 리 왕조를 계승하여 다이비엣의 문화와 사상을 더욱 발전시켰다. 몽골의 세 차례 침략을 모두 승리로 이끌어 민족적 자긍심을 드높였다. 대몽항쟁의 선두에 섰던 쩐꾸옥뚜언의 생애와 기록 등을 통해 민족의 생존이 걸린 강한 외침에 맞서 싸우는 베트남 민족의 기본적 원칙들을 이해할 수 있다. 작고 약한 나라로서 크고 강한 외세와 전쟁을 벌이기 위해서는 강한 민족대단결이 요구되었다. 견고한 민족대단결은 부드러운 대응이 가능한 토대다. 이를 위해서 사상 측면에서의 '일심(一心)'이 필요했다. 이러한 시대적 요청에 응하여 형성된 것이 쭉럼 선파다. 쭉럼 선파를 개창한 인물은 쩐년똥이었지만 이미 쩐타이똥이 『금강삼매경』을 들어 기틀을 닦고 있었다. 몽골의 침략에 맞서 싸우면서 한편 가장 베트남 사유의 흐름에 녹아든 불교가 형성된 것이다. 고려시대 우리가 팔만대장경을 새기던 뜻과 크게 다르지 않다.

1368년 중원에서는 주원장이 명을 세웠다. 1392년 조선이 건국되었고, 1400년 쩐 왕조가 무너졌다. 명은 영락제 시기 주변국으로 더욱 세력을 확장했다. 조선은 세종 시기 끊임없는 무리한 요구들로 힘겨웠다. 명은 다이비엣을 직접 침략하여 식민 지배를 통해 막대한 착취를 일삼았다. 1407년부터 20년 동안 다이비엣은 다시 북속 시기에 빠졌다. 1418년 레러이와 응웬짜이를 중심으로 람선 독립군이 명에 맞서 투쟁을 벌였다.

온갖 어려움을 이겨내고 베트남 사유의 흐름에 따라 인민의 마음을 얻어 일심으로 람선 독립군을 이끈 인물은 응웬짜이다. 그는 유학자였다. 그는 유학으로 명과 심리전을 벌이고 사상투쟁을 벌였다. 이 과정에서 유학을 베트남 사유의 흐름으로 통섭시켰다. 그래서 외래사상인 유학을 들어 투쟁을 전개하면서도 모순에 빠지지 않을 수 있었다. 흔히 인의(仁義)를 응웬짜이 사상을 잘 드러내는 개념으로 인정한다. 명의 침략은 인의에 거스르는 폭력이었고, 인의의 목표는 안민이었기 때문에, 안민을 위해 기의를 일으킨 람선 독립군이 명의 폭력을 제거하는 것은 당연한 일이었다. 명의 침략군을 몰아내면서 레러이를 대신하여 쓴 「평오대고(平吳大誥)」와 시 등을 통해 그의 사상과 베트남 사유의 흐름에 대해 흥미로운 점들을 엿볼 수 있다. 이후 레 왕조의 레타인똥 시대에 유학은 전성기를 맞는다.

하지만 레타인똥 이후 유학은 급격하게 퇴락했다. 레 왕조가 쇠퇴기에 접어들면서 농민봉기가 일어났다. 막당중이 봉기를 진압하면서 점차 실권을 장악하고 결국 레 왕조를 무너뜨리고 막 왕조를 세웠다. 유학자들이 레 왕조를 다시 일으켜 레 중흥조를 세우고 막 왕조에 맞섰다. 이렇게 대월은 남북조로 나뉘어 전쟁을 벌였다. 막 왕조에서는 과거시험을 실시해 막 왕조에 충성할 유학자들을 선발했다. 레 중흥조에서도 실권은 레 왕조가 아니라 찐 세력에 있었다. 이렇게 유학자들은 자신이 속한 왕조에 명분을 만들어 다른 왕조와 전쟁을 벌였다. 괴로움은 인민의 몫이었다. 세상을 등지고 은둔하여 때를 기다리는 유학자들도 많았다.

다이비엣에 성리학을 본격적으로 등장시킨 인물로 응웬빈키엠을 든다. 그는 막 왕조에 출사했다 고향으로 돌아와 인민과 어울려 살면서 후학을 양성했다. 그의 제자 가운데 응웬즈는 은둔하여 세태를 비판한 대표적 인물로『전기만록』을 남겼다. 풍칵콴은 레 중흥조에 출사하여 끝까지 현실 정치에서 시대적 책임을 다하려 했다.

이 시기를 대표하는 인물은 레뀌돈이라 할 수 있다. 혼란기에도 비교적 안정적으로 관직에 나아가 수많은 저술을 남긴 인물이다. 그의 저술은 무엇보다 당대의 문제를 해결하기 위해 베트남의 고유한 사유를 찾아 나선 분투의 기록으로서 중요하다. 흔히 다산과 비교하면서 이해할 수 있는 인물이다.

이 시기의 유학은 독자적으로 시대의 문제를 해결하지 못하면서 삼교동원(三敎同源)의 경향을 보인다. 레 중흥조가 막 왕조 세력을 거의 제압할 즈음 오늘날 베트남의 중부지역을 장악하고 있던 응웬씨 세력이 일어섰다. 대월은 다시 크고 작은 전쟁의 소용돌이 속으로 빠졌다.

빈딘의 떠이선 지역에서 세 형제가 일어나 농민들과 소수민족 등의 세력을 규합하여 대규모 농민봉기를 일으켰다. 세력을 확장하여 응웬씨 세력을 몰아내고 북부와 남부로 세력을 확장하면서 오늘날의 베트남과 같은 영토를 형성했다.

삼형제 가운데 응웬훼가 레 중흥조와 부드러운 관계를 유지하며 북부 지역을 장악했다. 이때 북방에서는 청이 일어났다. 응웬훼는 꽝쭝 황제에 올라 세력을 모으고 청의 침략을 물리쳤다. 이 시기를 대표하는 인물은 응오티념이다. 레 중흥조에 절망한 그는 떠이선 농민군의 지도자인 응웬훼를 주목하고 있었다. 『춘추관견』을 저술한 이후 그는 응웬훼와 더불어 청에 맞서 사상투쟁을 벌였다. 청을 물리친 후 새로운 나라를 세우기 위해 준비하던 중 응웬훼의 갑작스런 죽음과 함께 응오티념의 꿈도 무너졌다. 이후 응웬씨 세력이 다시 일어서 떠이선 농민군 세력을 차례대로 무너뜨렸다. 응오티념은 응웬씨 세력에 의해 문묘에서 매질을 당하고 죽음을 맞았다.

베트남의 마지막 왕조, 응웬 왕조는 오늘날 베트남의 중부 지방으로 수도를 옮겼다. 다이비엣이라는 국호는 베트남으로 바뀌었고, 수도인 탕롱은 하노이로 이름이 바뀌었다. 응웬 왕조의 사상적 기초는 유학이었다. 그러나 앞서 살펴본 것처럼 당대 문제를 해결하는 데 이미 유학은 아무런 대안도 제시할 수 없는 상황이었다. 응웬 왕조의 유학은 이전의 생생한 유학이 아니라 교조화된 유학이 될 수밖에 없었다. 즉 정치체제로서의 유학일 뿐이었다. 프랑스 식민 세력은 본격적으로 침략했다. 강제로 무역항을 개항하고 남부 주요 도시들은 프랑스 식민 세력에 넘어갔다.

유학자들과 농민들이 힘을 모아 근왕운동을 벌여 프랑스 세력에 맞섰다. 이 운동은 판딘풍의 흐엉케 기의를 마지막으로 막을 내린다. 응웬 왕조는 명분만 남았고 실제 베트남은 프랑스 식민 세력의 손아귀에 넘어갔다. 유학자들은 경신사상을 제기하고 유신운동을 벌이며 다양한 방법으로 독립운동을 전개했다. 판보이처우와 판추찐 같은 인물들이 이 시기를 대표한다.

그런데 우리가 이 시기에 주목해서 들어볼 베트남 사유의 흐름은 이른바 지식인층의 대응 양상들이 아니다. 인민은 어떠한 움직임을 보였을까?

북부와 남부가 다르다. 자연환경과 인문환경이 전혀 다르기 때문에 대응 양상도 당연히 달랐다. 북부에서는 티엔단 운동이 일어난다. 더 이상 프랑스 식민 세력에 맞설 대안을 찾아내지 못하자 지식인들은 분열했다. 프랑스의 앞잡이가 되기도 했으며, 일본이나 프랑스로 새로운 방법을 찾아 떠나기도 했다. 일부 지식인들은 마을로 내려갔다. 이들은 마을의 정신적 구심점인 딘이나 덴을 중심으로 새로운 운동을 전개한다. 이 과정에서 그들은 무당의 옷을 갖춰 입고 강서를 받기도 하는 등 철저히 마을의 인민 속으로 들어선다. 아무런 대안을 찾지 못했을 때 이들이 찾은 것은 결국 마을의 인민이었다. 베트남 사유의 흐름에서 마을의 인민은 늘 원동력이었다. 티엔단 운동은 곧바로 프랑스에 맞서 독립투쟁에 나설 역량을 구축한 것은 아니다. 하지만 끊임없이 독립투쟁의 역량을 만들어내는 원천이 인민에게 있음을 인식하고 그 원동력으로 되돌아가는 양상을 눈여겨볼 필요가 있다. 베트남 마을은 충분한 역량을 속으로 품으면서 새로운 지도자와 적절한 시기를 기다리게 되는 것이다.

남부에서는 브우선끼흐엉 운동이 일어났다. 북부와 달리 하나의 민족이라는 공동체 의식이 없었고, 강한 마을 공동체도 없었다. 다양한 민족과 종교를 지닌 사람들이 끄우롱강을 중심으로 물줄기를 따라 살아갔다. 베트남과 캄보디아의 국경지대인 처우독은 브우선끼흐엉 운동의 중심지이자 반프랑스 독립운동의 거점이었다. 특별한 종교 시설을 만들지 않고 일을 하는 현장에서 삼삼오오 실천적 수행을 했다. 학불수인(學佛修仁)과 사은효의(四恩孝義)를 중심으로 브우선끼흐엉 운동을 일으킨 서안불사(西安佛師)를 닮고자 했다. 이 운동은 호아하오 불교와 까오다이교 등 여러 민족적 종교 형성에 영향을 끼쳤다.

이 두 운동은 지식인층이 참여하고 있지만 운동의 주체는 인민이다. 이로부터 새로운 독립투쟁의 역량이 축적된 후 적절한 시기와 탁월한 지도자의 등장으로 혁명이 불꽃이 타오를 것이다. 그래서 프랑스 식민세력은 미신이라고 스스로 주장하는 티엔단 운동의 주모자를 체포했으며, 브우선끼흐엉 운동의 근거지인 처우독을 공격한다.

이후 베트남 사상의 흐름은 호치민이라는 인물로 모아진다. 그의 사상을 내가 공부하고자 했을 때 맞닥뜨린 문제가 이것이었다. 어떻게 단결하라는 말에 인민은 그저 단결할 수 있었을까? 그 힘은 어디에서 나온 것일까? 나는 간이직절한 말들의 실천적 원동력을 이해할 수 없었다. 베트남 사상사를 이해해야 했고, 그러기 위해서는 역사와 문화와 무엇보다 베트남 사람들을 이해할 수 있어야 했다. 그 다양한 사람들의 마음을 이해해야 했다.

베트남 곳곳을 돌아다니며 이들 사유의 근원을 어렴풋이 느끼려 노력했다. 10여 년 그렇게 하노이에 머물면서 틈을 내어 베트남 전국을 돌아다녔다. 그런데 그럴수록 베트남의 사유는 내게 다시금 질문을 던졌다. 너의 사유의 근원은 무엇이냐고. 사실 내가 정작 알고 싶었던 것은 우리 사유의 뿌리였다. 그래서 베트남에도 간 터였다. 남북으로 분단된 지금의 상황을 해결하는 일은 그 뿌리 가까이로 현실을 초월해서야 시작될 것이다. 그렇게 베트남의 사유를 고민하면서 찾는 일은, 더불어 나의 근원에 대한 사유와 깊은 사색을 요구했다. 베트남사회과학한림원 철학원에 머물면서 우리 사유의 흐름에 대해 글로 서툴게나마 정리할 수 있었다. 그 후에 베트남 사유의 흐름을 조금 더 이해할 수 있었다.

베트남 사유의 흐름을 따라 아직 아름답지는 않지만 투박하게 형성된 나의 사유 속 베트남 사유의 흐름에 대한 이야기를 풀어놓은 것이 이 글이다. 한국 사상과의 만남을 염두에 두면서 간결하게 쓰려 했다. 다만 그 흐름은 이어져 흐르도록 노력했다. 이 흐름이 건네는 소리를 이해하기 위해 나는 역사의 현장들을 찾아다녀야 했다. 그렇게 부지런히 찍은 사진들을 곁들였다.

낯선 베트남에 관한 원고를 세상에 내놓을 수 있도록 마음을 내어주신 푸른사상사 한봉숙 대표님과 정성껏 편집하고 배려해주신 여러 직원분들께 고마움을 전한다.

2019년 9월

김성범

차례

차례

베트남 사상으로의 초대

제1장

전해 오는 이야기들

전해 오는
이야기들

오랜 시간 내려오면서 이야기들은 사라지기도 하고 덧붙여지기도 한다. 사람들은 아득한 옛날부터 함께 어울려 이야기들을 만들고 전했다. 자연에 대한 이야기들, 먹을 것과 입을 것들에 관한 이야기들, 기억해야 할 사람의 일들……. 그림으로 전하기도 하였고, 무엇으로 만들어 전하기도 했다. 그렇게 수천 년 어울려 살던 사람들에게 말로 전하는 이야기는 풍성할 수밖에 없다.

지금 베트남에는 공식적으로 54개의 민족이 있다. 여러 민족들은 나라를 세우는 이야기, 세상에 관한 이야기, 자연에 대한 여러 이야기들을 가지고 있다. 우리가 들어볼 이야기는 베트남 민족이 전하는 이야기다.

옛 사람들이 자연을 이해하고 그에 맞게 삶을 살아가는 문제는 사유의 형성과 흐름에 매우 중요하다. 그 가운데 베트남 사유의 흐름에서 중요하다고 생각되는 이야기들을 골라 들으려 한다.

락롱꿘(Lạc Long Quân)과 어우꺼(Âu Cơ), 타인지옹(Thánh Gióng), 선띤

타인화 동선 마을 인근 금귀(金龜) 호수. 이 지역을 중심으로 퍼져나간 청동기 문명을 동선 문명이라 칭한다. 청동북이 대표적인 유물이다.

(Sơn Tinh)과 투이띤(Thủy Ting), 츠동뜨(Chử Đồng Tử), 반충(Bánh Chưng) 이야기들은 모두 북부지역의 베트남 문화와 긴밀하게 연관된다. 따라서 이곳에서 베트남의 이야기를 헤아려보는 것은 일차적으로는 오래전부터 전해 내려오는 이야기를 대상으로 삼고 있지만, 오늘날에도 여전히 이곳 베트남 사람들의 사유 안에 살아 있고, 삶에 영향을 끼치고 있다고 생각하기 때문이다. 설날이 되면 조상에게 제사를 지내기 위해서 반드시 반충을 만든다. 국조일이 되면 훙(Hùng, 雄) 임금 사당에서 국가적 규모의 행사가 치러지고, 속선(Sóc Sơn) 정상에는 타인지옹의 동상이 하늘을 향해 세워져 있어 수천 년을 이어온 민족의 자부심과 애국심을 고취시킨다. 바비(Ba Vì)산에도 사당을 방문하는 사람들의 발길이 끊이지 않는다. 오늘날에도 신화는 여전히 많은 사람들에게 기억되고 미래로 이어지고 있다. 이렇게 베트남 민족의 이야기에는 이를 전승하고

베트남 사상으로의 초대

이어가는 공동체의 고유한 사유가 담겨 지금도 살아 있다.

1. 홍 임금, 나라를 세우다

『대월사기전서』의 기록에 따르면 이 이야기는 기원전 2879년으로 올라간다. 유학자가 한자로 기록했기 때문에 비교적 논리정연하며 유학적 느낌이 가미되었다. 그래서 이야기는 신농씨로부터 시작된다. 이렇게 기록된 이야기와 함께 말로 전하는 이야기를 덧붙여 생동감을 넣어 살펴보기로 하겠다.

신농씨의 3세손으로 제명(帝明)이 있었다. 그에게는 제의(帝宜)라는 아들이 있었다. 아들을 낳은 후에 제명은 자신이 다스리던 북방에서 남방으로 길을 떠났다.

남방으로 가는 길에는 오령(五嶺)이 있다. 오령을 넘다가 그는 선녀와 같이 아름다운 무선(婺仙)의 여인을 만났다. 그들은 녹속(綠續)이라는 아들을 낳았다. 녹속은 총명해서 제명은 그 아들을 무척이나 아꼈고 자신의 제위를 물려주고 싶었다. 하지만 녹속은 제위를 물려받을 수 없었다. 북방에는 그의 이복형인 제의가 있었기 때문이다.

그러자 제명은 제의에게는 북방을 다스리게 하고 남방은 녹속이 다스리도록 했다. 녹속은 낀즈엉브엉(Kinh Dương Vương, 涇陽王)에 올라 남방을 다스리게 되었다. 나라 이름은 씩꿔(Xích Quỷ, 赤鬼)라 했다.

낀즈엉브엉은 자유로이 수부(水府)에 다닐 수 있는 능력이 있었다. 바다와 강과 호수를 다니다가 그는 동정호(洞庭湖)에서 한 여인을 만났다.

그들은 숭람(崇纜)을 낳았다. 숭람의 호는 락롱꿘(Lạc Long Quân, 貉龍君)이다. 락롱꿘 또한 바다와 강과 호수가 고향이었다. 그는 낀즈엉브엉에 이어 남방을 다스렸다.

락롱꿘은 농사를 지으며 사람들을 다스렸다. 이때부터 군신의 존비와 부부의 도리가 시작되었다. 하지만 그는 자신의 고향인 물의 나라로 가서 지내는 일이 잦았다. 그럴 때면 땅 위의 사람들이 잘 지내는지 알 수 없었다. 사람들은 나라에 일이 생기면 그를 불렀다. "아버지, 우리들이 살기가 어렵습니다." 그는 즉시 감응하였는데, 인간으로서는 그 능력을 헤아리기 어려웠다.

한편 북방이 평온하자 제의는 아들 제래(帝來)에게 위를 전하고, 치우(蚩尤)에게 나라의 일을 지키도록 부탁했다. 그리고 자신은 남방의 씩꿔로 순수(巡狩)했다. 그때 남방에는 주인이 없었다. 락롱꿘이 수부로 가 있었기 때문이다. 남방에 도착한 제의는 자신이 아끼는 어우꺼(Âu Cơ, 嫗姬)와 여러 시비(侍婢)들을 머물게 하고 홀로 곳곳을 다녔다. 기이한 꽃과 열매, 이상한 짐승과 진기한 새, 코끼리와 금과 은, 후추, 침향, 산과 바다의 특산물 등 없는 것이 없었다. 또한 사시사철 기후가 춥지도 않고 덥지도 않았다. 제의는 무척 즐겨 돌아갈 일조차 잊었다.

북방의 여러 사람들이 오래 머물게 되자 남방의 사람들은 예전처럼 편안하게 살기가 어려워졌다. 상(相)이 무리를 이끌고 용군(龍君)을 불렀다. "아버지, 어디에 계십니까. 북이 침입하여 우리들에게 걱정을 끼치고 있습니다." 그 부름에 용군이 홀연히 나타났다. 그리고 용군은 홀로 남아 있던 어우꺼를 만났다. 아름다운 어우꺼를 본 그는 스스로 아름다운 사내로 화하였다. 시종의 무리가 노래하고 북을 쳤다. 어우꺼 또한 기뻐하며 용군을 따랐다. 그들은 용대암(龍岱巖)으로 숨었다.

시간이 지난 후 제의가 행재(行在)로 돌아왔다. 어우꺼가 보이지 않자 군신에게 명하여 천하를 뒤져 찾도록 하였다. 하지만 용군은 신통력이 있어 요정과 호랑이와 코끼리와 용사(龍蛇) 등 수천만 모습으로 변하였다. 찾는 자들이 두려워 감히 더 찾지 못하였다. 결국 제의도 북방으로 돌아가고 말았다.

용군과 어우꺼는 함께 몇 년을 머물다 커다란 한 포를 낳았다. 상서롭지 못하다 하여 들판에 버렸다. 6~7일이 지나자 포 가운데서 100개의 알이 나와 열렸다. 하나의 알에서 하나의 아이가 태어났다. 모두 100명의 아이들이 태어났다. 이 아이들을 취하여 돌아와 길렀다. 아이들은 젖을 먹이는 수고로움 없이 스스로 자랐다. 수려하고 기이하였다. 지혜와 용기를 모두 갖추어 사람마다 외경하여 복종하면서 이르기를 비상한 조짐이라 하였다.

그런데 예전처럼 용군은 물의 나라에 오랫동안 머무는 일이 잦았다. 그때마다 아이들과 어머니는 땅에 머물러야 했다. 결국 아이들과 어머니는 북국(北國)으로 돌아가려 했다. 이들이 국경에 이르자 북쪽의 황제가 듣고 놀라 병사를 시켜 이들이 북방으로 들어오지 못하도록 막았다. 어쩔 수 없이 다시 남방으로 돌아온 이들은 용군을 불렀다. "아버지, 어디에 계십니까? 우리 모자(母子)를 이렇게 외롭게 두십니까? 밤낮으로 슬프고 괴롭습니다." 용군이 홀연히 나타났다. 어우꺼가 이르기를 "저는 본래 북국인으로 용군과 더불어 서로 머물며 백남(百男)을 낳았습니다. 그러나 버리고 가버리니, 아이들을 보살펴 기르지 못하여 부모 없는 자식들입니다. 아이들의 마음이 많이 아픕니다." 용군이 이

▲▲동선 마을 유적 발굴 후 보존되고 있는 현장 가운데 한 곳. 아직 일반인들에게 동선 마을을 소개하거나 홍보하는 단계는 아니다.

▲하남(Hà Nam) 지역에서 발굴된 응옥루(Ngọc Lũ) 청동북 고면(鼓面)의 문양. 동선 계통의 청동북은 인근 윈난을 비롯하여 말레이시아, 인도네시아 지역까지 분포하고 있어 그 세력의 범위를 짐작할 수 있게 한다.

르기를 "나는 용(龍)의 종이고 수족(水族)의 장이며, 그대는 선(仙)의 종이고 지상의 사람이다. 비록 음양기가 합하여 아이가 있으나 수화는 상극이며 종류는 같지 않으니 함께 거함이 어렵다. 지금 서로 나누어 내가 50명의 아이들을 수부로 데리고 가 나라를 다스리게 하겠다. 50명의 아이들은 그대를 따라 지상에 거하여 나라를 나누어 다스리는 것이 좋겠다. 우리가 산으로 올라가고 물로 들어가지만 서로 소식을 주고받아서 폐함은 없도록 합시다." 이에 100명의 아이들이 각각 나뉘어 따랐다.

이렇게 해서 어우꺼와 50명의 아이들은 봉주에 머물면서 장자를 높여 주인으로 삼고 호를 훙(Hùng, 雄)이라 하였고 나라를 이루어 반랑(Văn Lang, 文郎)이라 하였다. 그 영토가 동으로는 남해에 이르고 서로는 파촉(巴蜀)에 접하고 북으로는 동정호에 이르고 남으로는 점성(占城)에 이르렀다. 나라를 15부로 나누었다. 월상(越裳), 교지(交趾), 주연(朱鳶), 무령(武寧), 복록(福祿), 영해(寧海), 양천(陽泉), 육해(陸海), 회권(懷驩), 구진(九眞), 일남(日南), 진정(眞定), 문랑(文郎), 계림(桂林), 상군(象郡)으로 부를 나누어 여러 동생들이 다스렸다. 그 다음으로 장상(將相)을 두었는데, 상을 맥후(貉侯)라 하고, 장을 맥장(貉將)이라 하고 왕자를 관랑(官郎)이라 부르고 공주를 미낭(媚娘)이라 부르고 백사(百司)를 포정(蒲正)이라 부르고 신복노비를 초칭(稍稱)이라 부르고 신하는 혼(魂)이라 불렀다. 세세도록 아버지가 아들에게 전하는 것은 보도(輔導)라 이르고 세세도록 서로 전하여 호가 훙이 됨은 변함이 없었다.[1]

---

1 『영남척괴열전』에 실린 베트남의 건국신화에 대해서는 무경 편,『베트남의 신화

이 이야기는 베트남의 건국신화다. 『대월사기전서』 첫머리에 「홍방기」로 기록되어 있다. 우선 다시 간략하게 이야기를 정리해보자.

이야기의 무대는 북방에서 시작된다. 신농씨의 3세손인 제명(帝明)이 등장한다. 이후 북방에서는 제명→제의→제래로 제위가 이어지고, 남방에서는 제명→낀즈엉브엉→락롱꿘으로 제위가 이어진다. 남방에는 모계에 대한 언급과 여러 사건들이 등장하지만 북방에는 없다. 다음으로 북방의 제의가 어우꺼와 함께 남방으로 온다. 이렇게 남방에서 락롱꿘과 어우꺼가 만나 100명의 아이가 태어나는 하나의 포를 낳게 된다. 여기서 태어난 아이 가운데 땅에 남은 50명 가운데 장손이 베트남 민족의 시조인 홍 임금이다. 반랑의 강역과 문물제도가 이야기의 마지막에 등장하고 홍이라는 임금의 호는 대대로 이어져 변함이 없다고 끝을 맺는다.

우리가 이 이야기에서 가장 잘 들어볼 대목은 아무래도 락롱꿘과 어우꺼의 만남과 헤어짐이다. 베트남 사람들 사이에 흔히 회자되는 대목도 앞부분과 뒷부분이 아니라 드라마틱한 이 부분이다.

인류의 많은 신화에서 두 세력이 만나면 한 세력만 남는 것이 일반적이다. 불안함의 근원이 되기 때문이다. 그래서 이야기가 전하는 터전에는 한 영웅만 남는 경우가 대부분이다. 물론 세 신인(神人)이 활을 쏘아 평화롭게 각자의 터전을 나누어 사는 이야기도 있지만, 이런 사유는 매우 드물다.

락롱꿘과 어우꺼는 하나가 되어 큰 포를 만들지만, 둘이 완전히 하나

와 전설」, 박희병 역, 서울: 돌베개, 2007, 17~23쪽 참조.

홍 임금과 주요 부족의 대표
들이 회의를 했다고 전하는
돌로 만든 탁자와 의자.

홍 임금 사당은 상, 중, 하로
나뉘어 있다. 가장 아래에
있는 사당으로 올라가는 돌
계단.

▲▲흥 임금 사당 가운데 가장 위에 있는 사당의 모습.

◀가장 위에 있는 사당 인근에 있는 흥 임금의 무덤.

▶18대 흥 임금으로부터 양위를 받을 때에 툭판이 맹세했다고 전해지는 '맹세의 돌기둥'.

베트남 사상으로의 초대

가 되어버리지는 않는다. 건국신화는 주로 남성 신격에 의해 여성 신격이 흡수되거나 소멸된다. 하지만 이 건국신화에서는 여성 신격이 그대로 남아 있다. 북방과 남방이라는 공간이 산과 물이라는 상징과 겹쳐지면서 이야기의 무대를 이룬 것처럼, 어우꺼와 락롱꿘도 산과 물을 상징한다. 이렇게 산과 물이 어우러진 이곳에 홍 임금의 삶의 터전이 마련된다. 그런데 락롱꿘은 물에 가서 살고 어우꺼는 산으로 가고자 한다. 둘이 만나 살던 터전이 서로에게 불편한 탓이기도 하며, 본래 고향이 그리운 탓이기도 하다. 그리하여 하나가 되었던 이들은 평화롭게 다시 둘로 나뉘어 가자는 논의를 한다. 하나가 되어 만든 100명의 아이들은 공평하게 둘로 나눈다. 완전함을 상징하는 100을 둘로 나누어 산과 물로 분리하고 있다. 하지만 완전하게 분리되는 것만은 또 아니다. 언제든지 필요하다면 만날 수 있음을, 소식을 전함을 약속한다. 그래서 이 땅에서 살아가는 후손들이 나라가 어려움에 처하면 언제든지 아버지를 부르고, 락롱꿘의 화답은 의무적이다.

우리가 베트남을 이해하는 데 먼저 이러한 사유부터 다시금 생각해 볼 필요가 있다. 오늘날 베트남 사람들에게는 여러 관계에서 이러한 사유가 자유롭기 때문이다. 그리고 우리에게는 이런 사유가 낯설다.

서로 나누어지지만 완전히 분리되는 것은 아니며, 서로 하나가 되더라도 각자의 개별성이 사라져 하나가 되는 것이 아니다. 나누어 분리되는 방향과 모아서 합쳐지는 방향이 공존한다. 이를 이중성 혹은 양분·양합적 사유라고 말할 수 있다.[2]

---

2 응웬 따이 트, 『베트남 사상사』, 김성범 역, 서울 : 소명출판, 2018. 59~60쪽 참조.

▲▲어우꺼 사당에 있는 동판으로 큰 포에서 100명의 자식을 낳은 이야기를 형상
화하고 있다..
▲어우꺼 사당에 모셔진 어우꺼 신상(神像).

베트남의 유적과 유물에서도 이러한 사유를 엿볼 수 있는데, 3이라는 숫자와 깊은 연관을 갖고 있다. 확실하게 연구되어 발표한 것은 아니지만 3이라는 숫자를 당시 사람들에게는 중요하게 여겨진 일종의 신성한 수로 보는 시각도 있다.[3]

서로 대립되는 쌍범주들의 관계를 어떻게 설정하는가의 문제는 당대에 매우 중요한 일이었다. 모순되는 쌍범주들을 통합시키지 않더라도 살아갈 수 있는 자연환경과 인문환경을 지닌 사람들이라면 상대적인 것들을 적절하게 상황에 맞게 선택하면서 살아가면 되었을 것이다. 하지만 통합시켜야만 살아갈 수 있는 사람들에게 이 문제는 절박한 것이었다. 여기서 다른 남아시아의 여러 나라들의 사유와 베트남의 사유가 달라진다. 그러면 어떻게 모순되는 둘을 하나로 통합할 수 있을까? 이 문제의 해결을 위해 변증법적 사유는 물론 형이상학적 사유도 동원된다. 하지만 이 이야기에서 외부의 절대적 힘에 의한 강제적 통합 요소는 보이지 않는다. 오히려 락롱꿘과 어우꺼는 자신들의 의지와 힘으로 스스로 헤어지고 있다. 이들은 스스로의 의지에 따라 자유롭게 만나기도 했다. 오늘날 베트남 사람들의 자유로운 성향을 함께 떠올릴 수 있다.

그런데 현실에서 보면 모순되는 것처럼 보이는 둘은 함께 이 세상을 이루고 있다. 베트남어로 '나라'를 의미하는 단어는 '덧느억(Đất Nước)'이다. 덧은 땅이며 느억은 물이다. 그리고 '덧느억'을 더 줄여 '느억'이라는 단어 하나로 나라의 의미를 담는다. 그만큼 '물'은 베트남 사람들에게 삶의 중요한 터전이다. 하지만 물이 중하다고 땅을 모두 잠기게

---

3 위의 책, 40~41쪽 참조.

할 수는 없고, 산이 중하다고 물을 버릴 수도 없다. 분리와 통합이 변증법적 사유로 조율된다. 3이라는 숫자는 이와 연관시켜 그 의미를 엿볼 수도 있을 것이다.

벼농사를 중심으로 밭농사까지 1년을 쉴 새 없이 살아간다. 비록 옛날부터 2기작이 이루어지지는 않았다 할지라도 2모작은 일상적으로 행해졌을 것이다. 홍강 유역에 사람들이 모여 농사를 짓기 시작한 것은 홍강의 범람 등을 어느 정도 통제할 수 있게 된 청동기 시대로 본다. 이 시기부터 겨울에 파종하여 봄에 수확이 가능한 벼가 재배되기 시작했다면 2기작은 국가의 형성 초기부터 일상적으로 이루어진 것으로 볼 수 있다.[4] 이런 자연환경은 한편 풍요로움을 선사하기도 했지만 농사를 짓는 사람들 입장에서는 한편 고단함이었다. 지금은 일반적으로 2기작을 하는데 이 논에서 벼를 베면서 저 논에서는 벼를 심는 풍경이 펼쳐진다. 그리고 설날이 가까워지면 벼를 수확한 논에 밭작물을 심는다.

북부 베트남의 농촌 마을은 일차적으로 매우 폐쇄적이다. 물론 그 마을 안에서는 당연히 열려 있다. 그런데 폐쇄적이기만 해서는 마을이 살아남기 어렵다. 강이 범람하는 일은 어느 한 마을만의 재앙이 아니다. 강을 따라 제방을 쌓는 것도 어느 한 마을만의 노력으로 성사되기 어렵다. 더구나 끊임없이 외침에 시달린 베트남의 역사를 보면 마을이 제 노력만으로 외침에 맞서 싸워 그 생존을 유지할 수도 없다. 여러 마을이 굳건히 힘을 합쳐야 이런 일들을 해결할 수 있다. 이러한 자연환경과 인문환경도 전하는 이야기의 형성에 많은 영향을 끼쳤을 것이다.

---

4 국립중앙박물관,『붉은 강의 새벽』, 서울: 국립중앙박물관, 2014, 72쪽 참조.

베트남 역사박물관에 있는 황하(Hoàng Hạ) 청동북 고신(鼓身)의 문양. 오늘날 하노이에 속하는 하동(Hà Đông) 지역에서 발굴된 청동북이다.

　한편 훙 임금은 이 이야기에서 영웅의 역할을 드러내지 않는다. 영웅의 역할은 아버지 락롱꿘의 몫이다. 훙 임금은 스스로의 영웅적 행위 없이 부모와 조상이 이룬 업적 위에서 나라를 다스리는 역할을 그저 맡는다. 부모조상과 나의 관계가 이렇게 형성된다. 하지만 고개를 돌려보면 나는 다시 후손들에게 부모조상이다. 그러므로 후손들에게 나의 삶은 이미 영웅적인 삶으로 요청된 상태다. 오늘날 이곳에서 나의 영웅적 행위와 희생은 후대를 위해 필수적인 조건이다. 부모와 조상은 '이곳'에 자신들의 용기와 희생이 담긴 훙 임금을 남겨두고 자신은 '고향'으로 돌아간다. 물론 후손들이 살아가는 터전을 늘 염두에 두고 부르면 응답해야만 하는 조건이 붙는다.

　훙 임금이 세웠다는 반랑은 동선(Đông Sơn, 東山) 문명을 만들었다. 동선 문명의 대표적 유물은 청동북이다. 베트남의 청동기 문명을 대표하는 청동북은 크기도 다양하고 문양도 화려하며 정교하다. 청동북에 대해서는 시간의 흐름을 파악하는 달력을 상징한다거나 그에 따른 권력의 징표라거나 혹은 죽은 자를 보내는 의식이나 제사에 쓰였다는 등 여러 주장들이 있다. 어쨌든 청동북은 권력을 상징하는 것이었으며, 동선 문명의 영향권 혹은 강역에 대해 추론할 수 있는 표지 유물이다. 청동북의 분포에 따르면 동선 문명은 홍강을 중심으로 북으로는 윈난과 동정호에 이르기까지 퍼져 있으며, 남으로는 말레이시아와 인도네시아 지역까지 넓게 분포되어 있다.[5] 초기에 이 청동북을 울리던 세력은 여성으로 알려져 있다.

하나의 어머니인 어우꺼로부터 태어났다는 동포 의식은 당시뿐만 아니라 오늘날까지도 베트남 민족의 공동체 의식을 형성하는 저변에 놓여 있다. 베트남 사람들이 스스로를 용의 아이, 신선의 후손이라고 인식하는 것도 이 이야기에 기초한다. 훙 임금에게 제사를 지내는 날은 음력 3월 10일이다. 2007년부터 국경일로 지정되었고, 2012년에는 제례의식과 신앙형태가 유네스코 세계무형유산에 등재되었다.

2. 산의 신과 물의 신

반랑에는 매년 6, 7월이 되면 홍수가 났다. 강이 범람하여 온 세상을 덮었다. 그런데 아득하게 보이는 세 봉우리만 물에 잠기지 않았다. 사

---

5 위의 책, 40~45쪽 참조.

베트남 사상으로의 초대

람들은 그 산에 신이 산다고 여겼다.

18대 흥 임금에게는 응옥화(Ngọc Hoa, 玉花)라는 아름다운 공주가 있었다. 피부는 달빛처럼 고왔으며 머리는 검고 길었다. 공주에게 배필을 찾아주기 위해 임금은 널리 인물을 구했다.

이 소식을 들은 떠이어우(Tây Âu)의 툭브엉(Thục Vương, 蜀王)이 많은 예물과 사람들을 보내 혼인을 청했다. 왕자들은 그가 자주 국경을 침범하고 나이가 많다는 이유를 들어 반대했다. 흥 임금은 예물을 물리치고 청혼을 거절했다. 툭브엉은 화가 나서 언젠가 반랑을 멸하리라고 결심했다. 반랑과 떠이어우의 관계는 더욱 악화되었다.

그러던 어느 날 두 명의 젊은이가 공주에게 청혼했다. 한 명은 선띤(Sơn Tinh, 山精)이고 다른 한 명은 투이띤(Thủy Tinh, 水精)이었다.

선띤은 산에서 살았다. 그의 부모는 알 수 없었으며, 나무꾼이 버려진 아이를 데려다 키웠다. 그는 나무꾼을 아버지로 삼았다. 크면서 그는 아버지를 따라 함께 산에서 나무를 하며 살아갔다. 그러던 어느 날 집을 고치기 위해서 큰 나무를 베어야 했다. 낮에 나무를 베었지만 다 벨 수가 없었다. 그런데 다음 날 가면 베어낸 자리가 모두 아물어 있었다. 다음 날도 그 다음 날도 마찬가지였다. 하루는 밤에 집에 가지 않고 몰래 숨어서 기다렸다. 밤이 되자 나이 많은 할아버지가 손에 막대기를 들고 나타났다. 그 할아버지가 나무의 베인 자리를 막대기로 가리키자 그 자리가 아물었다.

"할아버지, 제가 힘들게 나무를 베었는데 이렇게 다시 아물게 하시면 저는 어떻게 합니까?"

"나는 네가 그렇게 나무를 베는 것이 싫다."

"나무를 하지 않으면 저는 어떻게 살아갑니까?"

"이 막대기를 줄 테니 이제부터는 나무를 베지 말고 사람들을 도와주면서 살아가거라."

할아버지는 막대기를 건네고 홀연히 사라졌다. 그 후로 그는 아픈 사람들을 치료해주면서 살아갔다. 가난한 사람들이 많았지만 간혹 쌀이나 닭을 놓고 갔기 때문에 그럭저럭 살아갈 수는 있었다.

어느 날 강가를 서성이다가 죽어가는 뱀을 만났다. 측은한 마음에 막대기로 뱀을 살려 보냈다. 뱀은 인사를 하는 듯 쳐다보다가 강으로 사라졌다. 며칠 후 한 남자가 찾아왔다. 그는 락롱꿘의 후손으로 물로 간 50명 아들 가운데 한 명이었다. 그때 구해준 뱀이 실은 그였던 것이다.

둘은 함께 수궁으로 갔다. 그리고 수궁을 떠날 때 은혜에 보답하기 위해 한 권의 책을 선물했다. 소원을 이루어주는 책이었다. 3장으로 된 이 책의 첫째 장은 불이었고, 둘째 장은 나무였으며, 셋째 장은 금이었다. 원래는 넷째 장도 있었지만 넷째 장은 물이었기 때문에 수궁에 둘 수밖에 없었다.

책을 펴 손을 첫째 장에 올려놓자 천둥번개가 일었다. 나무의 장에 손을 대자 나무가 스스로 움직였으며, 금의 장에 올려놓자 온갖 금 도구들이 생겨났다.

그는 수궁에서 돌아온 뒤 산을 떠나 세상을 떠돌며 사람들을 도왔다. 어느 날 그는 산봉우리가 세 개인 산에 이르렀다. 산봉우리가 셋이어서 바비(Ba Vì)라고 불렀다. 산의 가운데 봉우리는 둥근 모양이어서 딴비엔(Tản Viên, 傘圓)이라 부르기도 했다. 마음에 들어 이 산에 머물기로 했다.

그는 늘 산 아래로 내려가 가난하고 아픈 사람들을 보살폈다. 사람들은 그를 딴비엔 산신이라 부르기 시작했다. 혹은 선띤이라 불렀다. 어려운 일이 생길 때마다 사람들은 산으로 가서 그를 찾았다. 그러다 홍 임금이 공주의 배필을 찾는다는 소식을 들었다. 그는 청혼하러 길을 나섰다.

공주에게 청혼하러 나선 다른 한 명은 투이띤이었다. 투이띤은 용왕의 아들이었다. 그는 용왕으로부터 소원이 이루어지는 책을 받아 물을 관장하게 되었다. 선띤에 대해서는 아버지로부터 들었지만 그는 공주를 양보할 생각이 조금도 없었다.

홍 임금은 재능을 겨루어보기로 했다. 두 젊은이의 재능이 비슷해서 시합은 계속되었다. 투이띤은 능력이 뛰어났지만 사납고 파괴적이었다. 공주와 여러 사람들은 선띤을 내심 마음에 두게 되었다. 왕은 마지막 시합으로 예물을 준비해 오도록 했다. 찹쌀밥 100그릇에 반층 200개, 상아가 아홉 개인 코끼리, 곁발가락이 아홉 개인 닭, 깃털이 아홉 개 돋은 말 등이었다.

선띤은 산으로 돌아와 여러 마을 사람들의 도움을 받아 예물을 장만했다. 하지만 투이띤은 예물을 장만하는 데 애를 먹었다. 선띤은 하늘에 제사를 지내고 예물을 운반했다. 먼저 도착한 그에게 홍 임금은 혼인을 허락했다. 공주는 선띤을 따라 딴비엔산으로 들어갔다.

뒤늦게 투이띤이 도착했다. 하지만 이미 공주는 선띤을 따라 가버린 후였다. 화가 난 투이띤은 그들을 뒤쫓았다. 투이띤은 물을 불러 딴비엔산을 둘러쌌다. 선띤은 일단은 그저 지켜보고 있었다. 하지만 투이띤의 공격으로 마을 사람들이 도탄에 빠지자 선띤도 어쩔 수 없이 맞서 싸우게 되었다. 계속되는 싸움에도 판가름이 나지 않았다. 시간이 지나면서 투이띤도 힘이 떨어져 더 이상 싸울 수 없게 되자 물러섰다.

이렇게 선띤은 투이띤을 물리쳤지만 인근 논과 밭은 물론 사람들이 살아가는 집들도 모두 파괴되었다. 사람들을 도와 삶의 터전을 복구한 후 선띤은 산 중턱에 조그만 신전을 세웠다. 투이띤은 지금까지도 매년 6, 7월 무렵이 되면 다시 물을 불러 논밭을 파괴하며 화를 내고 있다.

이 이야기는 사람들 사이에 회자되는 부분을 위주로 살폈다. 그런데 기록으로 전하는 이야기에도 흥미로운 부분이 있다.

산원산은 남월국 경성 승룡성의 서쪽에 있다. 그 산의 높이는 1만 2천 3백 장이고 둘레는 9만 8천 6백만이며 삼산이 늘어섰고 봉우리 모양이 우산의 모양과 같아 그렇게 이름을 삼았다. …(중략)… 당 고병이 안남에 있을 무렵이었다. 그는 산신의 영험한 흔적을 눌러 이기려 하였다. 17세 된 처녀를 갈라 창자를 내고 그 배를 독초로 채우고 겉에는 옷을 입혀 의자에 앉혀 산신을 유인하고자 했다. 소의 우리에 두었다가 산신이 거동하는 사이에 검을 휘둘러 참하려는 계획이었다. 그는 이 술책으로 여러 신들을 우롱하였다. 그렇게 산의 대왕을 불렀다. 산신은 구름에 백마를 타고 보다가 침을 뱉고 가버렸다. 고병이 탄식하였다. "남방 신령스러운 기운이 헤아릴 수가 없다. 결코 왕성한 기운을 자를 수가 없구나." 신령스러움이 이와 같았다. …(중략)… 또 안회공 교주기에는 이런 이야기도 전한다. 대왕 산정 응웬(Nguyễn, 阮)씨가 수족과 더불어 기뻐하며 봉주 가령에 거하였다. 주 난왕 시에 홍 임금 18세손이 봉주의 월지에 도읍하여 문랑국이라 일렀다. 미낭은 용모가 아름다워 이를 들은 촉왕 반이 구혼하였으나 불허하고 아름다운 배필을 택하기를 원하였다. 어느 날 홀연히 두 사람이 보였으니, 하나는 산정이라 칭하고 하나는 수정이라 칭하였다. 모두 혼인하기를 구하였다. 웅왕이 법술의 시험을 청하였다. 산정이 산을 가리키니 산이 내려 앉고 돌이 오고감에 거리낌이 없었다. 수정이 물을 허공에 뿜어 운우를 만들었다. 왕이 이르되 "두 군의 신통이 나란하나 나는 오직 한 여식뿐이라. 만약 예를 갖추어 먼저 도달한다면 출가시키겠다." 다음 날 산정은 진기한 옥과 금은 산짐승 들짐승 등을 갖추고 와서 바치니 왕이 허락하였다. 수정이 뒤에 이르니 미낭을 볼 수 없었다. 크게 노하여 수족을 이끌고 쳐 빼앗고자 하였다. …(중략)… 산 아래 인민들이 보고 즉시 대나무로 울타리를 짜고 만들어 보호하였고, 북을 두드려 서로 큰 소리를 내어 왕을 보호하였다. 울타리 밖에 돌아 흐르는 것이 보이면 활을 쏘았다. 죽은 것들이 용, 뱀, 물고기, 자라의 시체로 흘러 강의 길을 막았다. 해마다 7, 8월간에 항상 있었는데 산 아래 근처 인민들이 다수 큰 바람과 물의 피해를 입었으며 곡식이 손해를 보았다. 세상에 전하기를 산정과 수정이 만낭(蠻娘)을 취하려 다투는 것이라 하였다.

『영남척괴열전』에 기록된 부분에는 이야기로 전하는 부분과 이렇게 다른 부분이 있다. 고병(高駢, ?~887)은 당 말기 정해군절도사(靜海軍節度使)로 안남(安南)을 포함하여 광주(廣州) 지역 일대를 다스렸던 실제 인물이다. 이 이야기를 통해 그에 대한 베트남 사람들의 인식을 엿볼 수 있다. 물론 고병은 홍 임금 시대와 역사적으로 맞지 않는 인물이다. 동시대는 아니지만 베트남 사람들의 의식에서는 함께 자리하고 있다는 것을 의미한다. 고병이 신선술에 심취하였음은 기록으로 전하고 있을 정도이므로, 위의 이야기는 고병에 의해 당시에 실제로 행해진 제의로 베트남 사람들의 기억에 남아 있다고 볼 수도 있다.

▲▲바비산
▲바비산 인근을 흐르는 홍강

베트남 사상으로의 초대

고병과 관련하여 우리는 신라의 최치원(崔致遠, 857~?)을 떠올릴 수 있다. 그는 12세에 당에 유학하여 18세에 과거에 급제하였다. 880년에 고병의 휘하에 들어갔으며, 881년 황소의 난이 일어나자 「격황소서(檄黃巢書)」를 써서 당에 문장을 떨쳤다. 오늘날 『계원필경(桂苑筆耕)』 20권이 남아 있는데 최치원이 안남, 즉 베트남의 풍습을 기록한 부분도 담겨 있다.

홍 임금 이야기가 비교적 체계적인 논리구조를 지니고 있어서 엄숙함을 주고 있다면, 이 이야기는 다양한 서술들이 끼어들고 뒤섞이면서 흥미를 더하고 있다.

이 이야기에서는 무엇보다 이 들판과 강에서 살아온 사람들이 처한 자연환경이 잘 드러나고 있다. 사람들은 땅 위에서 살 수밖에 없다. 그렇지만 물을 버릴 수도 없다. 홍강이 범람하는데 가장 가까운 산은 속선과 바비산이다. 홍강이 범람하여 모두 물에 잠겼는데 멀리 바비산만 남아 있는 풍경을 볼 수 있는 곳은 속선에서 시작해서 땀다오(Tam Đảo)와 푸토(Phú Thọ) 지역으로 산이 이어지는 곳이다. 그 사이에 홍강이 흐르고 비가 내리면 곳곳에 물길이 생긴다. 지금도 수도인 하노이 곳곳이 침수되고, 홍강이 범람할 위기에 처하기도 한다. 7, 8월이 되면 바람이 불고 강이 범람하여 농사를 망치기도 하지만, 강의 범람은 한편 땅을 기름지게도 한다.

이 이야기에서 우리는 베트남 사람들이 겪어야만 하는 자연환경에 관한 사유를 들을 수 있다. 자연을 대상화하여 자연을 지배하거나 통제하려는 의식은 없다. 오히려 자연을 이해하고 받아들여 이용하려는 베트남 사람들의 의지가 엿보인다. 그렇다고 자연에 그저 순응하거나 지배당하는 것은 아니다. 적극적으로 물의 공격에 대처한다. 강의 범람은 선띤과 투이띤이 공주를 차지하기 위해 다투는 것이라고 미화시키더라도, 현실적으로 사람들은 삶의 터전을 빼앗기고 생존을 위협당한다.

　사람들은 난관에 부딪치면 혼란스러워한다. 하지만 점차 그 혼란 상태를 벗어나기 위해 노력한다. 이때 신화는 사람들이 심리적인 안정감을 갖는 데 도움을 준다.[6] 우리가 커다란 위험에 빠졌을 때, 그리하여 우리의 노력이 아무런 해결도 할 수 없을 것 같은 그런 상황에서 비로소 신화는 우리의 정신을 단결시키고 강하게 만드는 중요한 수단이 된다.[7] 딴비엔산 전설은 베트남 북부지역에서 매년 물이 범람하는 자연재해 앞에서 공동체 구성원들이 침착하게 대처하도록 기능한다. 물이 범람하는 것은 혼란스러운 일이 아니라 자연스러운 일로 여겨진다.

　베트남 사람들은 선띤과 투이띤의 이야기를 빌려 자연현상을 이야기로 만들어냈다. 이 이야기를 만들어내던 사람들은 삶의 터전에서 펼쳐지는 여러 현상들을 땅과 물로 함축하고 있다. 물과 불이거나, 하늘과 땅이 아니라 하필이면 땅과 물이다. 이러한 사유는 이 사람들이 맞닥뜨린 현실을 중시하는 세계관을 지녔다는 것을 의미한다. 강의 흐름 저편은 하늘과 이어진다는 사고도 문학작품에서 찾아볼 수 있다. 바다 끝에 맞닿은 것처럼 보이는 하늘을 보면서 수직이 아닌 수평적 사유를

6　박희영, 「종교란 무엇인가? : 고대 신화와 의식에 대한 분석을 중심으로」 『서양고전학연구』 13, 한국서양고전학회, 1999, 313쪽.

7　에른스트 캇시러, 『국가의 신화』, 최명관 역, 서울: 도서출판 창, 2013, 379쪽.

바비산 정상에 있는 산신을
모신 사당, 덴트엉.

덴트엉 벽에 그려진 산신

통해 시공간을 이해하려는 섬의 신화와도 유사하다. 다른 한편 극한 대립적 모순을 회피하면서 조화를 추구하는 사유를 담고 있다. 인생관 역시 낙관적인 측면이 강하다. 사람들의 생사를 가르고 농작물을 모두 휩쓸어가는 물난리를 생각한다면, 이 이야기는 낭만적이기까지 하다.

베트남 이야기에서 신은 인간을 위해 희생하는 신격을 지닌다. 이는 베트남 사람들이 신적인 존재, 혹은 영웅이나 지도자에게 바라는 인간 상일 것이다. 그리고 이 이야기에서도 선띤과 투이띤 어느 한쪽이 다른 한쪽을 제거하지 않는다. 모든 인류의 신화가 그렇듯 신의 외피를 벗겨내면 그 이야기를 만든 사람들의 사유가 있다. 지금도 베트남 북 부지역의 강이나 호숫가 물이 잠길 듯 위태로운 곳에는 물의 신이 아닌 산신을 모신 사당을 짓는다.

3. 전쟁의 신, 타인지옹

6대 훙 임금 시대에 은(殷)이 반랑을 침략했다. 마을과 집을 파괴하고 청동북을 약탈하고 사람들을 살육했다. 장군들과 마을의 지도자들은 적을 물리치기 위해 최선을 다해 싸웠지만 역부족이었다. 훙 임금은 문무백관을 불러 해결책을 논의했다. 뾰족한 대책이 없었다. 그러던 어느 날 훙 임금의 꿈에 락롱꿘이 나타났다. 그는 국난을 해결할 인재가 이미 세상에 태어났으니 힘써 찾으라 했다.

당시 푸동(Phù Đổng, 扶董) 마을에는 가난한 노부부가 살고 있었는데 늦도록 자식이 없었다. 어느 날 부인이 아침 일찍 일어나 나무에 물을

푸동티엔브엉의 사당 전경. 사당 바로 옆에는 건초사가 있다.

주다가 큰 발자국을 발견했다. 부인은 자신의 발을 대어보았다. 그 후 부인은 아이를 가졌고 아들을 낳았다. 얼마 후 남편은 세상을 떠났다. 부인은 홀로 아이를 키웠다. 아기는 잘 먹고 잘 놀았지만 말을 하지도 않고 웃지도 않고 대나무로 만든 침대에 누워만 있었다. 그래서 바구니라는 뜻의 지옹(Gióng)이라는 이름을 붙였다.

어느 날 훙 임금의 사신이 인재를 찾기 위해 푸동 마을에도 왔다. 지옹의 어머니는 혼잣말처럼 나라를 걱정하는 이야기를 했다. 그러자 누워 있던 지옹이 갑자기 입을 열어 어머니를 불렀다.

"어머니, 제가 나라를 구하겠습니다. 하늘의 사신(훙 임금의 사신)을 불러주십시오."

어머니는 지옹이 말을 하자 깜짝 놀랐다. 하지만 지옹은 너무나 어렸다. 지옹의 재촉에 어머니는 서둘러 마을의 노인들을 불렀다. 하늘의 사신이 지옹을 만났다.

"너는 이제 키가 벼만큼 자랐다. 은의 적군은 그 수가 아주 많구나."

"나는 은의 적군을 물리칠 수 있습니다. 사신은 내가 쓸 철로 만든 검과 말을 준비하라고 하늘(흥 임금)에게 전해주십시오. 흥 임금은 아무것도 걱정할 필요가 없습니다."

사신은 임금에게 이 소식을 알렸다. 흥 임금은 꿈대로 일이 이루어지자 기뻐서 지옹의 요구를 모두 들어주도록 했다. 하지만 당시 락비엣(Lạc Việt) 사람들은 청동을 다루는 데는 능숙했지만 철을 다루는 데는 아직 서툴렀다. 퐁처우(Phong Châu, 峯州)에서 사람들이 부지런히 철로 무기를 만드는 동안 푸동 마을의 지옹도 쑥쑥 자랐다. 어머니가 해주는 찹쌀밥을 먹는 만큼 자라났다. 이웃주민들이 쌀을 모아도 부족해서 마을 사람들이 모두 쌀을 모았다. 밥을 지을 솥이 모자라서 주민들은 껌람(Cơm lam, 찹쌀을 대나무에 넣고 불에 구워 익힌 밥. 물이 필요 없이 대나무의 수분으로 밥을 지을 수 있고 휴대가 편하다)을 만들었고, 한편에서는 여자들이 지옹이 입을 옷을 부지런히 만들었다.

말과 검, 투구, 갑옷이 모두 철로 만들어졌다. 지옹은 그사이에 건장한 어른이 되었다. 지옹은 철로 만든 투구를 쓰고 갑옷을 입고 검을 들어 말에 올라탔다. 철로 만들어진 말은 두 다리를 들어 올리고 입에서는 불을 내뿜었다.

지옹은 은의 침략자들과 싸워 장군을 죽였지만 남은 적들이 쉽게 물러나지 않았다. 지옹의 검도 결국 부러지고 말았다. 지옹은 길에 있는 대나무를 뽑아들고 싸웠다. 속선에서 지옹은 결국 적들을 소탕할 수

▲▲푸동티엔브엉 사당에서 열린 축제. 마을 주민들을 중심으로 곳곳에서 사람들이 찾는다.

▼ 푸동티엔브엉 축제에서 사람들이 모여 꽌호를 즐기고 있다. 꽌호는 유네스코에 등재된 무형문화유산으로 박닌 지역을 중심으로 인근 마을에서 불리는 민요의 일종이다. 주로 남녀가 주고받는 화답 형식으로 가창한다.

▲2010년 탕롱–하노이 수도 1000년을 기념하면서 속선 정상에 타인지웅 동상을 세웠다.

있었다.

은의 적을 모두 물리치고 지옹은 말에서 내려 속선 아래서 쉬었다. 산 밑에는 깨끗한 우물이 있었는데 지옹은 한꺼번에 그 우물물을 다 들이켰다. 그리고 갑옷과 투구를 벗어놓고 산 정상에 올라 말을 탄 채 하늘로 올라갔다.

반랑에는 다시 평화가 찾아왔지만, 영웅은 돌아오지 않았다. 존경과 고마움을 표하기 위해서 훙 임금은 지옹이 태어난 푸동 마을에 사당을 세웠다. 푸동티엔브엉(Phù Đổng Thiên Vương, 扶董天王)이란 호를 짓고 오늘날까지 기리고 있다.

기록된 이야기도 간략히 읽어보자.

은의 잦은 침략에 훙 임금이 신하들에게 공격과 수비의 책략을 물었다. 신하들은 용왕에게 구하여 도움을 얻는 것보다 나은 것이 없다고 말한다. 임금이 3일을 정성껏 기도하니 하늘에서 크게 벼락이 치고 비가 내리며 한 노인이 나타났다. 임금이 대책을 물었다. 3년 후 적이 침략하니 그 사람을 구하면 가히 적을 평정할 수 있을 것이라 말하고 공중으로 사라졌다.

3년 후 은이 크게 침략하자 훙 임금은 그 사람을 찾았다. 60세 노인이 있었는데 1월 7일에 낳은 세 살 된 아이가 있었다. 아이는 말도 못하고 앉거나 서지도 못해 누워만 있었다. 나라가 어려움에 빠져 사신이 사람을 구한다는 말에 그 어머니는 아이에게 젖을 먹은 공이라도 갚아야 할 것이 아니냐고 혼잣말로 탄식한다. 그런데 갑자기 아이가 말을 하며 사신을 부르기를 청했다. 아이가 왕의 사자에게 말하기를 "돌아가 임금에게 고하시오. 철을 연마하여 16척 높이의 말을 만들고, 7척 길이의 검을 만들고, 철태(鐵笞, 쇠막대기) 1건과, 철립(鐵笠, 철로 만든 모자) 1정을 만들어주시오. 내가 립을 쓰고 말에 올라 싸우면 반드시 적이 놀라 패할 터이니 왕은 무슨 걱정이 있겠습니까" 하였다. 신하들이 불가능하다고 말했지만 왕은 노하면서 용군의 말이니 의심하지 말라고 한다. 지옹은 음식을 먹은 만큼 몸이 커져서 집 안에서 감당할 수 없자 이웃 사람들이 소를 잡고 술을 빚고 떡을 만들었지만 그도 부족하였다. 몸을 가릴 옷감도 부족하여 갈대로 신체를 감쌌다.

그 후에 "나는 하늘의 장수이다"라고 소리 지르며 립을 쓰고 말에 올라 높이 뛰어오르며 나는 듯이 싸웠다. 적들이 도망가거나 모두들 엎드려 '하늘의 장군'이라 부르며 항복했다. 외침을 물리친 후 그는 속선(Sóc Sơn) 꼭대기에 올라 옷을 벗고 하늘로 올라갔다.

이 이야기에서도 락롱꿘이 남방의 어려움에 도움을 준다. 그런데 물에서 오는 것이 아니라 하늘에서 온다. 푸동티엔브엉도 스스로 '하늘의 장수'라 칭하고, 일을 마친 후에는 하늘로 올라간다. 3이라는 수가 계속 등장하는 것도 알 수 있다.

은의 침략에 대해서는 역사적 사실을 떠올려보자. 오늘날 베트남의 영토와 은의 강역은 공간적으로 멀다. 이 이야기가 펼쳐지는 공간은 오늘날 하노이시에 속한 푸동과 속선 마을이다. 상고시대 월(越)의 강역에 대해서 전하는 여러 설을 살펴보면 이 이야기가 전하는 의미를 다시금 음미할 수 있을 것이다.

무엇보다 외침에 맞서 마을 사람들이 힘을 합쳐 일치단결한다. 그래서 아무것도 할 수 없을 것 같은 아이를 하늘의 장수로 키운다. 임금은 불가능하다는 관리들의 현실적 말보다 나라를 지키는 락롱꿘의 약속을 떠올리며 그 아이의 말을 믿는다. 베트남이 치른 여러 전쟁에서도 이러한 상황을 엿볼 수 있다. 도저히 이길 수 없을 것 같은 불가능한 전세를 역전시키고 승리로 이끈 전쟁들이 대부분이었다.

그리고 칼이 부러지자 대나무를 뽑아 들고 싸운다. 대나무는 베트남 문화의 특성을 잘 상징한다고 흔히 말한다. 흔들리고 휘어지지만 잘 꺾이지는 않으며, 홀로 서 있지 않고 모여 있다. 하나의 대나무는 약하지만 대나무를 여럿 합치면 매우 강하다. 인민을 닮은 것이다.

송과 몽골, 명과 청, 프랑스와 미국 등 베트남은 끊임없이 강한 침략자들과 싸워 이긴 후에야 나라를 유지할 수 있었다. 그때마다 베트남 인민은 그들의 나라를 지키기 위해 단결하여 끈질기게 저항했다. 반면 인민의 마음을 얻지 못한 왕조는 외침에 무기력하게 쓰러지기도 했다.

푸동티엔브엉이 하늘로 올라갔다는 속선 정상에는 말을 탄 지옹의 동상이 세워져 있다.

4. 사랑의 신, 츠동뜨

사랑하는 젊은 남녀들이 즐겨 찾는 신이 있다. 츠동뜨(Chử Đồng Tử, 褚童子)는 효성의 상징이며 하늘의 신이면서 사랑의 신이다. 이 이야기에서 우리는 불교의 초기 전래 상황과 당시의 생활상도 들을 수 있다.

반랑의 마을들은 대부분 씨족이 모여 사는 집성촌이었다. 오늘날 하노이 지아럼 근처 강가에는 츠(Chử, 褚)씨 성을 가진 사람들이 모여 사는 마을이 있었다. 사람들은 이 마을을 츠싸(Chử Xã)라고 불렀다. 이 마을 사람들은 농사를 짓고 강에서 물고기나 새우를 잡아 생활했다.

이 마을에 무척이나 가난한 집이 있었다. 물고기를 잡아서 아버지와

▲▲츠동뜨 사당을 찾는 이들은 앞에 놓인 향로에 향을 피우고 소원을 빈다. 지효 동천(至孝動天)이란 편액이 걸려 있다.
▲사당의 본전.

아들이 살았다. 아버지는 나이가 들어 기력이 약했고 몸도 불편했다. 아들인 츠동뜨는 아직 나이가 어렸다. 가난한 이 집에는 바지가 하나밖에 없었다.

아버지가 임종을 맞자 아들에게 유언을 했다. "내가 죽거든 바지를 입히지 말고 그대로 묻고, 그 바지는 네가 입도록 해라."

아버지가 돌아가시자 츠동뜨는 마음이 아팠다. 아무리 생각해도 바지도 없이 아버지 장례를 지낼 수는 없었다. 집에 있는 유일한 바지를 아버지에게 입히고 물고기를 잡을 때 늘 쓰던 물건들을 함께 넣어 장례를 지냈다. 자신이 쓸 물고기 잡는 도구 하나만을 남겼다. 마을 사람들도 힘을 모아 장례를 도왔다.

이제 세상에 홀로 남겨진 츠동뜨는 계속 물고기를 잡고 마을 사람들의 도움도 받으면서 살아갔다. 세월이 흘러 츠동뜨는 청년이 되었다. 그런데 여전히 입을 옷이 없어서 밖에 나다닐 수가 없었고, 다른 사람들을 만나지도 못했다. 마을 사람들은 가끔 그의 집 앞에 소금이나 쌀, 야채를 놓고 가곤 했다.

그는 아무도 없는 새벽에 강으로 나가서 사람들이 나오기 전에 물고기를 잡았다. 낮에 물고기를 잡을 때는 강에 들어가서 머리만 내놓고 있었다.

18대 홍 임금에게는 아름다운 공주가 있었다. 18세의 공주 띠엔중(Tiên Dung, 仙容)은 결혼할 생각이 없었다. 오로지 배를 타고 세상을 돌아다니며 즐기기를 좋아했다. 매년 2, 3월 무렵이면 공주는 배를 타고 해외로 나가곤 했다.

하루는 츠동뜨가 열심히 고기를 잡고 있는데 화려하고 커다란 배가 빠르게 나타나 그가 있는 쪽으로 다가왔다. 그는 강가에 있는 모래밭 풀숲에 알몸을 숨겼다. 배가 그 모래밭에 멈추고 띠엔중 공주가 내려 거닐었다. 공주의 옷과 몸이 모래와 흙으로 엉망이 되었다. 시녀들이 물을 끓이고 강가에 커튼을 쳐서 목욕할 곳을 만들었다.

그런데 띠엔중이 목욕하는 곳은 츠동뜨가 몸을 숨긴 풀숲이었다. 공주가 목욕하면서 물을 쓰자 츠동뜨의 알몸이 드러나게 되었다. 공주는 깜짝 놀랐다. 하지만 자초지종을 듣고 공주는 마음이 아팠다. 바지도 입지 못할 만큼 가난한 백성이 있다는 사실이 부끄러웠다. 그녀는 이 것이 하늘이 맺어준 인연이라고 생각했다.

배로 돌아온 공주는 츠동뜨에게 바지를 선물했다. 그리고 부부의 연을 맺고자 했다. 츠동뜨는 한사코 거부했다. 하지만 공주는 하늘의 뜻이라며 혼인할 뜻을 접지 않았다.

공주가 가난한 사람과 결혼했다는 소식이 널리 퍼졌다. 결국 훙 임금의 귀에도 들어갔다. 화가 난 임금은 당장 띠엔중 공주와 배를 타고 떠난 일행을 불러들였다. 띠엔중 공주는 자신의 신분을 버리고 츠싸에서 보통 사람처럼 살도록 해달라고 빌었다.

공주의 신분을 버리고 서인이 된 띠엔중은 마을 사람들의 생활에 빨리 적응했다. 츠동뜨는 매일 강으로 나가 물고기를 잡아왔고, 띠엔중은 수완을 발휘해서 그 물고기를 소금이나 다른 물품으로 바꾸었다. 남는 물고기가 있으면 젓갈을 만들었다. 그녀가 담근 젓갈은 맛이 아주 좋았다.

무역선들도 점차 이 마을에 찾아들기 시작했다. 띠엔중은 무역선들이 쉽게 거래할 수 있도록 강가에 시장을 만들었다. 점차 크게 번성하

▲▲사당 내부 모습. 천제강생(天帝降生)이라 쓰인 편액이 눈에 띈다. 젊은 남녀들이 이곳을 많이 찾는 이유는 무엇보다 사랑의 신으로서 쯔동뜨를 만나기 위해서다.
▲쯔동뜨 사당의 입구. 이 문을 나서면 곧바로 유유히 흐르는 홍강을 만나게 된다.

면서 외국 상인들도 찾아왔다. 사람들은 이 부부를 존경했다.

하루는 거상이 황금을 가지고 해외로 나가 무역을 한다면 큰 이익을 얻을 수 있다고 하였다. 띠엔중은 츠동뜨에게 배를 타고 해외로 나가 장사를 배우도록 했다. 길을 떠난 츠동뜨가 하루는 물을 긷기 위해 배를 정박하고 산에 올랐다. 이 산에는 조그만 암자가 있었다. 여기서 츠동뜨는 불광(佛光)이라는 젊은 승려를 만났다. 승려는 츠동뜨에게 불법을 설하였다. 츠동뜨는 깨닫는 바가 있어 이 암자에 머물며 법을 배우고자 했다. 거상에게 황금을 주고 대신 물건을 사서 오는 길에 자신을 데려가라고 했다.

시간이 지나 배가 돌아오자 츠동뜨는 산을 떠나게 되었다. 불광은 지팡이와 갓을 츠동뜨에게 전했다.

츠동뜨는 돌아와 띠엔중에게 이런 일들을 말하였다. 띠엔중 또한 깨달은 바가 있어 장사를 그만두고 도를 배우고자 했다. 부부는 스승을 찾아 길을 떠났다. 하루는 날이 저물어 노숙을 하게 되었다. 부부는 지팡이를 꽂고 갓을 덮고 그 아래서 잠을 청했다. 한밤중이 되자 갑자기 성곽과 궁궐이 생겨났다. 창고에는 금은보화가 가득했고, 장군과 병사들이 늘어섰다. 부부는 깜짝 놀랐다. 다음 날 아침에 인근 마을 사람들도 하룻밤 사이에 생겨난 궁궐을 보고 크게 놀랐다. 사람들은 부부를 신이라 생각했다. 궁궐로 사람들이 모여들어 신하가 되기를 청하니 문무백관이 생기고 군대가 만들어져 하나의 나라를 이룰 만했다.

얼마 후 츠동뜨와 띠엔중의 소문은 훙 임금의 귀에도 들어갔다. 훙 임금은 츠동뜨와 띠엔중이 반란을 일으킨 것이라 생각하고 군사를 보내 공격하도록 했다. 저녁 무렵이 되자 관군은 강 하나를 사이에 두고 뜨니엔(Tự Nhiên) 강변에 주둔했다. 날이 밝으면 공격하려 했다. 그런데 그날 밤 갑자기 큰 바람이 일었다. 그 바람에 띠엔중과 츠동뜨는 궁궐과 함께 하늘로 올라가고 그 자리엔 땅이 패어 큰 연못이 생겼다. 사람들은 기이한 일이라 여겨 이곳에 사당을 세우고 제사를 지내기 시작했다.

이 이야기는 여러 이야기를 하나로 혼합한 것 같은 느낌을 준다. 평야지대에 있는 베트남 마을들은 거의 강을 끼고 발전했다. 제방을 쌓고 논농사를 지으며 살았고, 강과 바다에서 수산물을 얻었으며 다른 마을과의 교역도 주로 강을 통했다. 뱃길을 통해 강과 바다를 연결하는 무역은 오래전부터 베트남에 익숙한 일이었다. 뱃길을 통해 문물이 들어오고, 전쟁도 뱃길에서 더욱 치열했다.

초기에 불교의 유입도 뱃길을 통해 이루어졌음을 알 수 있다. 무역선을 타고 승려들이 곳곳으로 불교를 전파한 것으로 알려져 있다. 베트남에 불교를 전한 초기 인도의 승려들도 뱃길로 들어왔다. 그리고 무역을 하던 사람들은 재가신자로서 불교의 전파와 발전에도 많은 영향을 끼쳤다. 뱃길이 무사하길 기원하는 일과도 무관하지 않았을 것이다. 초기 불교는 신비한 술법과 연관된다는 사실도 이 이야기에서 엿볼 수 있다.

그리고 당시 생전에 쓰던 도구들을 함께 매장하는 장례 풍습도 간략하게 등장한다. 장례식은 마을 사람들이 서로 도와서 치렀고, 가난한 집 앞에 야채와 소금 등 필요한 생필품을 놓아두는 상부상조의 마을 공동체 문화도 엿볼 수 있다.

지금도 츠동뜨 사당을 찾는 발길은 이어진다. 홍강 뱃길을 따라 배를 타고 사랑하는 젊은이들이 많이 찾는다. 사랑의 신 츠동뜨를 찾아온 것이다. 사당에서 젊은이들은 사랑의 점을 보기도 한다. 다른 여러 일들보다 가난한 청년과 지혜로운 공주의 사랑 이야기가 사람들 마음에 남아 있는 것처럼 보인다.

5. 설날에 먹는 전통 떡, 반층

반층(Bánh chưng) 이야기에서 우리는 홍 임금의 왕위 계승 방식과 더불어 당시의 세계관과 공동체의 단결 의식 등을 엿볼 수 있다. 수렵과 채집, 농경문화가 어우러지는 양상도 드러난다. 이 이야기의 배경은 타인지웅이 은의 침략을 물리친 이후다.

은의 침략에 맞서 싸운 후 6대 홍 임금은 나이가 들고 힘이 없었다. 왕에게는 스물두 명의 왕자가 있었다. 장남은 병약했고 둘째는 느렸다. 왕은 스물두 명의 왕자 모두를 불러 말했다.

"내가 하고자 하는 뜻과 같이 진미를 마련하여 세모에 선왕들에게 효도를 다한다면 내 위를 전하겠다."

어떤 왕자는 산으로 갔고, 어떤 왕자는 바다로 갔다. 바다와 육지의 기이한 물건들을 힘써 구했다. 스물두 명의 왕자 가운데 열여덟 번째 왕자인 랑리에우(Lang Liêu, 郎僚. 혹은 띠엣리에우(Tiết Liêu) 라고도 한다)는 무척 가난했다. 어머니는 일찍 돌아가셨고 그를 도와줄 만한 사람도 없었다. 다른 왕자들은 산으로 들로 바다로 제사에 쓸 음식을 장만하

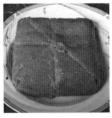

▲깨끗하게 마련한 라종으로 네모난 틀을 만들고 그 안에 찹쌀과 녹두, 돼지고기를 넣고 다시 찹쌀을 채워 잘 감싸고 밤새 쪄낸다. 설 전날 가족들이 모여 함께 만들고 밤새 쪄내면서 이야기꽃을 피운다.
▼ 쪄낸 반층을 자를 때는 라종을 묶을 때 사용한 대나무 끈을 사용한다.
▶부드럽고 향긋한 찹쌀에 녹두와 고기가 어우러진 반층은 베트남의 고유한 전통의 떡이다. 빈부귀천을 떠나 누구라도 제사를 지내는 데 큰 어려움 없이 반층을 만들 수 있다.

러 다녔지만 그는 집에 머물고 있었다. 그는 자신의 능력으로 무슨 제사음식을 어떻게 만들어야 할지 몰랐다. 그는 하늘과 땅, 불의 신과 바람의 신, 그리고 어머니에게 제를 올리며 도와달라고 기도했다.

그렇게 고민하다가 잠깐 잠이 든 사이에 꿈을 꾸었다. 꿈에 나타난 신인이 왕자에게 말했다.

"부모님이 키워준 공덕은 하늘과 땅만큼 크다. 하늘과 땅 사이에 가장 귀한 것은 쌀이다. 사람을 기르는 것도, 사람을 능히 장성하게 하는 것도 쌀이다. 먹음에도 싫음이 없으며 다른 것들이 이보다 먼저 할 수 없다. 좋은 쌀을 골라 떡을 만드는데 둥글게도 하고 네모나게도 하여 천지를 닮게 하고, 푸른 잎으로 그 밖을 싸고 안에 진미를 감춘다면 부모생육의 중한 뜻을 머금게 될 것이다."

왕자는 잠에서 깬 후 드디어 무슨 음식을 만들어야 할지 알 수 있었

베트남 사상으로의 초대

다. 찹쌀은 어렵지 않게 구했다. 쌀을 일어 깨끗하게 하고 어그러지거나 부서진 것이 없이 둥근 것을 정성껏 골랐다. 하지만 어머니가 돌아가신 후로 집에서는 돼지와 닭, 물소나 소를 키우지 않아서 고기를 구할 수가 없었다. 왕자는 산에서 멧돼지를 사냥하기로 결심했다.

산에 가서 덫을 놓고 기다린 지 7일 후에 커다란 멧돼지가 걸렸다. 준비를 마친 왕자는 떡을 만들기 시작했다. 집에서 가장 크고 소중한 바구니에 쌀을 씻었다. 찹쌀은 둘로 나누어 떡을 만들었다.

찹쌀을 네모난 모양으로 접은 반죽을 푸른 잎으로 싸서 그 가운데에 진미를 넣었는데 마치 천지가 만물을 감싸 안은 것과 같았다. 커다란 솥에 넣고 이것을 쪘다. 다음 날이 되자 떡이 다 익었다. 이 떡을 반층이라고 부르는 까닭은 쪄낸 떡이라는 의미이다.

나머지 찹쌀은 가루로 만들었다. 찹쌀가루를 쪄내고 찧어 동그란 모양의 찹쌀떡을 만들었다. 이렇게 찹쌀로만 만들어진 동그란 모양의 떡을 반저이(Bánh Dầy)라고 불렀다.

왕자들이 다들 궁궐로 모여들었다. 왕자들은 먼 곳에서 희귀하고 소중한 음식들을 준비해왔다. 스물두 명의 왕자들은 임금에게 준비한 제사음식을 올렸다. 임금은 그 음식의 근원과 뜻을 물어보았다. 왕자들은 자신이 찾은 최고의 제사음식을 올렸지만 임금은 그다지 만족스러워하지 않았다. 리에우 왕자의 차례가 되자 임금은 의아해했다. 다른 왕자들이 마련한 음식에 비해 너무나 소박하고 초라했기 때문이다.

리에우 왕자는 무릎을 꿇고 임금에게 자신이 꾸었던 꿈을 이야기하고 자신이 생각하는 뜻을 이야기했다. 임금은 반층과 반저이에 담긴 의미를 듣고 비로소 고개를 끄덕였다. 드디어 위를 리에우 왕자에게 전했다. 나머지 왕자 21인은 나누어 번리(藩籬)를 지켰고 부당(部黨)을 세웠으며 번국이 되었다. 이때부터 반층과 반저이는 베트남 사람들에게 설날이나 제사를 지내는 데 없어서는 안 될 전통음식이 되었다.

　베트남에서 쌀은 흔한 것이지만, 일상생활에서 가장 소중한 것이기도 하다. 그러므로 수많은 진미에 앞서 쌀이 먼저 등장하고 있다. 쌀농사를 짓기 위해서는 하늘과 땅의 도움이 반드시 필요하다. 그러한 도움은 늘 있는 것이므로 우리가 잊어버리기 쉽다. 하늘과 땅을 둥글고 네모난 형상으로 사유하는 것은 우리에게 어색하지 않다. 우리가 눈여겨 볼 대목은 잎으로 그 밖을 싸서 좋은 맛은 안에 감추는 것이다. 땅을 상징하는 반층을 만드는데 그 모습이 마치 부모가 소중한 자식을 가장 깊은 안에 머금는 것과 같아서 푸른 잎으로 감싼 안쪽에 찹쌀이 있고 그 안쪽에 진미가 담겨 있다. 함께 싸서 밤새 쪄내면 겉과 속이 서로 영향을 주고받으며 독특한 맛과 향을 지니게 된다. 하늘을 상징하는 반저이는 찹쌀을 가루로 만들어 둥글게 만든다. 반층과 달리 그 안에 진미가 들어가지 않는다.

　이와 같이 반층과 반저이는 효의 소중하고 깊은 의미와 하늘과 땅의 이치를 함께 담아낸다. 이렇게 부모조상에 대한 효의 이치를 아는 사람이 하늘과 땅의 이치를 아는 사람이 된다. 조상과 부모에 대한 효는 하늘과 땅의 자연에 대한 이해와 함께 훙 임금의 제위 계승과 연관된다.

　쌀로 만든 떡은 농경을 주로 하는 문화에서는 중요한 제사음식이다. 우리에게도 여러 가지 떡이 있고 조상이나 하늘에 제사를 지내는 데 빠지지 않는다. 그리고 그 모양이나 만드는 방법 등이 전통처럼 전해져 내려온다. 베트남은 반층 이야기를 오늘날까지 전하면서, 세밑이 되면 가족들이 모여 앉아 반층을 빚고 밤새 쪄내면서 한 해를 마무리하고 새해를 맞는다. 조상의 제사에도 반층을 만들어 상에 올린다. 여러 나라로 이주하여 살아가는 베트남 사람들도 그곳에서 반층을 만들어 설날을 지낸다.

리에우 왕자는 주변의 흔한 쌀이 세상에서 두루 구한 여러 산해진미보다 소중한 진미임을 보여준다. 천지의 뜻을 헤아리고 부모조상에 대한 효를 상징하는 의미를 담아 음식으로 만들었다. 이렇게 가난한 리에우 왕자가 마련한 반층은, 실제로 가난한 집에서도 부모조상의 제사를 지내는 데 마련할 수 있는 음식이다. 산해진미는 일반 인민이 제사를 지내기 위해 구하기는 어렵다. 이렇게 빈부와 신분을 떠나 부모조상의 제사를 지내는 데 가장 소중한 음식은 누구나 마련할 수 있게 되었다. 가난한 리에우 왕자는 다른 왕자들보다 백성들의 마음을 잘 헤아렸던 것이다. 그리고 이렇게 백성들의 마음을 잘 헤아리는 인물이라야 훙 임금의 제위를 물려받을 수 있었다.

신에 관한 이야기들 또한 사람들이 만들고 전한 것일 수밖에 없다. 베트남의 이야기들을 들어보면 삶의 현장과 매우 밀접하다. 신적인 현상들도 삶의 현장 인근으로 가져온다. 여러 현상의 원인들을 신이나 초자연적인 힘에 내맡기기보다는 변증법적 사유를 동원하여 삶의 터전으로 끌어들여 해결하기 위해 노력한다. 이러한 사유의 흐름은 오늘날 베트남 사람들에게도 이어진다.

제2장

피와 눈물이 가득했던
북속 시기를 넘어

피와 눈물이
가득했던
북속 시기를 넘어

이제 베트남의 역사와 사유의 흐름에서 매우 중요한 '북속 시기'를 살펴보자. 베트남 민족의 사유의 흐름에서 북속 시기와 20세기 초는 주목해야 할 시기라고 생각한다. 베트남 사유의 흐름에서 우리가 그 특징을 감지할 여지가 비교적 잘 드러나는 순간이기 때문이다.

베트남이 북속 시기를 겪는 동안 우리는 고조선의 몰락 이후 이 땅의 여러 소국들과 삼국의 형성을 거쳐 신라와 발해의 남북국 시대를 지나 후삼국의 혼란을 수습하고 고려를 막 세웠다. 민족이 지닌 사유의 흐름을 한편 정립하면서, 다른 한편으로 불교, 유교, 도교 등 외래의 사유와 문물을 수용하던 중요한 시기였다. 이 시기를 베트남은 북속된 상태로 보냈다.

북속 시기 동안 한(漢)의 군이 설치되어 심하게 착취를 당하던 때도 있었고, 제한된 상황이지만 일부 번영을 누리던 시기도 있었다. 당연히 한에 이어 당과 양, 남한 등의 식민 지배에 맞서 봉기를 일으키며 민족의식을 고취시키던 시기이기도 하다.

베트남은 스스로를 남국(南國)이라 부른다. 중원에서 명멸하는 많은 세력들을 베트남은 북국(北國) 혹은 북방이라 불렀다. 그러한 북쪽 세력에 속했던 시기를 따로 '북속(北屬)' 시기라 이름한다. 북쪽의 침략으로 나라를 빼앗긴 상황을 뜻한다. 크게는 두 차례, 세분해서 네 차례로 북속 시기를 설정하기도 한다.

제1차 북속 시기는 기원전 179년에서 기원후 938년까지이다. 천 년이 넘는 1차 북속 시기에는 몇 차례 잠시 독립을 쟁취한 시기도 있었다. 40년부터 43년까지는 하이바쯩(Hai Bà Trưng)의 봉기로 쯩브엉(Trưng vương, 徵王)이 다스리던 시기이다. 그리고 43년부터 541년까지 다시 북속 시기가 이어진다.

바찌에우(Bà Triệu)의 봉기 이후 리남데(Lý Nam Đế, 李南帝)가 제위에 올라 541년부터 602년까지 잠시 독립을 이루었다. 하지만 602년부터 905년까지 다시 북속 시기가 이어졌다. 905년부터 베트남에는 여러 세력이 흥기하여 다툼이 일어났다. 938년 남한(南漢)의 침략을 응오꾸옌(Ngô Quyền, 吳權)이 바익당(Bạch Đằng)강에서 물리쳤다. 이후 12사군의 난이 일어나긴 했지만 딘, 전(前)-레, 리, 쩐 왕조로 이어지며 독립된 나라를 유지했다. 그러나 1407년 명의 침략으로 1427년까지 다시 북속 시기가 이어졌다. 이 북속 시기는 람선(Lam Sơn, 藍山) 봉기가 일어나 명을 몰아내고 1427년 레 왕조를 세우면서 종식되었다. 이후 19세기 말 응웬 왕조 시기 프랑스의 침략과 일본의 침입으로 80여 년간 식민 지배를 받았다.

베트남의 역사를 보면 북쪽의 세력과 실질적으로 전쟁을 치르지 않은 왕조가 없다. 한부터 송, 원, 명, 청에 이르기까지 모두 일전을 치르고 승리를 얻어서야 비로소 나라를 유지할 수 있었다.

우리가 오늘날 베트남을 잘 이해하기 위해서 이 북속 시기를 면밀히 살펴봐야 할 이유는 흥 임금이 다스리던 시기와 그 이전의 고유한 베트남 민족의 사유에 대해서도 추론할 수 있으며, 베트남의 강력하고 끈끈한 공동체 의식이 어떻게 형성되었는지도 엿볼 수 있기 때문이다. 또 이 시기에는 유교와 불교, 도교 등 이른바 외래사상이 베트남으로 들어왔다. 훗날 '삼교동원(三敎同源)'의 사유가 형성되기까지 베트남의 고유한 사상은 외래의 강력한 사상들과 만나게 된다. 그 접점에서 빚어지는 갈등과 만남의 양상을 초기에 엿볼 수 있는 것도 이 시기이다. 그렇게 이 시기를 보면 베트남의 정체성도 어렴풋이 엿보게 된다.

북방을 통일한 진(秦)은 점차 주변 지역을 병합했다. 안즈엉브엉(An Dương Vương, 安陽王)은 반랑(Văn Lang)과 떠이어우(Tây Âu)를 합하여 어우락(Âu Lạc)을 세우고 있었다. 진은 어우락도 침략했지만 저항이 강했기 때문에 정복할 수 없었다. 시간이 지나면서 진이 혼란에 빠지자 찌에우다(Triệu Đà, 趙佗)는 광둥 지역을 중심으로 나라를 세웠다. 이름은 남비엣(Nam Việt, 南越)으로 기원전 204년의 일이다. 북방에서는 유방이 한(漢)을 세웠다. 한고조는 찌에우다를 남비엣의 왕으로 책봉하고 제후국으로 인정한다. 찌에우다는 점차 세력을 팽창시켰고, 결국 어우락을 침략한다.

찌에우다가 세상을 떠난 후, 한은 남비엣을 복속시키려는 노력을 지속했다. 결국 기원전 111년 한은 오늘날 광둥(廣東)과 푸젠(福建) 지역을 중심으로 나라를 일으켰던 남비엣을 멸망시켰다. 남비엣의 지배를 받던 베트남 북부지역의 지아오치(Giao Chỉ)와 끄우쩐(Cửu Chân)도 한7군에 속한 군이 되었다.

1. 미처우 공주와 쫑투이 왕자

속선(Sóc Sơn)은 하노이 시내와 가까운 산이다. 이곳에서 북쪽으로 산악지대가 시작된다. 그리고 이곳에서 남쪽으로는 홍강을 따라 북부의 곡창지대가 펼쳐진다. 하노이의 노이바이(Nội Bài) 공항에서 바로 보이는 산이 속선이다.

노이바이 공항에서 하노이 시내로 들어오는 길에는 동안(Đông Anh) 현이 있다. 이곳에는 꼬로아(Cổ Loa)성의 흔적이 남아 있다. 꼬로아에 도읍한 인물은 툭판(Thục Phán)으로, 기원전 257년에 나라를 세우고 기원전 179년까지 어우락을 다스렸다. 어우락이 몰락할 때, 미처우(Mỵ Châu) 공주와 쫑투이(Trọng Thuỷ) 왕자의 이야기가 전한다. 이 이야기는 우리가 잘 알고 있는 낙랑공주와 호동왕자의 이야기와 매우 닮았다.

이 이야기에는 베트남 사람들의 갈등이 담겨 있다. 가족과 나라의 가치가 개인에서 충돌할 때 무엇을 선택할 것인가의 문제다. 이것은 어려운 문제다.

툭판은 18대 홍 임금에 이어 새로운 나라를 세워 임금의 자리에 올랐다. 선위 형식을 취하는 것으로 이야기가 전해지기도 하지만, 툭판은 떠이어우의 임금으로 반랑과는 사이가 나빴다. 그런 그가 자신의 세력을 키워 반랑을 무너뜨린 것으로 볼 수 있다.

북속 시기는 기원전 179년 홍 임금을 이은 안즈엉브엉의 어우락이

▲▲남아 있는 꼬로아성의 흔적들. 동서남북 4대문과 서북문과 서남문이 있었다. 토성은 내성과 외성으로 크게 나뉘어져 있었다. 곳곳에 물길을 만들어 한편으로는 해자의 기능을 했으며, 토성이 무너지지 않도록 수량을 조절하는 기능도 있었다.

▲비교적 높게 쌓아 올린 토성은 지금도 남아 있는데 꼬로아성의 대부분은 응오꿰엔이 이곳을 수도로 삼으면서 정비한 것으로 알려져 있다.

▲▲안즈엉브엉 사당과 옥정(玉井) 인근에 남아 있는 토성의 흔적. 예전에는 궁궐을 보호하던 역할을 한 것으로 보인다.
▲남문 쪽에서 바라본 안즈엉브엉 사당과 옥정(玉井).

베트남 사상으로의 초대

남비엣에 무너지면서 시작된다.[1] 역사학자에 따라서는 남비엣을 베트남의 나라로 인정하는 입장에서 북속 시기의 시작을 기원전 111년으로 보기도 한다.

전설에 따르면 18대 홍 임금에게는 왕자가 없었다. 세력 또한 크게 약해졌는데 툭판의 세력은 매우 왕성했다. 툭판은 여러 차례 반랑을 침략했지만 홍 임금 휘하의 뛰어난 장수들 때문에 뜻을 이룰 수 없었다. 그러다 257년 드디어 반랑을 무너뜨렸다.

홍 임금 사후 툭판은 떠이어우와 반랑을 하나로 합쳐 어우락을 세웠다. 안즈엉브엉은 홍 임금 시대의 국가 문물과 제도를 그대로 이어받아 락허우(문관)와 락뜨엉(무관) 체제를 유지했다. 어느 정도 나라가 안정되자 안즈엉브엉은 수도를 오늘날의 하노이 인근 동안 지역으로 옮겼다. 안즈엉브엉은 이곳에 수도를 보호하기 위한 토성을 쌓아 올렸다. 백성들이 동원되어 힘을 합쳐 성을 높게 쌓아 올렸다. 매우 고단한 공사였을 것이다. 성벽은 세 차례나 무너져 내렸다.

민심이 동요하자 안즈엉브엉은 하늘과 땅의 신에게 제사를 지냈다. 그 후에 땅의 신인 노인이 나타나 안즈엉브엉에게 강가로 나가 타인지옹의 사자를 만나면 해결책을 받을 수 있을 것이라고 일러준다. 다음 날 안즈엉브엉은 꿈속의 노인이 가르쳐준 대로 강가로 나가 타인지옹의 사자를 기다렸다. 그때 동쪽에서 커다란 금빛 거북이 안즈엉브엉에게 다가왔다. 그는 거북이 가르쳐준 대로 일을 처리하고 성을 굳건히

---

1 어우락의 멸망과 안즈엉브엉의 사망년도에 대해서는 『베트남 사상사』 1집에 따른다(응웬 따이 트, 『베트남 사상사』, 김성범 역, 서울 : 소명출판, 2018, 65쪽).

▲▲안즈엉브엉 사당 입구.
▲안즈엉브엉 사당 내부.
◀안즈엉브엉 사당에 신으로 모셔진 금귀
(金龜).

베트남 사상으로의 초대

세울 수 있었다.

성은 세 개의 모서리가 둥근 사각 형태로 이루어졌는데 그 모습이 마치 소라와 같았다. 그래서 로아타인(Loa Thành, 소라의 성)이라는 별칭을 얻게 되었다. 성의 중심은 직사각형으로 왕궁을 보호하고 있었으며, 중간의 성곽은 문관들을, 외성은 무관과 군사들을 보호해주었다.

그렇게 3년여가 지난 후 어우락이 안정되자 금빛 거북은 떠나기로 했다. 금귀(金龜)는 안즈엉브엉에게 자신의 금 발톱을 떼어주면서 이것으로 큰 활의 방아쇠를 만들면 한꺼번에 수만 명을 물리칠 수 있는 강력한 무기가 될 것이라고 말했다.

금귀의 도움으로 성을 쌓아 올린 안즈엉브엉은 신비스러운 무기인 노(弩)를 만들었고, 적의 침략을 미리 알려주는 자명고(自鳴鼓)도 있었다. 안즈엉브엉은 태평성대를 누릴 수 있을 것으로 생각했다. 적이 침략해오더라도 이러한 방어시설과 무기로 막아낼 수 있었기 때문이다. 그간 남비엣의 침략도 잘 막아낼 수 있었다.

안즈엉브엉은 이 활을 무척 아껴서 곁에 두고 매일 보았다. 튼튼한 성벽과 더불어 이런 강한 무기 덕분에 어우락의 사람들도 평화롭게 살아갈 수 있었다. 이 무렵 북쪽에는 진(秦)이 세력을 일으키고 있었다. 안즈엉브엉은 진과 원만한 대외관계를 유지하려 노력했다.

기원전 210년 진시황이 세상을 떠났다. 그 후 진은 급격히 세력이 약해졌다. 농민들이 봉기를 일으켰고 귀족들은 이런 상황을 이용해서 제각기 적당한 지역을 차지해서 왕으로 군림했다. 광둥 지역을 다스리던 찌에우다는 전권을 장악하고 진이 임명한 문무관들을 없앴다. 계림과 상군을 공격하여 남해군과 합하여 남비엣을 열었다.

남비엣이 점차 국가로서 안정이 되자 찌에우다는 남쪽으로 국경을 확대하려 했다. 찌에우다는 어우락을 몇 번이나 공격했지만 거듭 실패했다. 전쟁을 통해서 어우락을 이길 수 없다는 것을 안 찌에우다는 다른 방법을 물색했다.

안즈엉브엉에게는 아름다운 공주 미처우가 있었다. 찌에우다는 아들 쫑투이를 어우락으로 자주 보냈다. 겉으로는 화해의 뜻으로 보낸 것이지만 다른 속셈이 있었다. 어우락에 드나들면서 쫑투이는 아름다운 미처우에게 반하게 되었다. 미처우도 착한 쫑투이를 사랑하게 되었다. 찌에우다의 계획대로 되고 있었다. 찌에우다는 양국의 좋은 관계를 위해서 쫑투이와 미처우의 결혼을 추진했다. 안즈엉브엉을 비롯한 문관들도 쫑투이와 미처우가 맺어지면 양국이 다시 전쟁하는 일은 없을 것이라고 의견을 모아 결혼에 찬성했다. 찌에우다의 속셈을 짐작한 장군들의 반대가 있었지만 받아들여지지 않았다.

쫑투이는 결혼식을 마치고 찌에우다의 뜻대로 어우락에 머물게 되었다. 안즈엉브엉도 쫑투이가 어우락에 있는 한 찌에우다가 침략하지 않을 것이라고 여겼다.

미처우와 쫑투이는 행복한 나날을 보냈다. 미처우는 어우락의 이곳저곳을 모두 구경시켰다. 쫑투이는 미처우를 사랑했지만 아버지의 명을 어길 수가 없었다. 꼬로아성 이곳저곳을 기억해두었다가 지도를 그렸다. 성의 지도뿐만 아니라 병사들의 배치와 무기 등에 대한 정보도 꼼꼼히 기록했다. 하지만 찌에우다는 이런 정보들이 만족스럽지 않았다. 찌에우다의 관심은 오로지 비밀무기였다.

쫑투이가 어우락에 머문 지 3년여가 지나자 이제 아무도 쫑투이를 의심하지 않았다. 쫑투이는 미처우에게 물었다.

"어우락에 무슨 힘이 있어서 다른 나라들이 침략할 수 없는 거지?"

미처우는 남편 쫑투이에게 모든 사실을 이야기했다. 어우락은 높고 견고한 성와 깊은 강뿐만 아니라 한번 쏘면 수만 명을 물리칠 수 있는 신의 활이 있다는 사실을 말했다. 쫑투이는 그 활을 보고 싶다고 했다. 안즈엉브엉이 자리를 비운 사이 미처우는 쫑투이에게 신의 활을 보여 주었다.

"아버지는 이 활을 아주 소중하게 보관하고 계세요. 이 활의 비밀은 금귀의 발톱으로 만든 방아쇠에 있어요."

쫑투이는 꼼꼼하게 설명을 듣고 기억해두었다가 활의 모양새를 다시 그렸다. 쫑투이는 금귀의 발톱과 비슷하게 생긴 발톱을 구해서 안즈엉브엉이 없을 때 진짜 금귀의 발톱과 바꿔치기했다. 자명고도 찢어버렸다. 쫑투이는 아버지인 찌에우다에게 이 사실을 알리기 위해 남비엣으로 떠났다.

"부부의 사랑도 잊지 못하고 부모의 공덕도 버리기가 어렵소. 내가 이제 고향으로 돌아가 아버지를 만나는데 갑자기 두 나라가 잘못되어 전쟁이 벌어진다면 어떻게 내가 당신을 찾을 수 있을지 걱정이오."

"내게는 하얀 깃털 옷이 있는데 만약 어디론가 가게 된다면 길가에 깃털을 뿌려놓겠어요."

쫑투이는 남비엣에 도착해서 찌에우다에게 금귀의 발톱과 신의 활에 대한 정보를 건넸다. 찌에우다는 무척 좋아하면서 그 즉시 어우락을 공격하기 위해 전쟁 준비를 서둘렀다. 안즈엉브엉은 오랫동안 사이가 좋았기 때문에 남비엣의 공격에 아무런 대비도 하지 않았다.

남비엣이 어우락의 국경을 유린하고 있을 때에도 안즈엉브엉은 크게 걱정하지 않았다. 그는 신의 활을 믿고 있었다. 남비엣의 병사들이 꼬로아성을 공격하기 시작해서야 안즈엉브엉은 신의 활을 꺼내서 공격을 시작했다. 하지만 그것은 이전의 신의 활이 아니었다. 전세가 기울었음을 알게 된 안즈엉브엉은 성을 버리고 미처우와 함께 말을 달려 남쪽으로 퇴각했다. 미처우는 마음이 초조하고 몹시 아팠다. 그녀는 남편과의 약속대로 깃털 옷을 가지고 가면서 길가에 깃털을 남겨두었다. 안즈엉브엉은 응에안(Nghệ An) 바닷가에 이르렀다. 하지만 추격군은 계속 쫓아왔다. 더 이상 도망갈 길이 없었다. 왕은 바다에서 금귀 신을 불렀다.

"금귀 신이여, 도와주십시오."

바다에서 금귀가 나타났다.

"어리석구나. 적은 그대의 뒤에 앉아 있다."

미처우도 자신의 행동이 얼마나 어리석은 것이었는지 깨닫게 되었다. 왕은 화가 나서 검을 빼어 들었다.

"제가 나라를 사랑하는 마음은 변함이 없습니다. 아버지를 배신한 적도 없습니다. 만약 제 말이 거짓이라면 제가 죽은 다음에 모래가 될 것이고, 제 말이 진실하다면 진주로 변할 것입니다."

안즈엉브엉은 미처우 공주의 목을 베었다. 방울방울 피가 바다로 흘러들었다. 공주의 피는 조개가 머금어 진주가 되었다. 안즈엉브엉도 그 자리에서 자결했다.

꼬로아성을 함락시키자마자 쫑투이는 미처우를 찾아 나섰다. 성 이곳저곳을 모두 찾았지만 찾을 수 없었다. 남문 쪽으로 흰 깃털이 놓여 있는 것이 보였다. 그 깃털을 따라 남쪽으로 말을 달린 쫑투이는 미처우 공주의 목이 잘린 시신을 발견했다. 쫑투이는 바닷가에서 공주의 몸을 끌어안고 한없이 울었다.

쫑투이는 미처우가 몹시 그리웠다. 그녀와의 추억이 어린 성 이곳저곳을 다니며 눈물을 흘렸다. 성 아래에 있는 우물은 둘이 늘 정겹게 거닐던 곳이었다. 물끄러미 그 우물을 바라보니 그 우물 속에 어렴풋이 공주의 모습이 보였다. 쫑투이는 미처우의 이름을 부르며 그 우물 속으로 뛰어들었다. 훗날 사람들은 안즈엉브엉의 사당을 꼬로아와 응에안에 세웠다.

꼬로아 토성에서는 성곽 유적뿐만 아니라 청동북, 청동제 화살촉, 쇠뇌의 노기 등이 발굴되었다. 특히 청동 화살촉은 다량 출토되었다.

꼬로아에는 미처우를 모시는 사당이 있다. 그곳에는 머리가 없는 모습으로 몸만 남은 그녀가 슬프게 남아 있다. 나라를 망하게 한 공주를 백성들은 용납할 수 없었을 것이다. 머리가 없이 처연한 공주의 상은 한편으로는 슬픈 공주의 사랑에 대한 연민을, 한편으로는 어떠한 상황에서도 나라를 배신해서는 안 된다는 교훈을 함께 전하는 것처럼 보인다. 그리고 사람들은 쫑투이 또한 용서하지 않고 자결하도록 이야기를 전한다. 공주의 한을 머금은 진주를 이 호수의 물로 씻으면 훨씬 더 아름다워진다는 이야기와 함께 미처우 공주와 쫑투이 왕자의 이야기는 끝난다. 그리고 역사적으로 어우락이 사라진 베트남은 남비엣의 지배를 받게 된다.

▲▲안즈엉브엉이 미처우 공주의 목을 치고 스스로 자결한 응에안 해변 인근에 있는
안즈엉브엉 사당.
▲미처우 공주 사당 안쪽에 모셔진 공주의 상.

2. 여성들이 먼저 독립투쟁에 나서다

기원전 111년 한이 일어나서 남비엣을 멸망시켰다. 한은 오늘날 베트남의 중북부지역을 지아오치(Giao Chỉ, 交趾), 끄우천(Cửu Chân, 九眞) 외에 녓남(Nhật Nam, 日南)을 추가하여 3군으로 나누었다. 이 중 가장 큰 군은 지아오치였다. 이 세 군을 합해 지아오처우(Giao Châu, 交州)라고 했는데, 지아오치에는 다른 군까지 관할할 수 있는 관아를 설치했다.

34년, 한은 지아오치 지역의 관리로 소정(蘇定) 태수를 파견했다. 소정 태수는 욕심이 많고 잔인한 사람이었다. 루이러우(Luy Lâu, 오늘날의 박닌(Bắc Ninh) 지역)에 자신의 궁궐을 지었고, 군대를 강화하기 위하여 많은 젊은이들을 끌고 갔다. 주민들은 과도한 세금에 시달려야 했으며, 한으로 보내는 공물도 매우 많았다. 이와 더불어 한 사람들을 베트남의 여러 마을에 이주시켜 동화정책을 폈다. 홍 시기의 문무관들은 죽임을 당하거나 한으로 붙잡혀 끌려갔다. 점점 한 사람들과 관리들이 많아지면서 동화정책도 자연스럽게 강화되었다.

메린(Mê Linh) 장군에게는 쯩짝(Trưng Trắc, 14~43)과 쯩니(Trưng Nhị, 14~43)라는 두 명의 딸이 있었다. 쌍둥이 자매는 자라면서 한의 폭정에 시달리는 사람들을 보았다. 그들은 어릴 적부터 무술을 연마했다. 메린현 인근에는 추지엔(Chu Diên)현(오늘날의 하떠이(Hà Tây))이 있었다. 추지엔 장군은 의협심이 강한 사람이었다. 그에게는 티삭(Thi Sách)이라는 아들이 있었다.

메린 장군과 추지엔 장군은 친한 친구로 서로 왕래하며 지냈다. 늘 소정 태수의 폭정과 백성들의 괴로움에 대해 이야기를 나누었다. 그러

▲하노이 외곽에 있는 메린현은 쯩 자매의 고향이다. 이곳에 마련한 사당 전경.
▶코끼리를 탄 쯩 자매 모습. 코끼리를 타고 진군하는 쯩 자매의 모습은 베트남 곳곳에서 찾아볼 수 있다.

면서 자연스럽게 한의 폭정에 항거하기 위한 계획을 비밀리에 세우게 되었다. 티삭도 이 계획을 세우는 데 참여했고, 뜻 있는 친구들과 함께 무술을 열심히 연마했다.

그러다 티삭은 쯩짝과 쯩니 두 자매를 만나게 되었고, 셋은 쉽게 의기투합하였다. 시간이 지나면서 티삭과 쯩짝 사이에 사랑하는 마음이 생겨났다. 두 집안 사람들은 기뻐하였다.

지아오치의 상황은 점점 나빠졌다. 소정 태수는 불만을 가진 세력에 대해 강력한 진압을 실시했다. 그러다 추지엔현의 티삭과 메린현의 쯩짝의 결혼 소식을 접하게 되었다. 소정 태수는 이 결혼이 순수한 것이

베트남 사상으로의 초대

▲▲잘 정비된 하이바쯩 사당의 정전.
◀사당 안에 모셔진 두 명의 쯩 자매 상.
▶소정 태수는 쯩짝과 혼례를 올리던 티삭을 잡아 가두고 결국 죽이고 만다. 티삭의 상을 함께 모시고 있다.

◀하이바쯩 사당 옆 건물에는 쯩 자매를 따라 함께 봉기를 일으킨 여성 장군들의 이름과 함께 위패가 모셔져 있다.
▶다른 건물에는 남성 장군들의 이름과 위패가 모셔져 있다.

아니라 저항세력 간의 연합이라고 생각했다. 결혼식 분위기가 한창 무르익어서 마을 사람들이 모두 축제 분위기에 빠져 있을 때 소정 태수는 갑작스럽게 군사를 동원하여 티삭을 사로잡아 관아로 압송했다. 소정 태수는 티삭을 볼모로 삼을 생각이었다. 그러면 인근 현들도 봉기를 일으키기 어려울 것으로 보았다. 하지만 소정 태수의 예상은 빗나갔다. 저항이 오히려 거세진 것이다. 소정 태수는 티삭을 처형했다. 이 소식을 전해들은 많은 사람들은 가슴 깊이 분노를 품게 되었다. 가장 마음 아픈 사람은 그와 결혼하기로 했던 쯩짝이었다. 쯩짝은 동생 쯩니와 뜻을 같이하는 마을 사람들을 모아 봉기를 일으켰다. 이에 인근 여러 마을에서 찾아와 봉기에 합류하는 사람들이 늘었다.

기원후 40년 하이바쯩은 세력을 모아 출정했다. 역대 홍 임금에게 제사를 지내고 코끼리를 탄 하이바쯩과 군사들은 메린 지역을 공격했다. 이어 태수의 궁이 있는 루이러우로 진격하면서 어우락의 수도였던 꼬

사당 뒤편에 남아 있는 메린 고성(古城).

로아도 점령했다.

한 달여 동안 하이바쯩의 군대는 곳곳에서 승리했다. 백성들은 쯩짝을 제위에 추대하였고 도읍은 메린 인근 꼬로아로 정했다. 쯩 임금이 국가를 어떻게 다스렸는지에 대한 정확한 기록은 남아 있지 않다. 그러나 훙 임금이 다스리던 방식을 회복한 것으로 알려져 있다.

이렇게 지아오치는 잠시 한의 지배에서 벗어났다. 2년여의 세월이 흐르는 동안 겉으로는 평화가 유지되었다. 한의 광무제는 진노했다. 당시 한 곳곳에서도 난이 일어나고 있었지만 41년부터 다시 지아오치를 차지하기 위해 군사를 일으켰고, 드디어 42년 출병시켰다. 마원(馬援, 기원전 14~기원후 49)이 이끄는 수군은 베트남의 레천(Lê Chân)과 밧난(Bát Nạn) 여장군이 이끄는 부대를 맞아 고전했다. 이들은 수개월 동안 고전한 끝에 겨우 지아오치 지역으로 들어올 수 있었다.

하이바쯩은 메린 지역으로 한의 군사들이 들어오지 못하도록 막기 위해서 꼬로아에서 이들을 맞아 싸웠다. 마원의 군사들은 철수했다. 하이바쯩은 대대적인 공격으로 많은 전과를 올렸지만 마원을 잡지는 못했다. 마원은 한에 지원군을 요청한 후 하이바쯩이 철수하여 진을 치고 있는 껌케(Cẩm Khê)를 포위했다. 음력 43년 3월 8일, 대대적인 한의 공격에 전세가 기울자 사로잡히지 않기 위해서 하이바쯩은 핫강(sông Hát)으로 뛰어들어 자결했다. 44년 가을 마원은 북쪽으로 군사를 철수시켰다. 지아오치 지역은 다시 한의 수중에 떨어지게 되었다.

한이 망한 후 베트남은 오(吳)의 지배를 받게 되었다. 오는 위(魏)와 촉(蜀)을 공격하기 위해 많은 베트남의 젊은이들을 군사로 끌고 갔다. 건업에 도읍이 세워지자 오는 지아오치의 솜씨 좋은 장인들 또한 끌고 갔다.

온갖 폭정을 견디다 못해 봉기를 일으킨 인물은 바찌에우(Bà Triệu, 225~248)이다. 그녀는 끄우천, 뚱산(Núi Tùng, 오늘날의 타인화(Thanh Hóa) 지역)에서 봉기를 일으켰고 수많은 사람들이 참여했다.

바찌에우의 이름은 찌에우티찐(Triệu Thị Trinh). 그녀의 아버지는 끄우천 지역의 관리였는데, 용감하기로 이름이 나 있었다. 찌에우티찐은 자라면서 오빠인 찌에우꾸옥닷(Triệu Quốc Đạt)과 함께 학문과 무술을 배웠다. 찌에우티찐은 활을 잘 쏘아서 다른 남자들과 함께 자주 사냥을 나가곤 했다. 그러는 한편 백성들이 오의 폭정에 시달리는 것을 보면서 하이바쯩이 봉기를 일으켰던 그 마음을 찌에우티찐도 품게 되었다. 아버지와 오빠와 함께 찌에우티찐은 남몰래 봉기 준비를 차곡차곡 해나갔다. 그러던 중 아버지가 돌아가셨고, 어머니도 뒤따라 세상을 떠

▲▲타인화에 있는 똥산 정상에는 바찌에우의 묘역이 있다. 그녀가 스무 살의 나이로 자결한 곳이기도 하다.

◀똥산 정상의 바찌에우 묘역으로 올라가는 입구를 지키고 있는 코끼리상.

▶바찌에우 사당 전경.

났다. 오빠인 찌에우꾸옥닷이 아버지의 뒤를 이어 이 지역을 다스리는 관리가 되었다.

남매는 찌에우 집안의 재산을 털어 무기와 군량미를 준비하고 각지에서 인물을 모았다. 전하는 이야기에 따르면 뚱산에는 상아가 한쪽에 돋은 커다란 흰 코끼리가 나타나 물소를 죽이고 마을을 파괴했다고 한다. 찌에우티찐은 친구들과 함께 다른 코끼리를 타고 이 사나운 흰 코끼리를 늪으로 들어가도록 한 후 훈련시켜 타고 다녔다.

바찌에우는 금빛 갑옷을 입고 이 흰 코끼리를 타고 전장에 나갔다. 늘 선봉에서 군사를 지휘했다. 이들의 봉기 소식은 인근 지역으로 빠르게 번져 나갔다. 그녀의 봉기군은 오의 군사들을 곳곳에서 몰아냈다. 그러다 끄우천군을 다스리던 관리가 찌에우꾸옥닷이 지나가는 산에 매복하고 있다가 공격했다. 찌에우꾸옥닷은 화살에 맞아 죽고 말았다. 바찌에우는 오빠의 복수를 위해 한밤중에 끄우천군을 공격하면서 포위했다. 바찌에우는 성벽을 부수고 태수와 관리들을 사로잡았다. 그녀는 이들의 목을 베고 오빠와 희생된 병사들을 위한 제사를 지냈다. 끄우천 지역을 점령한 바찌에우는 지아오치 지역으로 진격했다. 지아오치도 바찌에우에게 무릎을 꿇었다.

이 소식이 오의 조정에 알려졌다. 248년 오는 육윤(陸胤) 장군을 지아오처우 지역으로 보내 봉기를 진압하도록 했다. 바찌에우가 이끄는 군대는 식량이 부족했고 육윤의 군사들을 맞아 싸우기에는 역부족이었다. 바찌에우는 뚱산으로 철수했지만 육윤 장군에게 포위되었다. 전세가 기울었음을 안 바찌에우는 뚱산으로 올라가 스스로 목숨을 끊었다. 이때 그녀의 나이 스무 살이었다.

이렇게 북속 시기 초기에 저항의 봉기를 일으킨 인물들은 여성들이다. 여성 지도자들은 여성으로 편성된 부대와 남성 부대를 함께 지휘했다. 하지만 막강한 군사력의 북방 세력을 쉽게 물리칠 수는 없었다. 다만 실패한 봉기의 교훈을 다시 다음 세대로 전할 수 있었다.

3. 불모(佛母) 만느엉과 사법신

북속 시기에는 수탈에 저항하는 봉기도 일어났지만 외래사상과 문물도 유입되었다. 베트남에 불교가 유입된 시기를 대체로 기원전 1세기로 추정하는데, 본격적으로 유행한 시기는 기원후 2세기 무렵으로 본다. 초기에 베트남에 불교를 전한 인물들은 인도나 중앙아시아의 승려들이었다. 이들은 한의 군이 설치된 베트남 북부의 지아오치 지역을 중심으로 활동했다. 당시 지아오치는 국제무역이 활발한 대도시였다. 북방의 상인들이 남쪽으로 내려가는 출구이자, 남쪽의 상인들이 북으로 올라가는 입구였다. 상인들과 함께 승려들도 따라서 이동하며 인도와 중국의 교차로인 지아오치를 거쳤다. 불교는 초기에 상인들에 의해 받아들여지고 이동했지만, 실제 불교의 이론을 이해할 수 있는 계층은 지식인층이었다. 산스크리트어와 한자로 된 경전들을 이해할 수 있어야 했기 때문이다.[2]

---

2 Nguyễn Lang(응웬 랑), *Việt Nam Phật giáo sử luận*(베트남불교사론), Sài Gòn, NXB Lá Bối, 1974, p.18.

불교의 유입과 연관시켜 우리는 만느엉(Man Nương, 蠻娘)의 이야기를 들어볼 필요가 있다. 만느엉 이야기는 베트남의 전통 사상이 어떻게 새롭게 유입된 불교 사상과 만나는지에 관한 느낌을 전해준다.

2~3세기 무렵 베트남을 다스리던 시니엡(Sĩ Nhiếp, 士燮, 137~226) 시기의 일이다. 루이러우에서 멀지 않은 곳에 복엄사(福嚴寺)라는 사찰이 있었다. 오늘날 하노이 인근 박닌(Bắc Ninh)의 투언타인(Thuận Thành) 지역이다. 이곳에는 가라사리라는 인도의 승려가 서쪽에서 와서 머물고 있었다. 남녀노소가 그를 믿고 받들어 불도(佛道)를 배우고자 했다.

어려서 부모를 여의고 가난하게 지내던 만느엉도 불도를 배우고 싶었다. 그런데 그녀는 말을 더듬어 사람들과 함께 불경을 읽을 수 없었다. 그녀는 불경을 들으면서 부엌에서 밥을 지어 승려들과 불법을 배우러 온 사람들을 공양했다.

5월 어느 좋은 날, 승려들이 새벽 독경을 시작하고 만느엉은 아침 공양을 준비했다. 이날은 그녀가 공양 준비를 다 마쳤지만 유난히 승려들의 독경이 길어져 끝나지 않았다. 그녀는 문지방에 앉아 독경이 끝나기를 기다리다가 살짝 잠이 들었다. 승려들이 독경을 마치고 각자 방으로 돌아갔다. 만느엉이 문지방에서 자고 있었으므로 가라사리가 그녀의 몸을 넘어 지나갔다. 잠이 깬 만느엉은 문득 마음이 동하였고 이후 아이를 가지게 되었다.

서너 달 후 그녀는 부끄러워 그만 집으로 돌아갔다. 가라사리도 부끄러워서 절을 떠나 삼거리의 암자에 머물렀다. 만느엉은 달을 채워 딸을 낳았다. 그리고 가라사리를 찾아가 딸을 맡겼다. 가라사리는 그녀와 더불어 딸을 안고 강가로 갔다. 그곳에는 크고 무성한 다(Đa)나무 한

그루가 서 있었다. 그 나무에는 구멍이 파여 있었는데 깨끗하고 깊었다. 가라사리는 이곳에 딸을 놓았다.

"이 아이를 너에게 주니 잘 간직하여 훗날 불도를 이루도록 하라."

가라사리는 나무에게 딸을 맡긴 후 만느엉과 헤어지면서 그녀에게 지팡이 하나를 주었다.

"이 지팡이로 혹 가뭄이 들었을 때 땅을 두드리면 물이 솟아나올 것이니, 그렇게 사람들을 구하도록 하시오."

만느엉은 돌아와 가뭄이 들 때마다 지팡이로 땅을 두드려 백성들의 고난을 덜어주었다. 그렇게 그녀가 80세가 넘었을 무렵 삼거리의 다나무가 부러져 강을 따라 떠내려왔다. 그런데 이 마을에 이르자 빙빙 돌며 더 이상 떠내려가지 않았다. 사람들이 모여들어 도끼질을 해서 장작을 삼고자 했다. 하지만 도끼날만 상할 뿐 나무는 쪼개지지 않았다. 마을 사람 300명을 동원해서 나무를 끌어올리려 했지만 전혀 움직일 수 없었다. 마침 만느엉이 물가에 나왔다가 그 나무를 만지니 움직였다. 사람들은 그녀에게 나무를 끌어올려달라고 했다. 기이하게 생각한 사람들은 나무를 넷으로 쪼개어 불상을 만들기로 했다. 장인들이 작업을 하다가 옛날 만느엉이 딸을 놓아두었던 구멍에 이르렀다. 이 마디는 단단한 돌처럼 변해서 도끼가 자꾸만 부러졌다. 장인들은 화가 나서 물에다 던져버렸다. 나무는 빛을 발하며 점점 가라앉았고 장인들은 모두 고꾸라져 죽게 되었다. 사람들이 다시 만느엉을 청했다. 만느엉은 어부를 불러 나무를 건져 올리게 하고 불전(佛殿)에 받들어 모시고 예배했다.

이렇게 불상 넷을 안치하고 각각 법운(法雲), 법우(法雨), 법뢰(法雷),

◀만느엉과 가라사리가 딸을 맡겼던 다나무. 베트남 곳곳에서 볼 수 있는데 사당이나 사찰 등지에 흔하다.
▶사법신 가운데 저우 사찰 안에 모셔져 있는 법우의 상. 비를 관장하는 여신이다.

법전(法電)이라 하였다. 사방의 사람들이 이 불상에 기도하면 영험이 없는 적이 없었다. 사람들은 모두 만느엉을 '불모(佛母)'라 불렀다. 그녀는 4월 초파일에 병이 없이 죽음을 맞이하고 사찰에 묻혔다. 사람들은 이날을 빌려 부처의 탄생일로 삼았다. 그리고 매년 이날이 되면 남녀노소가 이 절에 모여 유희하고 가무했다. 세상에서는 이를 '욕불회(浴佛會)'라 불렀는데, 지금도 그 풍속이 전하고 있다.

이 이야기를 들으면 불교와 민간신앙의 만남이 슬프고도 괴롭게 이루어졌음을 잔잔하게 느낄 수 있다. 불교의 경전은 상당한 지식을 갖추지 않고서는 이해가 어려웠다. 아예 출가를 하여 승려가 되거나, 왕족이나 귀족층 등 경제적 여유가 있어서 학문적 식견을 갖출 수 있는 계층이라야 애초에 공부라도 할 수 있었다. 어릴 적 부모를 여의고 가난한 만느엉은 불교를 배울 수 없는 계층이다. 그녀는 더구나 여성이었고 말도 더듬었다. 그래서 그녀는 밥을 지어 공부하는 승려들과 찾아오는 사람들을 공양하면서 불경을 들었다.

가라사리는 초기에 베트남에 들어온 승려의 유형이라 생각할 수 있다. 실제로 인도에서 들어온 승려들은 이적을 행하기도 하고 불도를 가르치기도 했다. 만느엉은 따져 말하면 '베트남 여인'이라는 뜻이다. 승려와 만느엉은 아이가 생겨 부끄러워야 하는 존재다. 그래서 아이는 다나무가 키운다. 다나무는 베트남에서 사찰이나 사당, 마을의 주요한 장소에 커다랗게 서 있는 나무다.

만느엉은 마을에서 기우제를 지내는 여성으로 마을 사람들을 도우면서 살아간다. 그러다 다나무가 키운 아이가 사법신으로 부처로 모셔지고 따라서 만느엉은 불모(佛母)가 된다. 농사를 짓는 강가의 마을 사람들에게 중요한 비와 구름과 번개와 우레를 다스리는 신이 부처와 결합된다. 그 이전부터 사람들은 무격을 통해 가뭄을 해소하기 위한 기도를 했을 것이다. 만느엉이 지팡으로 비를 내리게 했다. 그런데 이러한 무격이 불모와 딸로 바뀌고 있다. 그리고 불교의 사찰에 무격의 사법신이 모셔져 오늘날까지 이어진다.

베트남 초기 불교의 수행 방법 등은 상세히 알 수 없다. 다만 초기에는 일반인들에게 고행을 요구하는 방식으로 들어오지는 않았을 것으

▲▲오늘날의 박닌에 있는 복엄사 전경.
▲복엄사 안에는 불모의 상이 모셔져 있다.

복엄사 경내에 있는 불모 만느엉의 무덤.

로 본다. 승려들의 보시와 헌신에 의해 사람들의 괴로움을 위로해주는 방편으로 불교가 전파되었을 가능성이 크다. 외부와 차단되어 독립성이 강한 베트남의 마을 문화에 불교가 들어오기도 쉽지 않았을 것이다. 이 이야기에서도 그러한 상황을 짐작할 수 있다. 그런데 이 이야기에서는 베트남의 전통적 신앙과 불교과 만나고 있다. 부처님 오신 날이 만느엉의 기일로 설정되고, 이날에는 남녀노소가 모여 유희하고 가무를 즐긴다. 그런데 이런 의식을 '욕불회'라 부른다고 하였다. 불교를 배울 수 없는 만느엉이었지만 부처를 낳아 불모가 되었다. 아버지인 가라사리의 역할은 이 이야기에서 옆으로 물러난다. 물론 베트남의 신앙 형태에서 중요한 신격은 어머니 혹은 할머니와 같은 여신이다. 산신이 남신으로 모셔진 사당에서도 뒤의 절벽 위에 어머니의 신격을 모시고 있다. 강한 어머니 신에 대한 숭배 의식은 이 이야기에서도 드러

저우 사찰. 베트남에 불교가 유입되던 초기의 사찰로 알려져 있다.

난다고 볼 수 있다. 그런데 상대적으로 경건해야 할 불교의 기념일이 유희하고 가무를 즐기는 왁자지껄한 축제가 된다. 이는 고등 종교의 의식보다 순수한 자연 종교의 의식에 더 가까운 표현이다.

지금도 복엄사가 있고 도량 안에 만느엉의 무덤도 있다. 그리고 사법신은 인근 사찰에 나누어 모셔져 있다. 농경사회에서 자연현상은 절대적 영향력을 행사한다. 이 자연현상을 관장하는 베트남의 사법신은 모두 여성의 신격이다.

북속 시기 불교의 수용에 대해 조금 더 살펴보자. 오늘날 복엄사가 있는 박닌 지역은 당시 지아오치의 중심지인 루이러우였다. 당시 이 지역은 인도를 비롯한 남방의 여러 문물과 북방의 문물이 교차하는 곳이었다. 이 지역을 중심으로 불교는 기원전부터 남방에서 유입되어 사람들에게 알려지기 시작했다. 이 이야기는 그러한 과정에서 전통적 신앙과의 갈등과 만남의 과정을 완연하게 전한다.

기원후 2세기 무렵이 되면 불교는 베트남의 많은 지역으로 알려지게 된다. 그리고 5세기 무렵에 이르면 북방에서 형성된 불교가 유입된다. 오늘날 베트남 불교가 남방의 불교와 북방의 불교가 혼재된 양상을 보이는 것도 이러한 상황과 무관하지 않을 것이다.

3세기 오(吳)에 불교를 처음 전한 인물인 강승회(康僧會, ?~280)도 지아오치에서 공부하고 자란 인물이다. 물론 그는 베트남인은 아니었다. 하지만 지아오치에서 자라면서 이곳의 학문적 영향 아래 유교와 불교 등 당대의 학문을 습득한 인물이다. 강승회는 오의 손권과 그 조정에 불교를 전파하고 건업에 건초사를 세웠다.

불교가 베트남 사람들에게 영향을 미친 것은 불교의 뛰어난 교리 때문이 아니었다. 『베트남 사상사』(1집)에서는 이상한 모습의 사람들이 자신을 헌신하여 가난하고 아픈 사람들을 돌보았기 때문으로 추론한다.[3] 즉 불교의 교리는 당대의 일부 지식인층에게 전해졌지만, 신앙으로서의 불교는 인민들에게 이런 방식으로 전개되었던 것이다. 사찰은 유교의 영향력이 마을까지 퍼지기 전에는 교육을 담당하는 역할도 했으며, 시장의 역할을 겸하기도 했다.

지금도 베트남 북부지역 대부분의 마을에는 사당과 사찰이 함께 모여 있다. 사당에는 크게 유교적 경향이 강한 딘과, 민족적 경향이 강한 덴이 있다. 그리고 그 곁에 불교 사찰도 함께 있는 경우가 많다. 불교가 들어오기 전 베트남에도 당연히 오래된 신앙 형태가 있었다. 하늘과 땅과 산과 강, 수목과 동물도 숭배의 대상이었을 것이다.

---

3 응웬 따이 트, 『베트남 사상사』, 김성범 역, 서울 : 소명출판, 2018, 82쪽.

북속 시기 베트남 불교의 유입과 관련해서 우리가 주목할 또 한 가지는 유교와 여러 차례 논쟁을 벌였다는 점이다. 물론 당시 베트남은 북방에 속한 하나의 군이었지만, 이곳에 사는 사람들은 여전히 베트남 사람들이었다. 초기에 베트남에 유입된 불교는 육로를 통해 중국으로 포교 활동에 나서기도 했다. 대표적인 인도 비구의 이름은 마하지와까(mahajivaca)였다. 북방의 선종은 580년 인도 불교의 성향이 강한 위니다루치(Vinitaruci)에 의해 베트남으로 들어오고, 9세기에는 중국 불교의 성향이 강한 무언통(無言通, 759?~826) 선사가 들어온다.

베트남에 유교가 유입된 시기도 기원전이다. 한의 식민 지배가 시작되면서 유교의 유입도 시작되었다고 볼 수 있다. 기원후 초기에 지아오치와 끄우쩐 태수인 념지엔(Nhâm Diên, 壬延)과 띡꽝(Tích Quang, 錫光)은 '학교를 세워서 예의를 가르쳤'고 전한다. 2세기에 시니엡이 지아오치의 태수 시절 북방의 많은 유학자들이 시니엡을 찾아와 의지했고, 많은 사람들이 유학을 가르치는 학교를 열었다는 기록이 있다. 처음에 유학은 베트남인을 지배하기 위한 목적으로 유입되었다. 주로 한의 관리들과 지배층 그리고 그 자제들이 교육을 받았다. 하지만 시간이 흐르면서 베트남 사람들도 유학을 공부하여 관리로 진출했다.[4]

불교와 관련된 이야기는 전하지만 유교의 유입과 관련된 이야기는 전하지 않는다. 이는 유교가 베트남 사람들의 사유에 끼친 영향이 불교와 다르다는 의미다. 인민에게 불교는 직접적인 영향을 끼쳤지만 유교는 유입 시기에 인민에게 크게 영향을 끼치지 않았다는 의미이기도

---

4 위의 책, 73쪽.

하다. 실제로 15세기에 이르러서야 유교는 베트남 마을에까지 영향을 끼친다.[5]

북속 시기를 거치면서 베트남은 한편으로 북방의 영향을 받으면서 여러 측면에서 변화했다. 하지만 다른 한편 북방과 다른 베트남의 독자적인 정체성을 정립하려는 의식도 더불어 강해졌다. 오래전부터 대대로 이어져 내려온 하나의 민족, 동포라는 의식도 강렬해진 것이다.

한을 비롯한 여러 북방 세력들은 이른바 한화(漢化) 정책으로 베트남 민족의 정체성을 없애고 착취를 쉽게 할 수 있도록 여러 방면에서 노력했다. 당연히 한의 언어와 문화와 농업기술 등이 유입되었다. 북방의 문화와 사상, 여러 기술 등은 앞선 것들이었다. 이에 맞서 베트남에서는 반한화 경향이 형성되면서 저항이 일어났다. 이렇게 북속 시기에는 서로 모순되는 한화와 반한화 경향이 공존하며 이어졌다. 하지만 천여 년의 식민 지배 시기를 지난 후 베트남은 결국 독립을 쟁취하였다. 베트남은 북방세력에 동화될 수 없었던 것이다.

4. 독립으로 가는 길

바찌에우 이후 300여 년 동안 베트남을 지배한 관리들도 착취가 심했다. 오가 참파와 전쟁을 벌이면서 베트남 백성들의 삶은 더욱 궁핍

---

5 Lê Thị Lan(레티란), Tư tưởng làng xã ở Việt Nam(베트남의 마을 사상), Tạp chí Khoa học xã hội Việt Nam (số 3 - 2015).

▲▲리남데의 사당과 유적은 홍강을 따라 인근 여러 지역에서 찾아볼 수 있다. 리남데의 군대가 주둔하던 곳에 마을이 형성되었고, 마을에는 오래된 딘이 남아 있다.
▲빈푹에 있는 딘 내부 모습. 마을 사람들이 모여 리남데의 제사를 모시기도 한다.

해졌다. 지아오처우는 당시 북방의 상황에 따라 오에서 진, 송, 양 등으로 그 지배 국가가 바뀌었다. 502년 양(梁)이 세워졌다. 그리고 베트남에 대한 수탈이 이전보다 더 심해졌다.

당시 타이빈(Thái Bình)현에는 리비(Lý Bí, 503~548)라는 사람이 있었다. 리비의 조상은 북방에서 베트남으로 이주해서 살던 사람이었다. 문무에 뛰어났기 때문에 양은 이 지역의 군사를 관리하는 낮은 직책에 그를 앉혔다. 리비는 자신이 관리가 되면 괴로운 백성들을 조금 더 도와줄 수 있다고 생각해서 동의했다. 하지만 그는 백성들에게 별 도움을 줄 수 없었다. 그는 관직을 버리고 고향으로 돌아갔다. 그리고 형과 더불어 봉기를 일으킬 계획을 세웠다. 평소에 그를 따르던 많은 사람들이 참여했다.

542년 리비는 린바오(Linh Bảo) 사찰에서 휘하 장군들과 군사들을 모아 출병했다. 린바오 사찰을 떠난 봉기군은 곳곳에서 많은 사람들에게 도움을 받을 수 있었다. 3개월여가 지나면서 봉기군은 인근 현들을 점령했다. 리비는 롱비엔(Long Biên)성도 손에 넣었다. 543년 양이 군사를 일으켜 공격했으나 패배했다. 남쪽 변방도 안정시킨 후 리비는 544년 봄 제위에 올랐다.

리남데는 또릭(Tô Lịch)강(하노이를 가로질러 흐르는 강)에 도읍을 정하고 반쑤언궁을 세우도록 했다. 찌에우뚝(Triệu Túc)은 재상이 되었고, 띤티에우(Tinh Thiều)와 팜뚜(Phạm Tu)는 문관과 무관의 최고위직에 올랐다. 찌에우뚝의 아들로 리남데에 이어 찌에우비엣브엉(Triệu Việt Vương)으로 제위에 오르는 찌에우꽝푹(Triệu Quang Phục, 524~571)도 중용되었다. 리남데는 홍강가에 사찰을 세우고 카이꾸옥(Khai Quốc)이라 했다. 이후 남

▲▲리남데는 국호를 반쑤언(萬春)으로 삼아 황제에 오른 후 불교 사찰인 개국사 (開國寺)를 세웠다. 오늘날 하노이 서호(西湖)에 있는 진국사(鎭國寺)가 1500년 전 개국사의 흔적을 전한다.
▲진국사 경내의 탑들.

북조 시대의 혼란을 통일한 수(隋, 581~619)는 602년 반쑤언을 다시 침략하여 지배한다.

『대월사기전서(大越史記全書)』에 따르면 리비는 문무를 겸비한 사람으로 관직에 있으면서 양의 무기력함을 알 수 있었고, 독립된 나라를 건설할 때가 되었음을 직감했다고 전한다. 그는 제호(帝號)와 국호(國號), 국교(國敎), 수도, 정권의 형식 등을 미리 고려했다. "왕(리비)이 군대를 일으켜 침략군(양)을 몰아냈으며, 남제(南帝)라 칭하고 국호를 반쑤언(Vạn Xuân, 萬春)으로 정하고 롱비엔에 수도를 세웠다." "봄 1월에 왕(리비)이 적에게 승리를 거두고 스스로 칭하기를 남월제(南越帝)라 하고 제위에 올랐으며 연호를 세우고 백관을 세우고 반쑤언을 국호로 삼았다. 그 뜻은 사직이 만대에 이르기를 원하는 것이다." 이 외에도 그는 연호를 '티엔득(Thiên Đức, 天德)'이라 하였고, 독자적인 화폐를 주조하였다고 알려졌다.[6]

마이학데

618년 당이 수를 멸하고 중원을 통일했다. 북속 시기 동안 당은 베트남을 가장 오래 지배했다. 당은 성을 쌓고 도로를 넓혀 지아오처우에서 당으로 여러 산물들을 좀 더 쉽게 착취해갈 수 있도록 만들었다. 679년에는 베트남 지역에 안남도호부를 설치했다. 다른 북방의 세력과 마찬가지로 당도 베트남으로부터 막대한 경제적 이득을 얻었다. 대형 전투용 선박을 제조하여 가져가기도 했다.

---

6 위의 책, 110~111쪽.

응에안에는 마이학데의 사당 두
곳이 서로 지척에 있다. 이 사당
의 뒤편에는 마이학데의 무덤이
있다.

마이학데의 무덤. 뒷산에서는
마이학데와 관련된 여러 유물
과 유적들이 발굴되었다.

마이학데 상. 흑제(黑帝)로 불릴
만큼 얼굴이 검었기 때문에 상
도 검은 모습으로 모셔져 있다.

안남도호부를 통한 당의 공식적인 수탈 이외에도 안남도호부 관리들의 개인적 착복도 극심했다. 681년 안남도호부의 도호에 임명된 유연우가 무리한 세금을 강요하면서 베트남 땅에는 봉기의 싹이 돋아 올랐다. 687년에는 리뜨띠엔(Lý Tự Tiên, ?~687)이, 722년에는 마이툭로안(Mai Thúc Loan, ?~723)이 봉기를 일으켰다. 마이툭로안은 하띤(Hà Tĩnh) 지역에서 소금 제조업을 하던 사람으로 응에안(Nghệ An)을 본거지로 봉기를 일으킨 후에 응에띤(Nghệ Tĩnh)과 타인화(Thanh Hóa)로 세력을 넓혔다. 당의 약탈과 착취를 피하기 위해 많은 사람들이 산이나 숲으로 들어가서 살았다. 마이툭로안은 이런 사람들을 중심으로 점차 세력을 키웠다.

각지에서 마이툭로안의 봉기군에 참여하기 위해 몰려왔다. 마이툭로안은 응에안을 본거지로 삼고 봉기를 일으켰다. 이곳에 성을 세우고 점차 세력을 키우자 사람들은 그를 왕이라 부르기 시작했다. 그의 얼굴이 검었기 때문에 흑제(黑帝)라 불렀다. 그의 이름이 널리 알려지면서 남쪽의 참파와 말레이시아 등지의 세력과 교류하고 연합할 만큼 강성해졌다.

마이학데(Mai Hắc Đế, 梅黑帝)는 군사를 일으켜 오늘날의 하노이에 있던 똥빈(Tống Bình, 宋平)성을 점령하고 안남도호부 세력을 축출했다. 하지만 이 시기는 당이 가장 강한 전성기를 구가하던 때였다. 당현종은 양사욱(楊思勗, 654~740) 장군과 10만 대군을 보냈다. 마이학데의 군사들은 아직 전열을 다듬고 충분히 방어할 준비가 부족한 상태였다. 마이학데는 산으로 철수하여 공격을 준비하는 와중에 병에 걸려 세상을 뜨고 말았다.

부모와도 같은 대왕 풍흥

바비산 자락에 있는 드엉럼(Đường Lâm) 마을(오늘날의 선떠이)은 지금도 베트남 북부의 전통을 간직한 마을로 유명하다. 이곳은 하이바쯩이 봉기를 일으킬 때 그 어머니인 만티엔(Man Thiện, 謾善, ?~43)의 본거지였다. 이곳에서 군사를 훈련시켜 두 딸의 군대와 합류하도록 도왔다. 또한 드엉럼 마을은 베트남 역사에서 많은 영웅들을 배출한 땅이다. 그리고 북속 시기가 거의 끝나갈 무렵에 봉기를 일으킨 풍흥의 고향이자 북속 시기를 끝내고 독립을 쟁취한 응오꾸엔(Ngô Quyền)의 고향이기도 하다.

8세기 중엽 깜럼(Cam Lâm) 마을에는 풍(Phùng)씨 일족이 살고 있었다. 이 마을에서 유명한 삼형제가 있었다. 풍흥(Phùng Hưng, 馮興, ?~791)과 풍하이(Phùng Hải), 풍진(Phùng Dĩnh)이다. 풍흥은 아버지 풍합카인(Phùng Hạp Khanh)의 뒤를 이어 드엉럼 마을의 관리가 되었다. 이들 삼형제는 기골이 장대하고 힘이 장사였던 것으로 전하는데 그 가운데 풍흥이 가장 호걸이었다. 삼형제는 부지런히 무술과 병법을 연마했다.

8세기 말엽에 접어들며 당 세력도 많이 쇠약해졌다. 베트남을 다스리던 안남도호부 세력도 따라서 크게 약화되었다. 곳곳에서 봉기가 일어났다. 풍흥도 봉기를 일으켜 하노이의 똥빈성을 점령했다. 이후 풍흥은 나라를 세우고 관리를 등용하고 경제의 근간인 농업에 2기작을 종용하는 등 나라의 기틀을 세웠다. 7년여 동안 다스리던 그는 791년 세상을 떠났다. 백성들은 그의 죽음을 안타까워하면서 '보까이다이브엉(Bố Cái Đại Vương)'이라 불렀다. '보(Bố)'는 아버지를 의미하고, '까이(Cái)'는 어머니를 의미한다. 즉 부모와도 같은 대왕이라는 의미다. 하지

하노이의 선떠이에 있는 보까이다이브엉 풍흥의 사당.

만 풍흥 사후 권력을 차지하기 위한 내분이 일었다. 풍흥의 두 형제와 풍흥의 아들 풍안(Phùng An) 사이의 다툼이었다.

풍안이 세력을 장악하고 제위에 올랐다. 하지만 내분은 나라를 나약하게 만들었다. 당의 침략에 대해서도 계속 준비해야 했다. 당은 조창(趙昌)에게 안남을 다스릴 권한을 부여하고 지아오처우로 군사를 보냈다. 그는 풍안을 회유와 협박으로 굴복시켰다. 내분으로 세력이 약했던 풍안은 당과 평화로운 관계를 유지하는 것이 더 합리적이라고 생각했다. 하지만 베트남 역사에서 북방세력과의 평화로운 관계는 결국 멸망으로 가는 문턱에 발을 들여놓은 것과도 같았다.

이러한 노선에 반대하는 사람들은 풍흥의 형제들을 찾아 다시 나라를 세우고자 했다. 하지만 그들은 다시 세상에 나올 생각이 없었다. 지아오처우는 다시 당의 지배 아래 놓이게 되었다.

5. 응오꿰엔과 바익당강의 승리

905년 쿡트어주(Khúc Thừa Dụ, 曲承裕, 830~907)가 봉기를 일으켰다. 당시 홍처우(Hồng Châu, 오늘날의 하이즈엉(Hải Dương))에는 쿡(Khúc, 曲)씨가 세력을 형성하고 있었으며 쿡트어주는 지역 관리로 백성들의 존경을 받고 있었다. 봉기를 일으킨 그는 어렵지 않게 똥빈성을 장악했다. 나약해진 당은 그에게 정해절도사 직책을 수여할 수밖에 없었다. 그는 명목상 당의 관리였지만 실제로는 베트남 독립을 위한 정책을 지속적으로 수립하고 시행했다. 하지만 907년 젊은 나이로 세상을 뜨고 말았다. 그의 아들 쿡하오(Khúc Hạo, 曲顥, ?~917)가 권력을 이어받아 지속적으로 독립 정책을 펼쳤다.

바로 그해인 907년 당이 역사 속으로 사라지고 후량(後梁)이 일어났다. 여러 세력 간에 서로 주도권을 잡기 위한 전쟁이 일어나는 5호 10국의 혼란기로 접어들었다. 후량은 일단 쿡하오를 정해절도사로 임명했다. 광둥 지역에서는 유은(劉隱)이 독자적으로 권력을 장악하고 있었다. 그의 사후 동생인 유엄(劉龑)이 권력을 이어받았다. 그는 유은의 권력을 바탕으로 삼아 917년 독자적인 국가를 세워 제위에 올랐다. 918년 국호를 한(漢)으로 고쳤다. 이를 이전의 한(漢)과 구별하여 남한(南漢)이라 부른다.

917년엔 쿡하오가 사망하고 그의 아들인 쿡트어미(Khúc Thừa Mỹ, 曲承

▲▲선떠이 응오꿰엔 마을에 있는 응오꿰엔 사당.
▲사당과 가까운 곳에는 응오꿰엔의 묘역이 마련되어 있다.

美)가 권력을 이어받았다. 쿡트어미는 이전처럼 자주적인 독립국가의 기틀을 세우기 위한 정책을 추진하기보다는 북방에 의존하려는 정책을 펼쳤다. 이를 주시하던 남한은 928년 세력을 더욱 확장하면서 930년에는 베트남을 침략했다. 쿡트어미는 지방의 여러 세력에게 도움을 청했다. 이때 드엉럼 마을의 응오꿰엔도 서둘러 군사를 일으켜 출정했다. 하지만 이미 때는 늦었다. 쿡씨 3대가 이루었던 나라의 기틀이 무너지고 쿡트어미와 관리들은 붙잡혀 남한으로 끌려간 후였다.

응오꿰엔은 풍흥의 바로 옆 마을에서 태어났다. 그의 아버지 또한 마을의 관리였다. 쿡씨 세력이 절도사로 있던 시기에 마을을 다스렸기 때문에 쿡씨 세력 휘하의 장군이었다. 그래서 북방의 침략세력에 대한 저항 의지가 강했다. 응오꿰엔도 어려서부터 자연스럽게 독립을 위한 저항 의식을 지니게 되었다.

쿡트어미와 관리들이 남한으로 붙잡혀 간 후 응오꿰엔은 고향을 떠나 타인화 지역의 즈엉딘응에(Dương Đình Nghệ, 楊廷藝, 874~937)를 찾아갔다. 여러 세력을 규합하여 남한을 몰아내기 위해서였다. 931년 즈엉딘응에와 응오꿰엔은 힘을 모아 지아오처우로 출병했다. 다이라(Đại La) 성을 포위하고 응오꿰엔의 주력부대가 성을 무너뜨렸다. 남한은 다시 군사를 보냈다. 즈엉딘응에와 응오꿰엔은 군사를 둘로 나누어 싸웠다. 치열한 싸움이 벌어졌고 결국 남한의 군사들을 전멸시켰다.

그렇게 즈엉딘응에가 권력을 잡아 다시 북방세력에 맞서 독립적인 정책들을 추진해 나갔다. 하지만 937년 휘하 장수였던 끼에우꽁띠엔(Kiều Công Tiễn, 矯公羨)이 즈엉딘응에를 암살하고 자신이 절도사에 올랐다. 응오꿰엔을 비롯한 많은 관리와 백성들이 분노했다. 응오꿰엔은

◀응오꿔엔이 남한군을 맞아 싸운 격전지인 바익당강의 주변 풍경. 강 주변에 몸을 숨기고 기습공격을 펼치기에 좋은 지형이다.
▶바익당강 하구 강과 바다가 만나는 지역에는 나무 말뚝이 박혀 있었다. 강은 그 속을 알 수 없을 정도로 흙빛 물이 흐르고 조수에 따라 물살이 매우 빠르게 흐른다.

다른 장군들과 함께 즈엉딘응에의 제사를 지내고 끼에우꽁띠엔에게 복수하고자 했다. 그러자 전세가 불리함을 느낀 끼에우꽁띠엔은 남한에 항복하고 말았다.

938년 남한은 끼에우꽁띠엔을 돕는다는 명분을 앞세워 다시 베트남을 침략했다. 남한의 고조(高祖)는 왕자 유홍조(劉弘操)를 최정예 수군과 함께 베트남으로 보냈다. 응오꿔엔은 많은 사람들의 지원을 받아 끼에우꽁띠엔의 목을 치고 남한과의 전쟁을 준비했다. 그는 남한군이 들어올 것으로 예상되는 바익당강 하류에 진을 치고 군사들을 배치하여 남한의 수군과 일전을 치를 준비를 했다. 백성들과 군사들이 나무와 쇠 기둥을 강바닥에 박았다. 물이 들어오면 강바닥의 말뚝은 전혀 보이지 않았다. 강의 주변에는 군사들을 매복시켰다.

남한은 큰 배였고 베트남은 작은 배였다. 강 어귀에서 베트남의 작은 배들이 일부러 패배하며 남한의 수군을 강으로 거슬러 오르도록 유인

▲▲바익당강 하구 유적지에는 역사공원이 조성되었고 새롭게 말뚝 모형들도 박혀 있다.

▲바익당강 역사유적지에 세워진 세 영웅의 상. 가운데에는 처음으로 바익당강에 말뚝을 박고 남한군을 물리친 응오꾀엔, 오른쪽에는 역시 바익당강에서 송에 침략군에 맞서 승리한 레다이하인, 왼쪽에는 몽골의 세 차례 침략을 모두 물리친 쩐꾸옥뚜언의 상이 세워져 있다.

▼ 하노이 군사박물관에 전시되어 있는 바익당강의 나무 말뚝.

했다. 남한은 강력한 군사와 수적인 우세를 믿고 거침없이 공격했다. 바익당강을 거슬러 남한의 수군이 물밀듯이 들어왔다. 점차 썰물 시간이 다가오자 바익당강의 물이 거세게 바다로 빠져 흘렀다. 강바닥에 박혀 있던 말뚝이 모습을 서서히 드러냈다. 후퇴와 방어를 거듭하던 응오꾀

선떠이에 남아 있는 선떠이 고성. 탕롱 하노이의 서쪽을 수호하는 행정과 군사의 중심지이다. 19세기 말에도 선떠이는 매우 중요한 곳이었다. 독특한 성곽 건축으로도 유명하다.

엔은 갑작스럽게 반격에 나섰다. 남한군은 전열이 무너지면서 철수하기 시작했다. 하지만 강의 하류에 설치된 말뚝에 남한의 큰 전함들이 걸려서로 부딪치고 부서졌다. 강변에서는 불화살을 이용한 화공이 시작되었다. 남한군은 전멸하고 유홍조도 이곳에서 전사했다.

　이 전투로 응오꾸엔은 남한의 침략을 막아내고 천 년이 넘는 북속 시기를 종식시켰다. 비로소 베트남이 북방 여러 나라의 수탈로부터 벗어나는 순간이었다. 응오꾸엔은 옛 어우락의 수도였던 꼬로아를 정비하여 수도로 삼았다. 그는 939년 제위에 올라 나라의 기틀을 다져나갔다. 어느 정도 기틀을 다지던 944년 응오꾸엔은 세상을 떠났다.

12사군의 흥기

응오 왕조는 외적으로는 독립을 이룩했지만 내적으로 왕조의 힘이 지방까지 미치지는 못했다. 공신들 중에는 소수민족과 지방 토호세력들도 많았다. 권력의 중심에 있던 응오꿰엔이 사망하자 여러 세력들이 중심을 잃고 사분오열되었다. 게다가 천여 년이 넘는 북속 시기 동안 베트남의 여러 지역에서는 다양한 세력이 할거했다. 북방과 가까운 세력들도 있었고 베트남의 독립을 쟁취하고자 준비하던 세력도 있었다. 이러한 여러 세력들 간의 이해관계도 첨예하게 대립했을 것으로 보인다.

응오꿰엔이 사망하자 그의 처남 즈엉땀카(Dương Tam Kha, 楊三哥, 재위 944~950)가 어린 두 왕자를 밀어내고 권력을 손에 넣었다. 응오꿰엔을 따르던 지방의 여러 세력들과 신하들이 정통성과 명분을 문제 삼으며 반발했다. 강력한 지방세력을 형성하던 관리들은 스스로 자신이 다스리던 영토에 대한 자치권을 행사하기 시작했다. 이 가운데 평야지대에 있는 열두 세력이 가장 강성했다. 이를 12사군(使君)이라 부른다. 944년부터 968년에 이르는 20여 년 동안 서로 죽고 죽이는 치열한 세력다툼이 벌어졌다.

6. 딘 왕조, 호아르에 도읍하다

이들 가운데 호아르 지역에는 딘(Đinh, 丁)씨가 세력을 형성하고 있었다. 딘씨 세력은 응오꿰엔이 남한군과 전쟁을 벌일 때 함께 싸웠다. 응

▲▲호아르는 딘 왕조와 레 왕조의 도읍지였으며 리 왕조가 탕롱 하노이로 천도하기 이전까지 수도였다.
▲호아르 주변 지역은 석회암 봉우리가 솟아 있고 물길이 둘러싸고 있어 방어에 유리했다.

오꿰엔이 꼬로아에서 제위에 오른 후에도 딘꽁쯔(Đinh Công Trứ, 丁公著)는 여전히 호안처우(Hoan Châu, 오늘날의 응에안과 하띤(Hà Tĩnh) 지역)를 관리하고 있었다. 그에게는 딘보린(Đinh Bộ Lĩnh, 丁部領, 924~979)이라는 아들이 있었다. 딘꽁쯔가 세상을 떠나자 15세 무렵의 딘보린은 어머니와 함께 부친의 고향인 호아르(Hoa Lư)로 옮겨 살게 되었다.

딘보린이 성장할 무렵 응오 왕조는 혼란스러웠다. 딘보린도 즈엉땀카에 반대하는 봉기를 계획하고 있었다. 재능이 뛰어난 사람들과 더불어 딘보린은 주변 지역으로 자신의 세력을 확장했다.

보하이커우(Bố Hải Khẩu, 오늘날의 타이빈 지역)에서는 쩐람(Trần Lãm, 陳覽)이 세력을 잡고 있었다. 많은 사람들이 그를 존경하여 큰 세력을 형성했다. 타이빈 지역은 홍강의 하류에 위치한 북부의 주요 곡창지대로 바다와 인접하여 물산이 풍부했다. 딘보린도 아들과 함께 쩐람을 찾아갔다. 쩐람에게는 아들이 없었다. 쩐람은 딘보린의 사람됨을 보고 양자로 삼아 군사권을 물려주었다. 이 연합으로 딘보린은 호아르에서 홍강 하류에 이르는 지역의 실권을 모두 장악하게 되었다. 그는 인근 세력들을 포용하기 위해 유화정책을 적극적으로 펼쳤다.

딘보린은 965년에서 967년에 이르는 시기에 집중적으로 주변의 사군들을 통합했다. 968년에 이르자 12사군의 주변 세력들이 어느 정도 평정되었다. 그는 제위에 올라 딘띠엔황(Đinh Tiên Hoàng, 丁先皇, 재위 968~979)이 되었다. 국호는 다이꼬비엣(Đại Cồ Việt, 大瞿越)이었다. 970년에는 연호를 타이빈(Thái Bình, 太平)으로 정했다. 그는 자신이 어릴 적부터 자라면서 세력을 키우던 호아르를 수도로 삼았다. '육지의 하롱만'으로 불리는 땀꼭(Tam Cốc)-호아르는 천연의 요새다. 하노이에서 남쪽으로 90여 킬로미터 떨어진 곳으로 풍경이 아름답고 지질학적 가치도 높아 2014년 유네스코 세계자연유산으로 등재되었다.

그는 중앙집권적인 국가를 건설하고자 노력했다. 12사군을 통합하여 10개의 성으로 나누어 다스렸다. 969년에는 늘 전장에서 함께 말을 달

▶호아르 유적지구 안에 있는 딘띠엔황의 사당.
▶호아르 유적지구가 한눈에 들어오는 산 정상에는 딘띠엔황의 무덤이 있다.
▲사당 안에는 딘띠엔황과 태자의 상이 있다.

리던 장남 딘리엔(Đinh Liễn, 丁璉, ?~979)을 남비엣브엉(Nam Việt Vương, 南越王)에 봉했다.

968년 딘띠엔황이 제위에 올랐을 때 남한은 크게 쇠약해진 상태였다. 960년 송이 일어나 970년 남한을 공격했다. 딘띠엔황은 송과의 우호관계를 유지하기 위해 972년 딘리엔을 사신으로 보냈다. 대내적으로 피폐해진 민심을 수습하고 20여 년간 12사군 사이의 피비린내 나는 지역싸움에서 생긴 아픔을 치유하기 위해 그는 불교를 적극 활용했다.

불교는 당시 베트남 사람들에게 많은 영향을 끼치고 있었다. 딘띠엔황은 사찰을 많이 세웠다. 또한 그는 엽전 모양의 화폐를 만들었다. '타이빈흥바오(Thái Bình hưng bảo, 太平興寶)'라 새겨져 있었고 딘 왕조를 뜻하는 '딘(Đinh, 丁)'이라는 글자도 새겼다.

이렇게 나라의 기틀을 닦아나가던 978년 딘띠엔황은 장남인 딘리엔이 아닌 딘항랑(Đinh Hạng Lang, ?~979)를 태자로 책봉했다. 오랜 세월 전쟁을 겪으며 통일된 나라를 이루는 데 공을 세운 딘리엔은 태자에 책봉되지 못하자 화가 났다. 그는 몰래 태자를 살해했다.

그리고 979년에는 딘띠엔황과 딘리엔도 함께 암살당했다. 암살의 배후에는 딘 왕조의 군권을 장악하고 있던 레호안(Lê Hoàn, 941~1005)과 황후 즈엉번응아(Dương Vân Nga)와 같은 정치세력들이 개입되어 있을 것으로 추론하기도 한다. 결국 즈엉번응아의 6세 아들인 딘또안(Đinh Toàn)이 제위에 오르고 그녀는 황태후에 올랐다. 황제의 나이가 너무 어렸기 때문에 레호안 장군이 섭정을 맡았다. 여러 대신과 장군들이 레호안 장군의 세력이 커지는 것을 막기 위해 노력했지만, 그의 세력은 점점 강해졌다.

딘 조정이 어지러워지자 참파로 피신했던 12사군의 한 세력인 응오넛카인(Ngô Nhật Khánh)이 남쪽의 참파를 부추겨서 다이꼬비엣을 공격했다. 북방의 송은 남쪽을 침략할 기회만 엿보고 있었다. 다이꼬비엣 조정이 어수선해지자 송은 이 기회를 놓치지 않고 다이꼬비엣을 공격했다.

송의 침략 소식이 알려지자 호아르의 다이꼬비엣 조정에서는 의견이 분분했다. 나이 어린 황제로는 나라의 힘을 모아 송의 침략에 맞서 전쟁을 치를 수 없다는 의견이 우세했다. 레호안 장군을 제위에 올리고 주변 세력들을 규합하여 송에 대항해야 한다고 판단했다. 이런 상황에서는 정치적으로 나이 어린 황제와 황태후가 살해될 가능성도 있었다. 결국 황태후가 용포를 직접 들고 가서 레호안 장군에게 입히고 황제로 앉혔다. 이렇게 2대에 걸쳐 14년간 유지되었던 딘 왕조는 사라지고 레 왕조가 시작되었다.

전(前)-레 왕조 : 980~1009

980년 레호안은 레다이하인(Lê Đại Hành, 黎大行, 재위 980~1005)으로 제위에 올랐다. 국호는 그대로 이어졌고 연호는 티엔푹(Thiên Phúc, 天福)이라 정했다. 그는 941년 오늘날 타인화에서 태어났다. 재능이 뛰어난 그는 딘띠엔황의 눈에 띄어 군사를 지휘하는 장군에 임명되었다. 이후 딘띠엔황과 함께 전쟁터를 누비면서 점점 능력을 인정받은 후 다이꼬비엣의 병권을 쥐게 되었다.

레다이하인은 제위에 오르자 송과의 전쟁을 준비했다. 우선 딘 왕조가 어지러운 틈을 타 일어서려던 세력을 평정했다. 그는 응오꾸엔이 남한의 군사를 상대로 썼던 전술대로 바익당강의 바닥에 다시 말뚝을 박기로 했다. 그리고 군사들을 모아 직접 지휘하여 북방세력이 육지로 들어오는 길목인 치랑(Chi Lăng)으로 향했다. 981년 봄, 송은 군사를 둘로 나누어 다이꼬비엣으로 향했다. 육지에서는 랑선(Lạng Sơn)을 통해

◀레다이하인 사당도 호아르 유적지구 안에 있다.
▶레다이하인 사당 안에 모셔진 레다이하인 상.

들어왔고 수군은 바익당강으로 들어왔다. 이들은 다이라성을 먼저 점령하고 군사를 합쳐 호아르로 총공격하려 했다. 하지만 다이꼬비엣의 수군은 바익당강에서 송의 수군과 치열한 전투를 벌이며 물길을 내주지 않았다. 송의 수군은 쉽게 진격할 수 없었고 결국 패배하여 물러났다. 육지에서도 송은 직접 전장에 나선 레다이하인을 이길 수 없었다.

이렇게 북방의 침략을 물리치고 변방이 안정되자 레다이하인은 남쪽의 변방을 안정시켜야 했다. 그는 982년 군사를 일으켜 참파와 전쟁을 치르고 참파 국왕을 전사시켰다. 이렇게 북방과 남쪽의 국경이 안정되자 레다이하인은 중앙집권적인 정책을 실시했다. 984년에는 호아르에 궁궐을 크게 짓고 수도를 정비했다. 딘 왕조보다 큰 규모로 궁궐을 지어 위엄을 세우고자 했다. 티엔푹쩐바오(Thiên Phúc trấn bảo, 天福鎮寶)라는 동화폐를 주조하여 사용하였다. 레다이하인은 레롱딘(Lê Long Đĩnh) 왕자와 함께 국내의 크고 작은 난들을 모두 평정했다. 그리고 여러 왕

레다이하인 사당 한편에는 즈엉번응아
태후의 상이 모셔져 있다.

자들을 위험한 지역으로 보내어 다스리도록 했다.

1005년 레다이하인은 다이꼬비엣을 24년 동안 통치하고 세상을 떠났다. 1004년 레롱비엣(Lê Long Việt) 왕자를 태자에 책봉했지만 레다이하인의 사후 왕자들 간에는 극심한 반목과 권력다툼이 벌어졌다. 이는 레 왕조를 직접적으로 몰락으로 이끈 원인이 되었다. 우여곡절 끝에 레다이하인이 세상을 떠난 후 8개월이 지나서 롱비엣 태자가 레쭝똥(Lê Trung Tông, 黎中宗, 983~1005)으로 제위에 올랐다. 하지만 즉위한 지 3일 만에 죽음을 맞았다. 따르는 신하들이 목숨을 부지하고자 모두 흩어졌다. 이때 훗날 리 왕조를 여는 리꽁우언(Lý Công Uẩn)만이 황제를 안고 눈물을 흘렸다고 전한다.

그 후 레롱딘이 제위에 올랐다. 하지만 그는 병에 걸려 앉아서 정사를 볼 수 없었다. 늘 누워서 정사를 보는 그를 사람들은 응와찌에우(Ngọa Triều, 臥朝)라 불렀다. 레롱딘은 관제와 의복을 정비하고 유학의 경전들과 불교의 대장경을 보급하기도 했다. 하지만 사람들은 레롱딘을 좋아하지 않았다. 민심은 서서히 레 왕조를 떠났다. 1009년 레롱딘이 세상을 뜨자 신하들이 리꽁우언에게 제위에 오르라고 종용한 것은 이러한 민심 때문이었다.

제3장

탕롱 하노이, 용이 오르다

1. 다이비엣의 기틀을 놓은 리 왕조

리꽁우언(Lý Công Uẩn, 李公蘊, 974~1028)은 974년 2월 오늘날 박닌(Bắc Ninh) 지역에서 태어난 것으로 알려져 있다. 그의 어린 시절에 대해서는 알려진 사실이 그다지 많지 않다. 일설에 아버지는 승려였고 어머니는 무당이었다고도 한다. 조그만 암자에서 수행하는 수행자를 사람들이 흔히 '승려'라 불렀으리라는 짐작도 가능하다. 다른 이야기에서는 사찰에 맡겨진 아이로 전하기도 한다. 비가 내리고 바람이 심하게 불던 날 팜(Phạm)씨 여성이 꼬팝(Cổ Pháp)사로 들어와서 그 밤에 아들을 낳았는데, 그 여자는 죽고 말았다. 사찰의 승려들은 어쩔 수 없이 그 아이를 맡아 키웠다. 아이가 세 살 무렵에 리카인반(Lý Khanh Văn)이라는 승려가 양아들로 받아들여 키웠으며, 그래서 리(Lý, 李)를 성으로 삼았다.

반하인(Vạn Hạnh)은 당시 멀지 않은 띠에우(Tiêu)산의 사찰에서 수행하고 있었는데, 리꽁우언의 총명함을 보고 제자로 삼았다. 리꽁우언은

리타이또는 어린 시절 반하인 선사를 스
승으로 삼아 공부한 것으로 알려져 있다.
띠에우 사찰에서 수행하던 반하인 선사
는 인민들에게 이적을 행하는 기이한 승
려로 알려져 있다. 띠에우 사찰 뒤편에
반하인 선사의 상이 있다. 왼손으로는 원
숭이를, 오른손으로는 호랑이를 다루고
있으며 동상 아래에는 용과 호랑이 상이
있다.

반하인 아래서 잔심부름도 하고 여러 분야의 공부를 했다. 무술과 병
법도 배울 수 있었다. 어른이 된 리꽁우언은 당시 레다이하인의 궁궐
로 가서 호위무사가 되었고, 점점 승진하여 좌친위전전지휘사(左親衛殿
前指揮使)에 올랐다. 레다이하인의 사후 왕자들의 세력다툼이 8개월 동
안 이어지면서 조정은 극도로 혼란했다. 레롱딘은 민심을 잃었다. 반
하인은 리꽁우언에게 제위에 오르길 권한다.

다오깜목(Đào Cam Mộc, 942~1015) 대신도 리꽁우언이 제위에 올라야
한다고 공공연히 말하고 있었다. 하지만 리꽁우언은 매우 조심스럽게
준비했다. 1009년 11월 다오깜목 대신이 주축이 되어 리꽁우언을 추대
하자는 대신들과 장군들이 모여 거사를 준비했다. 리꽁우언은 여러 세
력들의 지지를 바탕으로 제위에 올라 투언티엔(Thuận Thiên, 順天)을 연
호로 정하고 리타이또(Lý Thái Tổ, 李太祖, 재위 1009~1028)에 등극했다.

호아르는 이전 왕조의 본거지였으며 큰 뜻을 펼치기에는 비좁았다.

당시 탕롱은 홍강이 범람하는 지역이었다. 치수는 생존에 직결되는 일이었다. 하노이는 곳곳에 크고 작은 호수가 지금도 100여 개가 넘게 남아 있는 호수의 도시다. 하노이에서 가장 큰 호수인 호떠이와 바로 인접한 호쭉바익 모습.

방어하기에는 비교적 수월한 위치였지만, 리타이또는 새롭게 도읍을 정할 필요가 있었다. 박닌과 박지앙(Bắc Giang) 등 여러 곳을 물색한 후 1010년 가을 그는 다이라(Đại La)성을 새로운 도읍으로 정했다.

리타이또가 다이라성으로 들어오자 용이 나타나 춤을 추다가 사라졌기 때문에 탕롱(Thăng Long, 昇龍)으로 이름을 바꾸었다고 전한다. 이때부터 용은 베트남 사람들에게 더욱 중요한 상징이 되었다. 여러 곳에서 볼 수 있는 리 왕조 시대의 특색 있는 용 문양이 등장한다. 그는 탕롱으로 도읍을 옮기면서 「천도조(遷都詔)」를 내렸다. 이 글은 오늘날에도 남아 있다.

탕롱성에는 내성과 외성이 있었다. 외성은 라타인(Là Thành)이다. 이 성은 지아오처우 절도사 까오비엔(Cao Biền)이 866~868년에 세운 것으

리타이또는 1010년 탕롱을 수도로 삼고 황성을 건설했다. 이후 탕롱은 여러 왕조의 수도가 되었으며 오늘날 하노이로 이름이 바뀌어 여전히 베트남의 수도로서 역할을 하고 있다. 탕롱 황성 유적지는 2010년 유네스코 세계문화유산에 등재되었다.

황성 유적지 내에 있는 계단의 용 장식. 리 왕조부터 용 문양은 베트남의 독특한 양식을 갖추며 발전한다.

베트남 사상으로의 초대

로 알려져 있다. 리타이또는 이 성을 수리해서 외성으로 삼았다. 오늘날 하노이에 남아 있는 데라타인(Đê Là Thành) 길을 이 성의 흔적이라 볼 수 있다.

2000년대 초 본격적으로 하노이 황성 유적을 발굴하기 시작했다. 리 왕조 이후 대부분의 베트남 왕조가 다이비엣(Đại Việt, 大越)을 국호로 삼은 것처럼 이 황성을 또한 수도로 삼았다. 발굴된 황성 유적은 2010년 유네스코 세계문화유산이 되었다.

내성은 해자가 둘러싸고 있었으며 동, 서, 남, 북의 4대문이 있었다. 그 안에 궁궐들이 자리하고 있었는데, 흥티엔(Hưng Thiên)사와 여러 건물들이 있었다. 이 무렵에는 송으로부터 대장경을 가져오기 위해 관리를 파견하기도 했다. 하이바쯩이나 풍흥과 같은 민족의 영웅들을 모시는 사원들도 계속 세워 민족의식을 고취했다. 이와 더불어 세금 감면 정책과 부드러운 대외정책으로 민심을 안정시켰다.

리 왕조의 왕자와 공주들은 부지런히 일을 해야 했다. 특히 왕자들은 군사와 관련된 일에 직접 종사하고 배워야 했으며, 공주들은 경제와 관련된 일들을 배워야 했다. 나라에 난이 생기면 왕자들은 군사를 이끌고 직접 전장에 나서야 했다. 농업을 크게 장려하여 '우병어농(寓兵於農)' 정책을 펼쳤는데, 농번기에는 병사들이 고향으로 돌아가 농사를 돕도록 했다.

마을의 논밭은 개인 소유가 아니라 마을 소유였다. 농민들은 마을에서 공동으로 농사를 지으며 살아갔다. 풍습에 따라서 성인 남자들은 마을의 일에 참여할 수 있었으며, 적당한 논밭을 받아 경작할 수 있었다. 이들은 세금도 내야 했으며 전쟁이 일어나면 출전해야 했다.

탕롱 황성을 건설하면서 인근 지역에는 다양한 수공업 마을이 생겨났다. 하동 실크 마을과 밧짱 도자기 마을은 오늘날에도 여전히 번성한 곳이다.

리타이또는 무역을 발전시키기 위해서 연호를 따라 투언티엔다이바 오(Thuận Thiên đại bảo, 順天大寶)란 화폐를 발행했다. 도자기를 비롯한 각 종 수공업과 방직공업 등이 크게 발전했다. 탕롱 인근에는 황성을 건 설하기 위해 장인들이 모인 마을이 형성되었다. 이들이 만들어낸 수공 업품은 수준이 매우 뛰어났다. 특히 도자기 기술은 당시 고려와 송과 더불어 주목할 만하다. 도자기를 고온에 구워내고 예술적 경지로 끌어 올릴 수 있는 문명은 전 세계적으로 많지 않았다. 밧짱(Bát Tràng) 도자기 마을과 하동(Hà Đông) 실크 마을 등은 오늘날까지도 번창하며 남아 있 다.

당연한 일이지만 리타이또는 불교를 매우 숭상했다. 탕롱성에 많은 사찰을 지었으며, 매일 사찰에서 불경을 읽을 정도로 독실했다. 하지만 나라를 다스리는 일에 있어서는 유학을 적극적으로 활용했다.

리 왕조의 전개

리타이또가 리 왕조를 일으켜 세웠다면 리 왕조를 발전의 기초 위에 올려놓은 인물은 리타이똥(Lý Thái Tông, 李太宗, 재위 1028~1054)이다. 리 왕조 초기의 이 두 황제는 50여 년 동안 통치하면서 국가체제를 정비하고 민생을 안정시켰다.

1000년 호아르에서 태어난 리타이또의 장남 리득친(Lý Đức Chính, 李德政)은 1012년에 태자에 책봉되었다. 태자에 책봉된 후 리득친은 카이티엔브엉(Khai Thiên vương, 開天王)에 봉해져 인근 마을에서 백성들과 어울려 살았다. 한편으로는 그들의 삶을 직접 배우고 다른 한편으로는 군사를 이끌고 인근의 난을 평정하거나 남쪽과 북쪽의 변방을 안정시키기 위해 군사를 이끌고 출정하기도 했다. 대신들과 백성들은 그를 매우 존경했다.

1028년 태자는 제위에 올라 리타이똥이 되었다. 연호는 티엔타인(Thiên Thành, 天成)이었다. 백성들에게 세금을 자주 감면하는 등 어진 정치를 펼쳤다. 송과는 평화적 외교관계를 수립하기 위하여 예물을 보냈다. 천랍(Chân Lạp, 眞臘)이나 아이라오(Ai Lao, 哀牢)와 같은 인근 소국들에게도 예물을 보내 평화적 관계를 유지하려 노력했다.

1042년에는 최초의 국가적 차원의 법전도 만들었다.『형서(刑書)』라고 불렀는데 오늘날 기록이 전해지지 않아 자세한 내용은 알 수 없다. 리타이똥은『형서』가 편찬된 것을 축하하기 위해 연호를 민다오(Minh

▲▲박닌 지역에 있는 리 왕조 사당. 리 왕조 여덟 명의 황제를 모신 사당이다. 우리나라 화산 이씨의 뿌리가 리 왕조로 알려져 있다.

▲리 왕조와 쩐 왕조 시대 조정 관리들은 음력 4월 4일에 동꼬 산신 사당에 모여 피를 나누어 마시는 의식을 치렀다. 임금에게 충성을 다짐하는 의식이었다. 타인화에 있는 동꼬 산신 사당 모습.

Đạo, 明道)로 바꾸기도 했다.

리타이똥 역시 아버지인 리타이또와 마찬가지로 불교를 좋아했다. 수많은 사찰을 세웠는데, 하노이에 있는 유명한 추어못꼿(Chùa Một Cột)은 1049년에 세웠다. 이 사찰은 하나의 기둥 위에 건물을 지어 연꽃 모양으로 세웠는데 연꽃의 봉오리와 같은 건물 안에는 관세음보살을 모셨다.

1054년 리타인똥(Lý Thánh Tông, 李聖宗, 재위 1054~1072)이 제위에 올랐다. 그는 태자 시절 27년 동안 백성들과 함께 생활했다. 그래서 실제 백성들의 삶과 고충을 매우 잘 이해하고 있었다. 그는 국호를 다이비엣(Đại Việt, 大越)으로 바꾸었다. 968년 딘보린이 호아르에 도읍한 후 쓰기 시작한 다이꼬비엣(Đại Cồ Việt, 大瞿越)이라는 국호는 1054년까지 이어졌다. 그리고 다이비엣이라는 국호는 1054년 리타인똥으로부터 1804년까지 거의 그대로 유지되었다. 이후 민망(Minh Mạng, 明命, 재위 1820~1841)제 시기 잠시 다이남(Đại Nam, 大南)으로 바꾼 적이 있지만 베트남(Việt Nam, 越南)이라는 국호가 오늘날까지 그대로 이어지고 있다. 하나의 국호를 가진 나라가 그대로 이어지면서 왕조만 바뀌었다.

리타인똥은 제위에 오른 후 궁녀들을 가족들과 함께 살도록 고향으로 보내주기도 했다. 이들의 애환을 잘 알고 있었기 때문이다. 감옥에 있는 고문도구들을 폐기하기도 했다. 법을 잘 몰라서 죄를 짓게 된 백성들의 사정을 안타깝게 여긴 리타인똥은 『형서』에 규정된 법 조항을 고치기도 했다. 사람을 죽인 자가 아닌 경우에는 최대한 관용을 베풀어 법을 적용하도록 처벌을 부드럽게 했다.

그런데 그는 나이 40이 되도록 아들이 없었다. 어느 날 리타인똥은 저우(Dâu) 사찰에 기도를 드리기 위해 가던 길에 오늘날의 지아럼(Gia Lâm) 인근에서 한 여인을 만났다. 황후가 된 그녀는 드디어 태자를 낳았다. 린년황타이허우(Linh Nhân hoàng thái hậu, 靈仁皇太后) 또는 응웬피이란(Nguyên Phi Ỷ Lan, 元妃倚蘭)이라 불리는 그녀는 리타인똥을 도와 정사를 돌보기도 했으며, 정치적 경쟁자를 잔인하게 숙청하기도 했고, 참회하여 선행을 베푼 것으로도 알려진 인물이다. 오늘날까지도 그녀는 다른 황태후와 달리 이름을 남기고 있다.

리타인똥은 줄곧 남북방의 주변국과 우호적인 관계를 유지하기 위해 노력했다. 하지만 북방의 송은 늘 침략의 기회를 엿보았고, 남쪽의 참파도 지난날의 패배를 설욕하기 위한 기회를 노리고 있었다.

결국 북방의 송과 남쪽 치엠타인(Chiêm Thành, 占城)의 체꾸(Chế Củ, Rudravarman Ⅲ, 재위 1061~1074) 왕이 손을 잡고 다이비엣을 협공할 계획을 세웠다. 리타인똥은 협공을 사전에 차단하기 위해 1069년 2월 치엠타인을 친정하기로 결정했다. 리트엉끼엣(Lý Thường Kiệt, 李常傑, 1019~1105)이 대장군을 맡았다. 리타인똥은 황후 응웬피이란과 리다오타인(Lý Đạo Thành, 李道成) 대신에게 전권을 부여하여 정사를 돌보도록 했다. 1069년 3월 수군을 이끌고 동해로 출병했다. 넛레(Nhật Lệ) 해안(오늘날의 꽝빈(Quảng Bình) 지역)에 도착하자 치엠타인의 수군이 기다리고 있다가 공격했지만 다이비엣의 수군을 당하지 못했다. 체꾸를 사로잡고 이렇게 겉으로는 잠시 남북방이 안정기로 접어들었다.

리타인똥 시대 불교에서는 타오드엉(Thảo Đường, 草堂) 선파가 출현했다. 타력해탈과 자력해탈의 길을 결합하려는 경향을 지니고 있었으며 정토종과 선종의 만남을 모색했다. 이 선파는 타오드엉(997~?) 선사를 중심으로 형성되었다. 중국에서 치엠타인으로 불교를 전하기 위해 건너갔다가 포로로 붙잡힌 인물이었다.

리타인똥은 불교를 숭상했지만 국가를 다스리는 일에서는 유교를 적극적으로 받아들여 이용했다. 그는 1070년 문묘를 세우고 공자와 4인 제자의 상을 세웠으며, 72제자의 진영을 그려 모셨다. 유교는 이전 시기와 달리 이때부터 본격적으로 발전했다. 리타인똥은 다이비엣에서 유교를 최초로 국가의 중요한 지도이념으로 받아들인 황제가 되었다. 이후 1075년에는 다이비엣 최초로 유학의 과거시험이 치러지고 인재를 등용하기 시작했다. 1076년에는 국자감을 열어 문묘와 더불어 유학 교육기관까지 완성하게 되었다.

17년간의 비교적 짧은 통치기간이었지만 리타인똥은 많은 업적을 남겼다. 그런데 리깐득(Lý Càn Đức, 李乾德) 태자는 아직 어렸기 때문에 섭정이 필요했다. 리년똥(Lý Nhân Tông, 李仁宗, 재위 1072~1128)에 오른 후 어머니인 이란 황태후가 섭정하였고 리트엉끼엣이 보필했다. 리다오타인은 권력다툼에 밀려 중앙 정계에서 멀어져 응에안으로 물러났다가 훗날 다시 올라와 정사를 돕는다.

1075년 송의 군사들이 다이비엣을 침략하기 위해 준비한다는 소식을 접한 리트엉끼엣은 방어보다는 먼저 적의 거점을 공격할 것을 주장했다. 리트엉끼엣은 웅처우(Ung Châu, 오늘날 중국 난닝 지역)와 오늘날 중국의 광둥 지역인 컴처우(Khâm Châu)와 리엠처우(Liêm Châu) 등을 선제 공격하여 성을 무너뜨리고 송의 후방 지원세력을 제압했다. 리트엉끼엣은 송과의 일전을 치를 만반의 준비에 들어갔다. 1076년 말, 송이 침략했다. 다이비엣의 조정과 백성들은 이미 단결된 상태였고, 송은 승리할 수 없었다.

송의 침략을 물리친 리트엉끼엣

리트엉끼엣((Lý Thường Kiệt, 李常傑, 1019~1105)은 탕롱에서 태어났다. 그는 이란 섭정황태후와 협의하여 치엠타인이 공격해 올라오지 못하도록 남쪽의 방어태세를 강화하고 송의 전진기지들을 무력화시키기로 했다. 컴처우는 방어 준비가 없었기 때문에 리트엉끼엣의 육군과 수군에 쉽게 함락되었다. 1075년 12월 컴처우를 점령한 후 리엠처우를 공격하기 위해 수군을 보냈다. 리엠처우는 철저하게 방비하고 있었지만 1076년 1월 다이비엣군에게 패배했다.

그 후 이 지역 백성들의 민심을 얻기 위해 '팟똥로보반(Phạt Tống lộ bố văn, 伐宋露布文)'을 지어 이 공격이 정의로운 것임을 선포하고 송의 조정과 재상인 왕안석(王安石)의 죄상을 백성들에게 알렸다. 높은 세금 때문에 민심이 송에 이반된 상태였으므로 리트엉끼엣은 어렵지 않게 지역의 민심을 얻을 수 있었다.

그 후 리트엉끼엣은 웅처우로 향해 성을 무너뜨리고, 훗날 송의 수군이 지나갈 수 없도록 강을 막기도 했다. 리트엉끼엣은 다이비엣을 침략할 때 송이 쓸 만한 무기와 식량창고도 모조리 파괴한 후 전략적 요충지를 확보했다. 다이비엣으로 돌아온 후에는 적이 공격하기만을 기다리고 있었다.

송은 곽규(郭逵, 1022~1088)를 원수로 조설(赵卨, 1026~1090)을 부원수로 임명하여 육군과 수군, 기마병을 동원하여 공격했다. 1076년 10월 곽규는 다이비엣 국경과 가까운 뜨밍(Tư Minh)에 도착하여 70여 일 동

▲▲하롱만 북쪽에 있는 번돈은 리 왕조 시기에 국제무역항으로 발전했다. 번돈은 전략적으로도 중요한 요충지로 북방 세력이 바닷길로 침략할 때마다 이곳은 격전지가 되었다.
▲번돈에 있는 '어머니 용(龍)' 항구의 모습.

안 정세를 염탐하고 국경의 소수민족 관리들을 매수했다. 그해 12월 본격적인 공격이 시작되었다. 마을을 침략하여 약탈하고 백성들을 학살했다.

다이비엣 군사들은 이에 맞서 저항했지만 1077년 1월 곽규의 육군에 밀렸다. 하지만 바익당강에서 리께응웬(Lý Kế Nguyên, ?~?)이 지휘하는 다이비엣 수군은 송의 수군을 패퇴시켰다. 송의 수군은 육지로 들어올 수 없었다. 치엠타인군도 다이비엣의 수비를 뚫고 북진할 수 없게 되면서 송과의 협공도 무산되었다.

송과 다이비엣은 계속 전투를 벌였다. 하지만 좀처럼 승부가 판가름나지 않았다. 리트엉끼엣은 시를 지어 다이비엣 군사들의 사기를 진작시켰다.

> 남국의 강산에는 남제가 거한다고
> 천서에 분명히 밝히고 있노라.
> 어이하여 역로는 우리의 영토를 침범하였는가.
> 반드시 적들은 허무하게 패하고 말 것이다.

곽규는 시간이 지나면서 점점 진퇴양난에 빠졌다. 오래 끌수록 식량이 부족해지고 병사들의 질병도 문제였다. 군사를 퇴각시키면 송 조정에서는 용서하지 않을 것이 분명했다. 이런 상황을 읽은 리트엉끼엣은 송에 사신을 보내 화친을 청했다. 곽규에게 퇴각의 명분을 만들어주기 위한 것이었다. 다이비엣 입장에서도 전쟁을 오래 끌면 끌수록 백성들은 고달프고 어린 황제가 있는 조정도 분열할 수 있었다. 곽규는 이 제안을 금세 수락하고 군사를 퇴각시켰다. 전쟁이 끝난 후 1101년 리년

타인화에 있는 리트엉끼엣 사당. 송의 침략 소식을 듣고 군사를 북진시켜 송의 주요 침략 거점을 먼저 차지했다. 리트엉끼엣은 '南國山河南帝居 截然定分在天書 如何逆虜來侵犯 汝等行看取敗虛'라는 시로 대월의 주권과 독립을 선포하면서 군사들의 사기를 진작시켰다.

똥은 리트엉끼엣을 재상으로 앉혔다. 그의 나이 83세였다.

리 왕조의 몰락

리년똥 또한 늦도록 아들이 없었다. 나이가 50을 넘어서자 막 한 살이 된 동생의 아들 리즈엉호안(Lý Dương Hoán)을 양자로 들여 태자로 삼았다. 그는 리년똥에 이어 1128년 리턴똥(Lý Thần Tông, 李神宗, 재위 1128~1138)에 올랐다. 그는 백성들과 어울리면서 태자 시절을 보내고 제위에 올라서는 부지런히 나라를 위해 통치하던 선왕들과 달랐다. 민간에서 기이한 것들을 수집하는 취미가 있었고 즐기는 것을 무척 좋아했다. 이 기회에 간신들은 신기한 선물들을 마련하며 권세를 점차 넓

▲▲하노이 중심지에 있는 호안끼엠 호수를 바라보며 서 있는 리타이또의 동상 앞에서 축제를 열고 있다.

▲베트남 북부지역에는 몇 기의 고인돌도 찾아볼 수 있다. 현지를 답사하면서 조사한 결과 향후 고인돌과 리 왕조의 연관성에 관한 연구도 필요하다는 생각이 들었다. 사진은 하노이 속선 지역의 고인돌.

　　　　　　　　　　　　　　베트남 사상으로의 초대

혀갔다. 1136년 리턴똥은 병석에 눕게 되었다. 그리고 1138년 겨우 23세의 나이로 세상을 떠나고 말았다.

그러자 세 살이 된 리티엔또(Lý Thiên Tô) 태자가 리안똥(Lý Anh Tông, 李英宗, 재위 1138~1175)에 올랐다. 레(Lê) 황후가 황태후가 되어 섭정을 했고, 리턴똥의 어머니인 도(Đỗ) 황후의 동생 도안부(Đỗ Anh Vũ)가 조정의 모든 실권을 거머쥐었다. 이렇게 외척 세력이 등장하면서 황실과 조정은 매우 어지러워졌다.

리안똥 시대에는 내란도 잦았다. 1161년 리안똥은 치엠타인과 국경을 마주한 지역이 소란스러워지자 또히엔타인(Tô Hiến Thành, 1102~1179)에게 그 지역을 평정하도록 맡겼다. 혼란스럽기는 했지만 이 시기에는 다른 나라와 활발한 무역 활동을 통해 많은 국가적 이익을 얻기도 했다. 1164년에 송은 다이비엣을 '안남'이라 부르며 리안똥을 '안남국왕'으로 칭했다. 여전히 다이비엣을 지배하려는 야심을 버리지 않고 기회를 엿보고 있었다. 나약해진 리안똥은 궁궐에서 관리들과 어울려 즐기는 일에만 열중했다.

이렇게 리 왕조는 최고의 전성기인 리타인똥과 리년똥 시기를 지난 후 리턴똥 시기부터 쇠퇴기에 접어들었다. 여러 원인이 있었지만 자연재해도 잦았고 남쪽 지방 국가들이 자주 침략한 것도 원인이 되었다. 무엇보다 외척의 전횡과 황제의 향락과 관리들의 부정부패가 곁들여졌다. 턴러이(Thân Lợi, ?~1141)는 1140년 자칭 리년똥의 왕자라고 주장하면서 타이응웬(Thái Nguyên)을 거점으로 봉기를 일으켰다. 1208년에는 응에안에서 팜주(Phạm Du, ?~1209)가 난을 일으켰다.

팜주의 난을 수습한 팜빈지(Phạm Binh Di, 1150~1209)가 리까오똥(Lý

Cao Tông, 李高宗, 재위 1175~1210)의 잘못된 판단으로 억울하게 누명을 썼다. 팜빈지를 구출하기 위해 부하인 꾸아익복(Quách Bốc)이 군사를 일으켰다. 리까오똥은 팜빈지와 자식들을 죽이고 궁을 버리고 피신했다.

이때 태자인 리삼(Lý Sảm)은 15세였다. 그는 하이업(Hải Áp, 오늘날의 타이빈 지역)으로 몸을 피했다. 그 지역은 쩐(Trần, 陳)씨 일가가 어업과 염전업 등을 기반으로 세력을 구축하고 가병을 거느리고 있었다. 쩐리(Trần Lý)는 리삼을 받아들이고 자신의 딸인 쩐티중(Trần Thị Dung)과 혼인을 시켰다. 그 후 가병을 동원하여 탕롱을 회복하기 위해 군사를 일으켰다. 1209년 말 쩐 일가의 군사들이 탕롱으로 진격하여 궁을 탈환하고 태자 삼과 리까오똥을 환궁시켰다.

1210년 리까오똥에 이어 16세의 나이로 태자 삼이 리훼똥(Lý Huệ Tông, 李惠宗, 재위 1210~1224)에 즉위했다. 그는 쩐씨 가문 사람들을 중용할 수밖에 없었다. 리 왕조는 매우 나약해져서 지역의 강한 세력과 손을 잡아야만 할 상황이었다. 곳곳에서 리 왕조에 맞서 봉기가 일어났다.

리훼똥은 아들이 없었다. 그에게는 투언티엔(Thuận Thiên) 공주와 치에우타인(Chiêu Thánh) 공주가 있었다. 투언티엔 공주는 이미 출가했기 때문에 1224년 리훼똥은 어쩔 수 없이 치에우타인 공주에게 제위를 물려주었다. 공주는 7세로 리치에우황(Lý Chiêu Hoàng, 李昭皇, 재위 1224~1225)에 올랐다. 어린 여황제를 도와 어지러운 나라를 이끌어갈 세력은 없었다.

실권을 잡고 쩐씨 세력을 주도하던 인물은 쩐투도(Trần Thủ Độ, 陳守度, 1194~1264)였다. 그는 쩐트어(Trần Thừa, 1184~1234)의 아들로 여황제와 동갑인 쩐까인(Trần Cảnh)을 궁궐에 불러 리치에우황과 자주 어울려 놀도록 했다. 나이 어린 여왕을 대신하여 실질적으로 국사를 돌보는 것은 쩐투도였다. 쩐투도는 계속해서 세력을 확장하는 한편 적절한 시기에 어린 둘을 혼인시켰다. 그리고 1225년 12월 리치에우황은 칙령을 내려 제위를 남편인 쩐까인에게 선양했다. 이렇게 리 왕조는 막을 내리고 쩐타이똥(Trần Thái Tông, 陳太宗, 재위 1226~1258)이 제위에 올라 쩐 왕조를 열었다.

처음에 쩐투도는 리 왕조의 세력들에게 관대한 정책을 펼치려 했다. 하지만 민심을 비롯한 여러 정세가 쩐 왕조를 불안하게 만들었다. 그는 결국 후환을 없애기 위해 천지아오(Chân Giáo) 사찰에 출가하여 승려로 살아가던 리훼똥을 없애고 리 왕족들에 대한 숙청도 감행했다. 이때 리훼똥의 숙부인 리롱뜨엉(Lý Long Tường)은 가솔들을 이끌고 동쪽 바다로 나아가 고려의 서해로 들어와 정착했다. 그는 고려 고종으로부터 화산군에 봉해져 화산 이씨의 시조가 되었다.

2. 몽골의 침략을 물리친 쩐 왕조

쩐 왕조, 1226~1400

왕조의 정통성은 결여되어 있었지만 쩐 왕조는 리 왕조에 이어 다이비엣의 문화를 더욱 발전시켰다. 여전히 사상의 흐름에서 불교는 중요했지만 유교의 영향력이 점차 강력해졌다. 특히 쩐 왕조 초기에 불교는 쭉럼(Trúc Lâm, 竹林) 선파가 형성되어 기존의 불교를 종합하면서 완연히 다이비엣의 사상으로 하나가 되었다.

쩐까인은 쩐타이똥에 올랐지만 8세의 어린 나이였기 때문에 상황에 오른 쩐트어와 태사직에 있던 쩐투도가 실질적으로 나라를 이끌었다. 어린 황제를 보좌하여 정사를 담당하는 것은 쩐트어가 맡았고, 내란을 평정하고 군사를 관리하는 일은 쩐투도가 담당했다.

1237년, 쩐타이똥이 스무 살이 되었지만 그때까지 아들이 없었다. 쩐투도는 왕조의 앞날이 걱정스러웠다. 리 왕조 몰락의 한 원인도 아들이 없는 것이었으니 후계자가 없는 왕조의 불안함을 잘 알고 있던 그였다. 이를 걱정한 그는 치에우타인(Chiêu Thánh) 황후를 폐하고 쩐리에우(Trần Liễu)의 부인인 투언티엔을 강제로 데려다 황후에 봉했다. 왕실 족내혼이었다. 쩐타이똥은 인생의 무상을 느꼈다. 그는 궁궐을 벗어나 출가하기 위해 옌뜨(Yên Tử, 安子)산으로 들어갔다. 하지만 쩐투도는 병사들을 이끌고 가서 강제로 환궁시키려 했다. 부인을 빼앗긴 쩐리에우도 불만이 많았지만 쩐투도의 무력에 대항할 수는 없었다. 결국 쩐타이똥은 환궁해야만 했다.

황실 내에서는 이렇게 불안스러운 여러 일들이 벌어지고 있었지만 다이비엣은 지속적으로 발전하고 있었다. 쩐 왕조는 여러 측면에서 리 왕조를 계승했다. 다만 쩐 왕조는 왕족을 중심으로 권력을 집중시켰기 때문에 황실 족내혼이 잦았고 주요 요직도 왕족들이 모두 차지하는 형세였다.

쩐 왕조의 전개
이 무렵 몽골의 초원에서는 테무친이 세력을 모아 칭기즈칸의 지위

남딘에 있는 쩐 왕조의 사당. 몽골이 침략했을 때 쩐년똥 황제가 피신하기도 했으며, 인근 홍강을 따라 바다에서 해전을 치르기도 했다. 쩐 왕조의 사당은 타이빈에도 있는데, 그곳에는 쩐 왕조 세 황제의 무덤이 있다. 남딘의 쩐 왕조 사당은 20세기 초 하노이의 응옥선 사당과 함께 티엔단 운동의 중심지이기도 했다. 지금도 사람들의 발길이 끊이지 않는다.

에 올랐다. 유럽과 아시아의 많은 나라들이 그의 앞에 무릎을 꿇었다. 칭기즈칸의 사후 오고타이가 계속해서 정복사업을 벌였다. 고려도 저항을 거듭하다 결국엔 화친을 맺었다. 몽골의 다이비엣 침략도 예정된 일이었다. 북방에서 새로운 세력이 등장할 때마다 다이비엣은 침략을 받지 않은 적이 없었다.

궁궐로 돌아온 쩐타이똥은 전쟁 준비를 서둘러야 했다. 고향에서 농사를 짓던 젊은이들이 병사로 징집되었다. 왕족과 관리들도 사병을 훈련시키며 전쟁을 준비했다.

1257년 가을, 쩐타이똥은 쩐꾸옥뚜언(Trần Quốc Tuấn, 陳國峻, ?~1300) 장군에게 병사들을 이끌고 북쪽 국경으로 가 방어하도록 지시했다. 1258년 초 몽골군 선발대는 우량카다이(Uriyangqatai, 兀良合台, 1200~1271)의 지휘하에 윈난에서 다이비엣으로 들어왔다.

쩐타이똥은 병사들을 직접 이끌었다. 비엣찌(Việt Trì) 지역에서 선발대와 합류한 우량카다이는 강을 마주하고 다이비엣군과 대치하여 진을 치게 되었다. 몽골군 선발대의 임무는 1천 명의 날랜 병사들을 이용하여 먼저 강을 건너게 하고, 다이비엣의 후방을 공격하여 다이비엣의 퇴로를 막고 쩐타이똥을 사로잡는 것이었다.

이에 쩐타이똥은 퇴각하여 탕롱을 중심으로 전투를 벌이기로 결심했다. 하지만 레떤(Lê Tần) 장군의 충고로 탕롱을 버리기로 했다. 모든 병사를 탕롱성에서 철수시키고, 백성들도 모두 다른 곳으로 피신했다. 이른바 유격과 함께 이루어지는 청야전술이었다.

파괴된 다리를 잇고 온갖 노력을 기울여 강을 건너 탕롱을 손에 넣은 몽골군은 승리의 환호성을 질렀다. 하지만 그들이 정복한 성 안에는

반끼엡에 있는 흥다오브엉 쩐꾸옥뚜언의 사당. 이 지역을 중심으로 쩐꾸옥뚜언은 몽골에 맞서 싸우기 위한 기지를 건설했다.

병사는 물론 백성들도 없었다.

다이비엣 조정에서는 의견이 둘로 나뉘었다. 강한 몽골군의 기세에 눌려 송과 연합하자는 주장이 있었고, 목숨을 걸고 스스로의 힘으로 적을 물리치자는 주장도 있었다. 쩐타이똥은 우선 무기와 식량을 계속 공급받을 수 있도록 노력했다. 많은 백성들이 식량과 무기를 제공했다. 다이비엣은 비록 탕롱성을 버렸지만 백성들의 지원과 지속적인 훈련으로 더욱 강한 군대가 되어갔다. 청야전술과 유격전술은 백성들의 도움이 없이는 불가능한 전술이었다.

반면 탕롱성을 점령한 몽골군은 곤경에 처했다. 성과 그 주변에는 식량도 없었고, 맞서 싸울 다이비엣군도 없었으며, 매서운 겨울바람에 몸을 따끈하게 해줄 술도 없었다. 다이비엣은 지속적으로 유격전을 펼쳐 몽골군이 성에 편안히 있도록 그냥 두지 않았다.

적당한 시기가 되자 쩐타이똥은 본격적으로 몽골군과 전투를 벌이기 위해 출병했다. 결국 패전을 거듭한 몽골군은 윈난으로 패퇴했다. 다이비엣 병사들은 탕롱성을 다시 탈환했다. 1258년 설날을 탕롱성에서 맞이한 쩐타이똥과 백성들은 기뻐했다. 다이비엣의 대내외 상황이 어느 정도 안정되자 쩐타이똥은 쩐호앙(Trần Hoảng) 태자에게 제위를 넘기고 자신은 옌뜨산으로 올라가 수행에 들어갔다. 하지만 궁궐에서의 일을 완전히 떠난 것은 아니었다. 태자는 쩐타인똥(Trần Thánh Tông, 陳聖宗, 재위 1258~1278)으로 제위에 올랐다.

1259년 송과의 전쟁에서 몽골의 몽케(Mongke, 蒙哥, 1208~1259)가 죽음을 맞았다. 이후 몽케의 동생인 쿠빌라이(Khubilai, 忽必烈, 1215~1294)와 몽케의 아들인 아리크부카(Ariqboke, 阿里不哥, 1219~1266)가 권력을 다투어 분열을 일으켰다. 내분에서 승리한 쿠빌라이는 다시 다이비엣을 넘보기 시작했다. 1267년 쩐타인똥에게 6개 항을 요구했다. 도저히 받아들일 수 없는 요구였기 때문에 쩐타인똥은 묵살했다. 쿠빌라이는 송의 북쪽 지역을 장악하고 원을 세워 세력을 확장했다.

1277년 쩐타이똥이 66세의 나이로 세상을 떠났다. 어린 나이에 왕위에 올라 33년 동안 통치했고, 상황의 자리에 19년 동안 있었다. 그는 불교를 좋아했고 불교 연구에도 관심이 깊었다. 오늘날 남아 있는『콰흐룩(Khóa Hư Lục, 課虛錄)』을 통해 그의 마음을 어느 정도 읽을 수 있다. 옌뜨산으로 들어갔을 때 깨쳤던 출세간과 입세간 이변(二邊)의 어느 곳에도 집착하지 않는 사상을 잘 드러내면서 다이비엣 쭉럼 선파의 중요한 사상적 토대를 정립시키고 있다.

개인으로서의 삶과 사랑, 황제로서의 책임감과 여러 모순된 상황들은 쉽게 그를 인생무상의 길로 이끌었을 것이다. 몽골과의 전쟁으로 삶의 허망함과 비참한 죽음에 대해서도 충분히 경험할 수 있었다.

1278년 쩐타인똥은 태자 쩐컴(Trần Khâm)에게 제위를 물려주고 자신은 상황으로 물러났다. 컴 태자는 쩐년똥(Trần Nhân Tông, 陳仁宗, 재위 1278~1293)으로 즉위했다. 쩐년똥은 태자 시절부터 동생에게 태자 자리를 물려주고 자신은 불교에 귀의하는 것이 소원이었지만 쩐타인똥은 허락하지 않았다. 제위에 올라서도 쩐년똥은 육식을 금하고 좌선을 하며 수행의 삶을 살았다. 이 시기에는 쯔놈(Chữ Nôm)이 많이 사용되었고 민족의 자주적 문화가 크게 융성했다.

1279년 송을 완전히 장악한 원은 눈을 돌려 본격적으로 남방으로 자신들의 영토를 확장하려 했다. 쩐년똥은 원과 부드러운 관계가 지속될 수 없다는 것을 잘 알고 있었다. 이에 대비해서 지속적으로 군사력을 정비하고 있었다.

1258년의 패배를 설욕할 기회를 노리던 원은 1283년 다이비엣의 남쪽 참파를 공격하여 포위공격의 교두보를 확보하려 했다. 하지만 참파의 수군에 패해 육지로 상륙하지 못하고 바다에만 머물러야 했다. 쩐년똥은 전쟁이 임박했음을 알고 군사회의를 열었다.

흥다오브엉(Hưng Đạo Vương, 興道王) 쩐꾸옥뚜언은 치밀하게 방어계획을 수립했다. 죄를 지어 은거하던 쩐카인즈(Trần Khánh Dư, 陳慶餘, 1240~1340) 장군도 찾아와 공을 세워 죄를 씻고자 했다. 쩐카인즈는 수군이 상륙하는 길목인 번돈(Vân Đồn)과 인근 바다를 방어하는 임무를 부여받았다. 쩐년똥은 쩐꾸옥뚜언에게 군사 지휘의 전권을 부여했다. 불화를 일으켰던 쩐 왕조의 다른 장군들도 국난 앞에 모두 하나로 모였다. 쩐꾸옥뚜언은 백성들에게 격문을 돌려 병사들과 한마음으로 마

쩐카인즈는 하롱만으로 내려오는 입구인 번돈 지역을 방어하던 장군으로 수많은 전과를 올렸다. 바다가 한눈에 내려다 보이는 곳에 그의 사당이 있다.

을을 지키고 침략군을 몰아내도록 격려했다.

원의 50만 대군은 둘로 나뉘어 다이비엣으로 쳐들어왔다. 하나는 윈 난에서 다이비엣의 북서쪽 국경으로 내려왔다. 주력부대는 랑선(Lạng Sơn)을 거쳐 곧바로 내려왔다. 1285년 2월 전국 각지에서 모인 여러 마을의 장로들이 탕롱에서 회의를 열었다. 쩐년똥은 이 자리에서 모두가 한마음으로 침략군을 물리칠 수 있도록 독려했다. 다이비엣은 30여만 군사로 맞섰다.

원의 주력군은 치랑(Chi Lăng)을 지나 다이비엣의 수도로 곧바로 들어왔다. 쩐꾸옥뚜언이 이끄는 전함도 오늘날의 박지앙 지역까지 퇴각했다. 쩐년똥은 탕롱에서 1천여 척에 이르는 전함을 이끌고 지원 태세를 갖추고 있다가, 쩐꾸옥뚜언의 퇴각 소식을 듣고 즉각 출정하여 합류했다. 하지만 쩐꾸옥뚜언을 만나 전쟁의 상황을 전해들은 쩐년똥은 차라

베트남 사상으로의 초대

유네스코 자연유산인 아름다운 하롱만은 베트남 역사에서는 북방과 해전을 치르는 격전지였다.

리 자신이 항복하는 것이 백성들을 죽음에서 구하는 것이라 생각하게 되었다. 각지에서 퇴각한 병사들이 반끼엡(Vạn Kiếp)으로 모여들었다. 2만여 명의 병사와 1천여 척의 배가 남아 있었다. 격렬한 전투가 벌어지고, 반끼엡의 방어선도 뚫렸다. 쩐꾸옥뚜언과 병사들은 홍강으로 철수해서 탕롱성에 최후 방어선을 구축했다. 반끼엡을 점령하고 계속 탕롱성으로 진군하던 원의 군사들은 두옹(Đuống)강에 도착한 후 잠시 멈추었다.

이 틈을 타서 쩐흥다오는 쩐년똥과 조정을 티엔쯔엉(Thiên Trường, 오늘날의 남딘(Nam Định) 지역)으로 옮길 수 있었다. 다음 날 다이비엣군이 철수한다는 소식을 접한 원의 군사들이 탕롱으로 서둘러 진격해 들어갔지만 이미 성은 빈 상태였다. 하지만 철수한 티엔쯔엉도 안전하지 않은 상황이었다. 티엔쯔엉은 쩐 왕조의 고향과도 같은 곳이었다. 결국 티엔쯔엉에서도 철수하기로 결정하고 전세를 역전시킬 위험한 작전을 감행하기로 했다. 다이비엣의 배들은 남딘에서 바다로 나가 북으로 향했다. 은밀하게 한 무리는 육지에 상륙한 후 동찌에우(Đông Triều)에서 옌뜨산까지 잠복하고 있다가 기회가 오면 협공하기로 했다. 쩐년똥은 배를 이끌고 오늘날 베트남과 중국의 국경 근처인 짜꼬(Trà Cổ)까지 계속 북진했다. 그리고 또 다른 선단은 상황과 함께 작은 배들로 도선(Đồ Sơn) 바다를 한 바퀴 돌아 남딘으로 돌아가 타인화 지역으로 숨어 들었다.

다이비엣국 곳곳에서는 의병들이 봉기하여 마을을 지켰으며 기습공격을 펼쳐 원의 군대를 공격했다. 원의 군사들은 피로도가 점점 커졌지만 싸워야 할 다이비엣의 주력군은 보이지 않았다. 다이비엣의 군대는 백성들과 더불어 계속 전열을 가다듬고 쩐꾸옥뚜언을 중심으로 공격의 기회를 기다리고 있었다.

탕롱으로 들어오는 홍강의 길목인 함뜨(Hàm Tử)에서 승리한 쩐꾸옥또안(Trần Quốc Toản)이 쩐꾸옥뚜언에게 승전보를 띄웠다. 다이비엣군의 작전은 순조롭게 계속되었다. 쩐꾸옥또안은 이제 쩐꽝카이(Trần Quang Khải) 장군과 군대를 합류하여 바로 탕롱에 접한 홍강의 츠엉즈엉(Chương Dương) 지역을 공격했다. 다이비엣군은 다시 탕롱성을 서서히 포위하며 몽골을 압박했다.

쿠빌라이의 아들로 진남왕(鎭南王)에 봉해진 토곤(Toghon, 脫歡, ?~1301)이 직접 전투에 참여하면서 다이비엣군은 막대한 피해를 입었지만, 백성들이 자발적으로 참여한 의병들이 속속 늘어나면서 원의 군대와 계속해서 맞서 싸울 수 있었다. 토곤은 탕롱성을 버리고 지아럼으로 철수했다. 쩐꽝카이는 탕롱성으로 입성했다. 이에 상황과 다이비엣 병사들은 타인화 지역에서 서서히 북진하면서 원의 군사들과 전투를 벌였다. 원이 구축한 홍강가의 진지에서도 치열한 전투가 벌어졌다. 쩐꾸옥또안이 전투에서 화살에 맞아 전사했다.

1285년 쩐년똥은 상황과 더불어 탕롱으로 환궁했다. 이후로 6개월 동안 계속 싸움을 벌인 끝에 결국 승전고를 울릴 수 있었다. 이 싸움으로 다이비엣군은 아무리 강한 침략군이라도 일치단결한다면 물리칠 수 있다는 커다란 자신감을 얻게 되었다.

1285년 원의 침략을 물리친 다이비엣은 나라를 굳건히 세우는 데 온 힘을 기울였다. 이듬해 쩐년똥은 5만에 이르는 몽골의 포로를 석방하였는데 모두 묵형을 내렸다.

원의 쿠빌라이는 분개했다. 다이비엣이라는 조그만 나라에 강한 원의 50만 대군이 패배하리라고는 전혀 상상하지 못했던 것이다. 한창 일본 정벌에 나섰다가 풍랑을 만나 커다란 손실을 입고 재차 일본 정벌을 준비하던 쿠빌라이는 일본 정벌 계획을 중지시켰다. 전함과 무기를 정비하여 다시 다이비엣을 멸망시키기 위해 총력을 기울였다. 다이비엣의 상황을 엿보기 위해 원의 사자가 수시로 다이비엣을 찾았다. 1286년 쿠빌라이는 다이비엣을 침략하기로 조정 대신들과 논의하고 2차 전쟁에서 패배하고 돌아온 토곤에게 다시 전군의 지휘권을 맡겼다.

다이비엣과의 두 차례 전쟁에서 쿠빌라이는 수군이 약하다는 판단을 내렸다. 강한 수군을 만들기 위해 군함을 다시 만들고, 바다에서 노략질을 일삼던 무리들을 수군의 한 부대로 편성하여 길 안내를 맡겨 약탈을 자행하도록 했다. 쩐타인똥의 동생 쩐익딱(Trần Ích Tắc)을 회유하여 안남왕으로 책봉하고 옥새를 수여하여 명분도 만들었다.

이렇게 치밀하게 준비를 한 원은 1287년 다이비엣과 3차 전쟁에 돌입했다. 군사가 이동하면서 먹을 식량만을 준비하고, 다이비엣에 도착하면 백성들을 약탈하여 군량미로 삼을 계획을 세웠다. 유사시를 대비하여 배를 이용하여 군량미를 조달하는 대안도 마련했다. 1287년 11월 수만에 이르는 군사들이 윈난에서 타오(Thao)강을 따라 다이비엣으로 들어왔다. 토곤이 이끄는 병사들은 다이비엣의 국경과 가까운 뜨밍에 도착한 후 동쪽으로 쳐들어왔다.

쩐꾸옥뚜언은 취약한 지역으로 부대를 이동시키고 아들들과 함께 박지앙과 랑선의 방어선을 지켰다. 쩐꽝카이 장군은 남쪽에서 올라오는 적을 지키면서 탕롱성에서 황제가 피신할 경우에는 호위하여 길을 여는 일을 맡았다. 쩐카인즈는 예전처럼 동쪽의 바다를 지켰다.

원의 군사들이 간헐적인 전투를 벌이면서 탕롱성으로 들어갔다. 황제와 상황은 홍강 하류를 통해 티엔쯔엉으로 가다가 동해에 만들어진 은신처로 이동했다. 예전에도 그랬던 것처럼 탕롱에 들어갔지만 토곤은 아무것도 발견할 수가 없었다. 오마르(Omar, 烏馬兒)는 수군을 이끌고 쩐년똥을 찾아 나섰으며, 토곤은 육지에서 추격에 나섰다.

1288년 토곤은 어쩔 수 없이 군사들을 이끌고 다시 탕롱성에서 기다리는 처지가 되었다. 하지만 탕롱에 계속 머무르는 것이 불리한 것을 잘 아는 토곤은 서둘러 반끼엡으로 철수했다.

전투가 곳곳에서 벌어졌지만 원은 승기를 잡지 못하고 점점 곤경에 처했다. 토곤은 군사들을 육로와 수로로 나누어 퇴각을 준비시켰다. 원의 철수 소식을 들은 쩐년똥은 공격 준비를 서둘렀다. 원의 퇴각로

조수간만의 차가 심한 바익당강 바닥에는 나무말뚝을 박아 두고 일부러 패배하는 것처럼 후퇴하면서 몽골의 전투선을 유인했다. 썰물이 되면 인근에 매복한 병사들과 더불어 갑작스럽게 반격에 나서고, 후퇴하던 몽골군의 전투선들은 나무말뚝에 걸려 우왕좌왕하게 된다. 이때 화공을 비롯한 총공격을 펼쳐 적은 수의 군사로 많은 침략군들을 물리쳤다. 이 전술은 응오꿔엔부터 레다이하인, 쩐꾸옥뚜언까지 모두 사용하여 승리를 거두었다.

에는 이미 다이비엣 군사들이 곳곳에 매복하고 있었다. 퇴각로에 있는 다리들은 파괴된 상태였다.

오마르와 판띠엡(Phàn Tiếp)의 수군은 바익당강을 통해서 동해로 빠져 나가려 했다. 바익당강에는 쩐꾸옥뚜언이 매복하여 기다리고 있었다. 응오꿔엔이 남한군을 전멸시켰던 그 전술을 그대로 이용했다. 강바닥에는 커다란 나무 말뚝들이 박혀 있었다. 육지에서는 쩐년똥이 직접 나서서 원의 군사들을 공격하고 있었다. 오마르의 수군은 완전히 패배했다. 다이비엣은 이 전투에서 400척에 이르는 병선을 노획했다. 오마르도 사로잡았다.

한편 육지에서는 토곤이 군사를 동서로 나누어 퇴각했다. 뜨밍에 도착한 토곤은 그곳에서 쩐익딱을 만나 원의 수도로 돌아갔다. 1288년 원의 3차 침략도 물리친 쩐년똥과 쩐타인똥 상황은 쩐 왕조의 조상묘를 수리하고 궁전을 보수하고 나라를 재건했다.

이처럼 몽골은 1279년 남송을 치고 원을 세운 후 1258년에서 1288년 사이에 연병력 100만으로 세 차례에 걸쳐 다이비엣을 침략했다. 다이비엣은 나라의 운명을 건 전쟁을 벌였다. 백성들의 호응이 없었다면 결코 승리할 수 없었을 것이다. 쩐꾸옥뚜언은 몽골의 세 차례 침략에 모두 참전했으며, 1차에는 북방의 길목을 지키는 장군으로 싸웠다. 2차와 3차 때는 나라의 운명을 짊어진 총사령관이었다.

그는 쩐투도와 사이가 좋지 않았던 쩐리에우의 아들이자 쩐타이똥의 조카였다. 1229년(혹은 1230년)에 태어났으며 아버지인 쩐리에우는 그가 어려서부터 병법과 학문을 가르치는 데 지원을 아끼지 않았다.

쩐꾸옥뚜언은 흥다오브엉으로 반끼엡 지역을 다스렸다. 그래서 흔히 쩐흥다오(Trần Hưng Đạo)라 부른다. 그는 이 지역이 북방의 적을 방어하는 데 육로와 수로 양 측면에서 모두 최적의 요새임을 간파했다. 이곳에 기지를 건설하면서 인근 산에는 군사들과 백성들의 병을 치료하기 위한 약초를 심었다. 재능이 있는 인재를 좋아했기 때문에 쯔엉한시에우(Trương Hán Siêu, 張漢超, ?~1354), 팜응우라오(Phạm Ngũ Lão, 范五老, 1255~1320)와 같은 인물들이 그를 찾았다. 그에게는 이름난 두 명의 부하도 있었다. 한 명은 그를 그림자처럼 따르는 무사 자뜨엉(Dã Tượng)이었고, 다른 한 명은 옛끼에우(Yết Kiêu)였다. 이런 인물들은 쩐흥다오가 전쟁을 치르는 데 중요한 역할을 수행했다.

세 차례에 걸친 원과의 전쟁으로 다이비엣은 황폐해졌다. 탕롱의 궁궐과 마을이 대부분 파괴되었다. 전쟁이 끝난 후에 백성들은 굶주림에 시달렸다. 다시 무역항을 만들어 대외무역을 활성화시켰는데 번돈은 대표적인 국제무역항이었다.

쩐민똥(Trần Minh Tông, 陳明宗, 재위 1314~1329) 시기에 특히 민족적 특색을 지닌 예술이 발전했다. 전통적 고전극인 핫뚜옹(hát Tuồng)이 발전했고, 여러 예술 공연이 펼쳐졌다. 과학 분야에서도 천문과 의학 등이 지속적으로 발전했다.

1357년 쩐민똥 태상황이 세상을 뜨자 쩐 왕조는 급격히 기울었다. 쩐히엔똥(Trần Hiến Tông, 陳憲宗, 재위 1329~1341)에 이어 쩐주똥(Trần Dụ Tông, 陳裕宗, 재위 1341~1369)이 즉위했다. 쩐주똥은 아부하는 신하들을 무척 좋아했다. 추반안(Chu Văn An, 朱文安, 1292~1370)은 쩐주똥에게 계속 간언했다. 그는 쩐민똥 시기에 국자감에서 유학을 가르쳤고, 그에게 배워 조정 관리로 있는 제자들이 많았다. 그는 「텃짬서(Thất trảm sớ, 七斬疏)」를 올려 간신들을 처단하고 조정을 바로잡고자 했다. 하지만 쩐주똥은 이 상소에 아무런 답도 내리지 않았다. 그는 국자감을 떠나 낙향하여 이름을 바꾸고 제자들을 여전히 가르치면서 일생을 살아갔다.

쩐주똥 시기 원은 힘이 없었기 때문에 북쪽 국경은 조용했다. 하지만 남쪽 참파의 세력이 강성했다. 참파는 계속 다이비엣을 공격했고, 다이비엣은 번번이 패배했다. 1371년 참파는 수군으로 공격해 탕롱성을 함락시키고 궁궐을 불태우기도 했다.

쩐응에똥(Trần Nghệ Tông, 陳藝宗, 재위 1370~1372)에 이어 쩐주에똥(Trần Duệ Tông, 陳睿宗, 재위 1372~1377)이 등극했다. 다이비엣은 백성들이 어

려움에 처해 있었지만 그는 참파에 복수하기 위한 군사력을 키우는 데 심혈을 기울였다. 군량미를 모으고 세금을 중하게 거뒀기 때문에 백성들의 삶은 더욱 도탄에 빠졌다.

1376년 12월 쩐주에똥은 12만의 군사를 이끌고 참파를 치기 위해 남하했다. 1377년 1월 뀌년(Quy Nhơn)으로 상륙했다. 참파 왕이 겁을 먹고 도망갔다는 소식을 듣고 다이비엣은 방심했다. 하지만 참파 국왕은 곳곳에 매복을 하고 다이비엣군이 오기만을 기다리고 있었다. 결국 쩐주에똥은 매복에 걸려 죽음을 맞았다.

쩐주에똥의 맏아들 쩐히엔(Trần Hiện)이 제위에 올랐지만 폐위되어 쩐페데(Trần Phế Đế, 陳廢帝, 재위 1377~1388)가 되었다. 참파가 다시 공격해와 탕롱성을 빼앗겼다. 1378년에도 참파의 공격은 이어졌다. 다이비엣의 운명은 위태로운 지경에 빠졌다. 레뀌리(Lê Quý Ly) 장군이 군사를 이끌어 참파를 겨우 물리쳤다. 1382년 참파는 타인화 지역을 공격했다. 다이비엣은 강력한 수군을 동원해 다시 참파의 침략을 막아냈다. 참파는 다음해에 육로로 다시 침략했다.

북방에서는 주원장이 1368년 남경에서 명을 세운 후 세력을 키우고 있었다. 다이비엣이 나약해진 것을 알고 복속시킬 기회를 노리고 있었다. 이렇게 남북 변방이 모두 위험에 처했지만, 쩐 왕조는 아무런 대처도 하지 못하고 무기력했다.

쩐 왕조가 나약해질수록 실권을 장악한 레뀌리의 힘은 더욱 강해졌다. 1400년 175년 동안 13명의 황제가 다스렸던 쩐 왕조는 운명을 다했다. 레뀌리는 성을 호(Hồ, 胡)로 바꾸고 호뀌리(Hồ Quý Ly, 胡季犛, 재위 1400~1401)로 제위에 올랐다. 그는 수도를 타인화로 천도하고 국호를 다이응우(Đại Ngu, 大虞)로 바꾸었다.

호뀌리는 12사군의 난이 한창일 무렵 중국의 태수로 부임한 인물의 후손으로 알려져 있다. 호씨 일가는 쩐 왕조 시기에 응에안과 타인화 지역에서 살았다. 그는 쩐주에똥 시기에 중용되었다. 쩐주에똥은 유약한 왕이었다. 호뀌리의 개혁정책은 쩐 왕조 말기 30여 년 동안 왕조가 몰락해가던 시기에 이루어졌다. 그가 권력을 잡고 개혁정책을 실시한 30여 년은 점점 무력해지는 왕조와 달리 그에게는 점점 강력한 실권을 쥐여주는 시기였다. 하지만 1406년 11월에 명의 침략으로 호뀌리는 허무하게 무너졌다. 그가 펼쳤던 개혁정책은 레 왕조가 세워진 후 레 왕조의 안정적인 발전의 중요한 토대가 되었다.

3. 베트남의 사유로 들어온 불교
: 쭉럼 선파, 베트남 불교를 정립하다[1]

베트남 사유의 흐름에서 쩐 왕조 시기에 우리가 살펴봐야 할 중요한 대목은 불교의 완연한 베트남화이다. 그리고 여기서는 쩐타이똥의 사상을 대표적으로 살피고자 한다. 너무 깊게 불교 속으로 들어가지 않으면서도 베트남 사유의 흐름을 잘 느낄 수 있고, 신라의 원효도 함께

---

1 이 장은 베트남국립대학교 쩐년똥연구원의 주최로 2018년 12월 5~7일 베트남 옌뜨산에서 열린 〈쩐년똥과 쭉럼불교—문화와 사상의 특징〉 국제학술대회에서 발표한 내용을 가리고 고쳐 쓴 것임.

떠올릴 수 있기 때문이다.

쩐타이똥은 한편으로는 주체적으로 그 이전 다이비엣에서 발전한 불교사상을 종합하고, 다른 한편으로는 베트남 전통 사상의 경향을 근간으로 유교는 물론 다른 사상과의 조화도 시도하고 있다. 이러한 쩐타이똥의 사상은 당시 몽골의 침략에 맞서 싸우기 위한 민족 대단결을 이루는 데 중요한 사상적 기초가 되었다고 판단된다.

쩐 왕조(1226~1399) 시기 사상계는 리 왕조(1009~1225)에 이어서 여전히 불교의 영향을 강하게 받았지만 점점 더 유학의 영향력이 증대되는 상황이었다. 쩐 왕조는 리 왕조의 마지막 왕인 리치에우황으로부터 왕위를 양위받는 형식을 취했지만, 다른 측면에서 보자면 찬탈과도 같은 것이었다. 쩐 왕조는 당시 백성들의 반응에 무척 민감할 수밖에 없었을 것이다. 황실 내 근친혼으로 외부 세력에게 권력을 빼앗기지 않으려 노력하였지만, 이는 다시 유학자들로부터 비판의 대상이 되었다. 유학자들의 비판에는 윤리적 문제 이외에도 현실적 이유도 있었다. 황실과의 혼인은 유학자들에게 신분 상승과 영향력 확장의 기회인데, 이러한 길이 차단되었기 때문이었다. 따라서 유학자들은 지속적으로 관리로서만 황실에 복무할 수 있을 뿐이었다.[2] 더구나 강력한 몽골의 침략을 앞둔 시점에서 쩐 왕조는 사상의 통합은 물론 사회의 통합까지 이루어야 하는 다급한 상황에 놓여 있었다.[3]

---

2 Nguyễn Hùng Hậu(응웬홍허우), *Lược khảo tư tưởng thiền trúc lâm Việt Nam*(베트남죽림선사상략고), Hà Nội: NXB KHXH, 1997, pp.23~24.

3 Nguyen Tai Thu eds(Institute of Philosophy, VASS), *The History of Buddhism in Vietnam*, Washington, D.C., U.S: The Council for Rasearch in Values and Philosophy,

불교 또한 분열되어 있었는데, 사회적으로는 귀족층의 불교와 인민층의 불교가 분리되어 있었으며, 불교 자체적으로도 교종과 선종이 분리되고, 선종 또한 파가 분리되어 있었다. 쭉럼(Trúc Lâm, 竹林) 선파(禪派)가 형성되기 이전에 베트남에는 대체로 두세 선파가 이어지고 있었다. 6세기 말에 형성된 위니다루치(Vinitaruci)파[4]는 인도 불교의 영향을 받은 것으로 알려져 있다. 9세기 초의 무언통(無言通) 선파[5]는 백장회해의 선불교를 이은 일파로, 중국에서는 임제선이, 베트남에서는 무언통 선파가 형성되었다. 다른 하나는 리 왕조 시기에 형성된 타오드엉(Thảo Đường, 草堂) 선파[6]였다. 타오드엉파는 염불을 중시하여 아미타불을 통해 깨달음을 이룰 수 있음을 주장한 파로 알려져 있다.[7]

쭉럼 선파는 쩐년똥 시기에 이르러 정립된 베트남의 선불교 종파다. 이 선파의 형성에 크게 영향을 끼친 인물은 쩐타이똥과 뚜에쭝트엉시(Tuệ Trung Thượng sĩ, 慧中上士, 1230~1291)이다. 이 선파가 형성되던 시대에 다이비엣은 몽골의 침략으로 나라의 운명이 위태로운 상황이었다. 민족 대단결이 이루어져야 맞서 싸울 수 있었다. 그에 따라 사상적 측면의 통합은 중요한 과제였다. 한편 쩐년똥은 세속에서는 죽고 죽이는 전쟁터의 선봉에 서야 했지만, 오로지 개인으로서는 옌뜨산의 바위 아래 못마이(Một Mái, 한 지붕) 토굴을 지어놓고 수행했던 인물이다.

2008, p.125.

4 위의 책, pp.55~56.

5 위의 책, pp.65~68.

6 Nguyễn Hùng Hậu(응웬훙허우), 앞의 책, pp.82~84.

7 위의 책, pp.14~16.

백장회해의 선맥을 이어받은 무언통 선사가 820년 가을 베트남으로 들어와 말없이 면벽수행한 것으로 알려진 건초사. 감성 선사가 도를 받아 후대에 전했다. 무언통 파는 쭉럼 선파의 형성에도 큰 영향을 미쳤다. 건초사 인근에는 베트남 전쟁의 신인 타인지옹을 모신 사당이 있다.

　쩐타이똥은 8세 무렵 쩐 왕조의 첫 황제로 즉위했다. 리 왕조의 마지막 여황제 리치에우황과 혼인한 후 제위를 선양받았다. 물론 모든 계획은 쩐투도에 의해 이루어졌고, 실권도 그에게 있었다. 쩐타이똥과 리치에우황은 서로 무척 존숭했다. 둘 사이에 왕자를 낳았으나 일찍 죽고 그 후에 후사가 없었다. 1237년 리치에우황은 황후에서 폐위되었

　　　　　　　　　　　　　　　베트남 사상으로의 초대

옌뜨산 중턱을 넘어 정상으로 올라가는 길에 있는 한지붕 사원. 이곳은 쩐년똥이 수행하던 곳으로 절벽에 토굴처럼 되어 있으며 안에는 물이 흘러 나온다. 지붕이 한쪽 면만 있기 때문에 한지붕 사원이라 불린다.

다. 쩐타이똥은 반대했지만 소용이 없었다. 스무 살 무렵의 쩐타이똥은 이 일로 궁을 벗어나 옌뜨산으로 갔다.

이곳에서 쩐타이똥은 다오비엔(Đạo Viên)을 만나 깨달음을 얻기 위해 산으로 올라왔다고 이야기한다. 다오비엔은 쩐타이똥에게 말한다.

"본래 산중에 불(佛)이 있는 것이 아닙니다. 불은 오직 마음속에 있습니다. 고요한 마음을 아는 것을 진불(眞佛)이라 합니다. 지금 폐하께서 만약 이러한 마음을 깨닫는다면, 서 있는 곳에서 성불을 이루는 것이며 따로 밖에서 구하기 위해 괴로워할 필요가 없습니다."[8]

그리고 하산(下山)을 종용하면서 이렇게 말한다.

"무릇 천하의 임금 노릇을 한다면 반드시 천하의 하고자 하는 바를 들어 자신의 하고자 하는 바를 행하여야 하고, 반드시 천하의 마음을 얻음으로써 자신의 마음으로 일삼아야 합니다. 이제 모든 천하가 폐하께서 돌아와 왕이 되기를 원하고 있는데 어찌하여 폐하는 돌아가지 않으려 하십니까?"[9]

그리하여 속세로 돌아온 쩐타이똥은 군사를 정비하고 인민의 마음을 얻기 위해 심혈을 기울여야 했다. 1241년에는 북쪽 국경을 안정시키기 위해 친정(親征)에 나섰으며, 지속적으로 정예군을 육성했다. 1252년에는 남쪽으로 치엠타인과 전쟁을 벌였다. 그리고 1257년에는 몽골의 1차 침략이 시작되었다. 쩐타이똥은 직접 군사를 이끌고 전쟁에 나섰다. 1258년 몽골의 침략을 물리쳤지만, 몽골의 재침략에 대비해야 했다.

이렇게 쩐타이똥은 대내적으로는 리-쩐 왕조 교체기의 정치적 혼란 속에서 힘없는 어린 황제의 자리에서 한 인간으로서 괴로움을 겪어야 했다. 황제로서는 인민의 마음을 얻어 강력한 몽골의 침략에 맞서 나라를 지켜야 하는 상황에 놓여 있었다.[10]

---

8 陳太宗, 『課虛錄』, 「禪宗指南序」.
9 위의 글.
10 Nguyen Tai Thu eds(Institute of Philosophy, VASS), 앞의 책, p.125.

옌뜨산에 있는 혜광금탑(慧光金塔)은 쩐년똥의 사리를 모신 곳이다. 쩐년똥은 몽골의 침략을 물리친 후 출가하여 쭉럼 선 파를 개창했다.

그는 인생과 권력에 대한 무상함과 괴로움을 겪었으며 몽골과의 전쟁터에서 수많은 죽음도 직접 목격했다. 몽골의 침략을 물리친 후 쩐타이똥은 태자에게 제위를 물려주고 수행에 들어갔다. 쩐타이똥은 『티엔똥치남(Thiền Tông Chỉ Nam, 禪宗指南)』, 『낌끄엉땀무오이낀추지아이 (Kim Cương Tam muội Kinh chú giải, 金剛三昧經注解)』, 『룩터이삼호이콰 응이 (Lục Thời Sám Hối Khoa Nghi, 六時懺悔科儀)』, 『빈당레삼반(Bình Đẳng Lễ Sám

옌뜨산 정상(1,608m)에는 70여 톤의 청동으로 조성한 사찰이 있다. 17세기부터 지어진 것으로 알려져 있으나 2007년에 현재 모습을 갖추게 되었다.

Văn, 平等禮懺文)』,『콰흐룩(Khóa Hư Lục, 課虛錄)』,『티떱(Thi Tập, 詩集)』 등을 저술한 것으로 알려져 있다.[11] 하지만 대부분 소실되었으며 오늘날 『콰흐룩』이 전한다.

베트남 불교의 특색을 지닌 쭉럼 선파를 형성하는 데 기여한 쩐타이똥이 『금강삼매경』을 주해했다는 사실은 『콰흐룩』을 통해 알 수 있다. 『콰흐룩』에 그 서문이 남아 있는데, 아직 다른 불교경전에 대한 주해 기록은 보이지 않는다. 수많은 불경을 접했을 쩐타이똥이 특별히 『금강삼매경』을 중시하여 주해한 이유가 있을 것이다. 수많은 불경의 주해서를 저술한 원효가 말년에 『금강삼매경론』을 저술하고 세상에 강의

11　Trần Thái Tông(쩐타이똥)(Thích Thanh Từ 강해), *Khóa Hư Lục*(콰흐룩), Giáo hội Phật giáo VN(Ban văn hóa trung ương)(베트남불교회), HCM, 1996, p.12.

한 특별한 이유와도 통하지 않을까 한다.

쩐타이똥에서 쩐년똥 기간에는 불교를 중심으로 유교나 도교 등 다른 사상과의 통합이 적극 요구되었다. 기존의 불교 선파들도 통합해야 할 불교 사상사적 측면의 요구도 있었다. 아울러 사회 계급 간의 조화와 단결을 이룰 사상적 토대를 마련할 임무도 있었다.[12]

따라서 불교의 교학(敎學)보다는 실천적인 선불교(禪佛敎)가 중시되었고, 인민들도 모두 불교의 깨달음을 얻을 수 있는 존재라는 사실이 긍정되어야 했다. 이는 인민들의 마음을 얻는 길이기도 했다. 이러한 측면에서 쩐타이똥의 불교 사상은 베트남의 전통적 사상의 흐름과 깊은 관련을 맺게 되었다.

베트남 사상사에서 불교의 입세간적 경향은 쩐 시기에 더 강해진다. 쩐타이똥은 돈오(頓悟)와 점오(漸悟)의 법 사이를 해화(諧和)시켜 하나의 방식으로 결합하고, 자력해탈의 길과 타력해탈의 길을 해화시켜 하나의 방식으로 결합하고자 한다. 이것은 쩐 시대 선종이 중화의 선종과 다른 특별한 점이다.[13]

『금강삼매경(金剛三昧經)』이 구체적으로 그 실체를 드러낸 곳은 7세기 중엽 신라이다.[14] 한국에서 찬술되었다는 이론이 점점 설득력을 얻어가지만 정확히 작자가 누구인지 아직 확정된 정설이 없다.[15]

---

12 Nguyễn Hùng Hậu(응웬 훙 허우), 앞의 책, pp.31~32.

13 응웬 따이 트, 『베트남 사상사』, 김성범 역, 서울: 소명출판, 2018. 218쪽.

14 원효, 『금강삼매경론』, 은정희 외 역주, 서울: 일지사, 2009, 7~8쪽.

15 최유진, 「『금강삼매경론(金剛三昧經論)』에 나타난 원효의 일심(一心)」, 『인문논총』 11권, 경남대인문과학연구소, 1998, 138쪽.

출세간적이며 귀족적인 불교를 비판하면서 비승비속(非僧非俗)의 대승불교를 펼쳤던 대안과 원효가 『금강삼매경』의 편집자와 주해자로 등장한다. 대안이나 원효, 쩐타이똥 모두 출세간적 수행의 길을 걸을 수 있는 인물들이었다. 하지만 입세간으로 다시 되돌아와 중생들과 어울려 깨달음을 함께 얻고자 했다. 『금강삼매경』에서도 출가 승려들의 존경을 받는 비승비속의 수행자가 경전의 가르침을 실천하는 인물로 등장하는데 이 점도 원효와 쩐타이똥의 삶과 관련하여 유의할 필요가 있다.[16]

열반이나 깨달음을 이루어 부처가 되었으나, 대자대비로 다시 마음을 일으켜 중생을 향해 나아가기 위해 열반과 깨달음을 다시 벗어나야 한다는 것이 『금강삼매경』의 입장이다. 이는 대승의 '보살' 개념과 통한다.[17]

원효의 사상적 경지는 불교에만 머물고 있지 않으면서도 불교의 탁월한 이론들을 제시하는 데에도 막힘이 없다. 원효는 유교와 노장 사상에도 조예가 깊었다. 그의 깨달음의 내용 또한 단지 불교에만 머물지 않는다. 그런데 불교 내부에서도 자신들이 오로지 깨달음의 길로 나아가는 유일한 방법이라고 주장하면서 서로 다투는 것이 현실이었다. 이러한 원효의 깨달음이 한국 민족의 고유한 전통적 사유에 닿아 있음을 논증하려는 연구도 이루어지고 있다.[18]

쩐타이똥이 직접 『금강삼매경론』을 읽었는지 확실하게 알기는 어렵

---

16 박태원, 「원효의 선(禪) 사상」, 『철학논총』 68집, 새한철학회, 36쪽.

17 이병학, 「금강삼매경론 설화의 사회적 의미─송고승전의 원효전을 중심으로」, 『北岳史論』 9, 국민대학교, 2002, 66~67쪽.

18 김원명, 「원효의 비불교적 배경 시론(試論)」, 『철학논총』 제58집, 새한철학회, 2009, 51~52쪽.

다. 다만『송고승전』의「원효전」을 읽은 것은 확실해 보인다. 따라서 원효의『금강삼매경론』도 가능하다면 구해 읽기 위해 노력했을 것이다.

이제 쩐타이똥의『콰흐룩』에 남아 있는 길지 않은『금강삼매경주해』서문을 너무 깊지 않게 살펴보자. 한자로 기록되어 있으며, 베트남어로 번역과 해석도 되어 있다. 베트남 불교학계에서는 쭉럼 선파에 대해서는 관심을 가지고 있지만『금강삼매경』에 관심을 가지고 접근하는 시도는 거의 없다. 그래서 원문과 더불어 번역문 등 참고할 수 있는 여러 성과들을 스스로 연구하고 부족하다고 생각한 부분을 보완했다. 쩐타이똥은 스스로를 짐(朕)으로 부르며 글을 시작한다.

　　짐은 들었다. 본성은 현응(玄凝)하고 진심은 담적(湛寂)하다. 이룸과 어그러짐이 모두 끝나더라도 성지(性智)는 그 끝을 살펴 비추어 알 수 있는 것이 아니다. 흩어지고 합함이 모두 공(空)하니, 눈이나 코로 명확하게 알 수 있는 것이 아니다. 유무(有無)를 모두 버리니, 도속(道俗)이 차별이 없다. 그것 홀로 서 있으며, 그 밖에 비교할 것이 아무것도 없다. 이것이 금강자성(金剛自性)의 요천(要川)이다.

　　난처하구나! 그러나 중생은 오랫동안 업에 훈습되고 오염되고, 보고 듣는 것의 풍파 때문에 식신(識神)이 요동친다. 나쁜 행에 따르는 자가 많고 혜광(慧光)을 바라보고 돌아가는 자가 적다. 그래서 사방이 그 자리를 바꾸고 돌아갈 곳이 어딘지 잃어버리도록 만든다. 갈림길에서 틀린 길로 들어서게 하고, 정도(正道)는 어렴풋하기만 하다. 본시(本始)는 분명하게 변별하지 못하고, 진망(眞妄) 또한 분별하기 어렵다. 참된 금이 잡광(雜鑛)과 함께 끓고, 밝은 달은 먼지와 함께 일어나 혼동된다. 고향으로 돌아가는 길을 잊기가 쉽고, 본래면목은 모두 잊어 버렸다. 열반의 길로 나아가는 것은 어렵고 생사의 구덩이에 물러서는 것은 쉽다.

그러므로 우리 스승 능인(能人)께서 무생(無生) 자인(慈忍)을 보이시고 중생의 모든 괴로움을 불쌍히 여기셨다. 사홍(四弘)을 가슴에 품어 세우고, 삼사(三思)로 두루 근심한다. 법신은 맑고 보신은 드러나며, 상서로운 별은 주(周)에 응한다. 상법(像法)과 정법(正法)이 오고 가니, 금인(金人)이 한의 궁궐에 나타나는 꿈을 꾼다. 마등과 법란은 전하고, 서축과 진단이 통하게 되었다. 불경을 번역하여 가지고 오고, 문장은 찬란해진다. 패엽(貝葉)을 바꾸어 경전을 붉은 비단에 쓴다. 그 후 교(敎)의 바다는 진귀한 옥을 돋보이게 하였고, 뜻의 하늘에 맑은 별들이 빛난다. 혹 옮기지 않은 것이 있으면 더하고 싶고, 혹 잃어버린 것을 보충하게 되었다. 이오(伊吾)의 길을 따라 사막으로 길을 이어간다. 이후 바다를 건너 가까운 길로 중화에 이를 마음이 생겼다. 한(漢)으로부터 시작하여 오늘에 이르기까지 퍼져 나간다. 편원반만(偏圓半滿) 모두 부족함이 없게 옥 상자에 있고, 돈점실권(頓漸實權) 모두 보배 상자에 실려 있다.

금강삼매경은 원만돈실의 가르침이 아니겠는가? 만약 그렇지 않다면 어찌 무생(無生) 법요(法要)를 들고, 신통 방편을 쓰는가. 수보리(須菩提)는 출세(出世)의 인(因)을 묻고, 여래(如來)는 무상(無上)의 과(果)를 건넸다. 유생 유멸을 막기를 원한다면 먼저 무상(無相) 무생(無生)을 들어야 한다. 망념에서 염이 일어남을 보면 흐릿하여 미혹하고, 이롭게 하기 위해서 본각에서 시각을 일으킨다. 모든 정식(情識)이 변하여 아마라식으로 들어가면 자신을 돌아보지 않아 방향을 잃으나 손을 뻗어 실제로 이끈다. 혹은 밖의 속세의 인연이 잡아당기더라도, 진성(眞性)은 본래 공(空)하다고 말한다. 그 삼상(三相)에도 관련이 없으니, 어찌 사선(四禪)이 있겠는가. 여러 미(味)가 화하여 무상미(無上味)를 이루고, 모든 흐름이 섞이어 불이류(不二流)가 된다. 변계 망심을 돌이켜 여래장식에 들어가게 한다. 중법(衆法)을 모두 잡고 일심(一心)을 분명히 본다. 집착하고 혼미함이 촉과 만이 계속 서로 다투는 것과 같다. 잘못을 알고 극복하면 제(齊)와 노(魯)처럼 변할 수 있다.

짐은 덕으로 나라를 이끌고 힘겹게 백성을 다스린다. 늘 신경을 쓰고 낮과 밤을 잊는다. 비록 일이 많더라도 틈틈이 시간을 훔치고 소중하게 시간을 써서 열심히 공부하며, 여전히 지식을 분명히 알지 못함이 두려워 새벽까지 보기를 거듭한다. 유학의 책을 보고, 다시 불경을 숙고한다. 이 경전을 살펴보니, 처음 보았을 때 이미 익숙한 느낌이 들었다. 은미한 이치를 찾고, 깊고 높은 뜻을 파헤친다. 아홉 번 생각하고 세 차례 다시 살펴보고, 뜻과 이치를 맛보고, 문화(文華)를 선택하고, 성인의 말을 명백하게 알려 후학을 도우려 한다. 셋 때문에 화가 난 원숭이 무리를 깨치는 데는 표범의 무늬를 한번 보는 것으로 충분하다. 그렇기 때문에 짐은 마음속에 품고 있는 것을 쓰고, 다시금 친히 주해의 글을 지었다. 용궁의 깊이 숨겨진 현묘한 뜻을 살펴 찾고, 영취산의 미언을 찾는다. 작은 물방울들이 정각의 근원으로 돌아가게 하고, 알알이 먼지들이 진여의 길에 들어간다. 깊은 뜻을 발휘하여 진승(眞乘)의 종(宗)을 밝게 연다. 문득 책을 펼쳐 글을 보고 그 뜻을 분명히 알게 된다. 그릇된 당파의 견고한 성지(城池)를 부수고, 예를 갖춰 제사를 지내는 의로운 무리로 만든다. 망견은 막막하지만 점차 알게 되어 북두칠성으로 돌아가는 것과 같고, 미혹한 길이 흐릿하다가 갑자기 지남(指南)을 바르게 아는 것과 같다. 배우는 자가 의지할 곳이 있어야 하므로 짐은 마음을 다해 이 서를 쓴다.

아직 베트남에서 텍스트에 대한 연구성과가 없기 때문에 모든 것을 단정적으로 말하기는 조심스럽다. 물론 쩐타이똥이 저술한『금강삼매경주해』가 발견된다면 본격적인 비교 연구가 가능할 것이다. 이 주해에 대한 이해를 돕기 위해 몇 가지를 덧붙여보자.

본성과 진심은 신묘하고 맑고 고요한 것이다. 이성적 판단으로 분석하여 알 수 있는 것도 아니고, 형체가 없으니 감각적으로 지각되는 것도 아니다. 즉 우리가 아는 일반적인 방법으로 인식할 수 있는 것이 아니다. 그러므로 일반적이지 않은 방법이 요구된다.

또한 '있는 것'도 아니고 '없는 것'도 아니며, 출세간과 입세간이 평등하여 그 외에 따로 있는 것이 아니다. 게다가 홀로 있어 다른 것과 비교하여 알 수도 없다. '있다'는 주장이나 '없다'는 주장 어느 것으로도 올바르게 파악되지 않는다. 유무(有無)의 두 가지 변(邊)을 벗어난 절대적인 어떠한 것이다.[19]

이와 관련해서 원효가 『금강삼매경』의 대의(大意)와 명칭에 대해 『금강삼매경론』의 서두에서 설명한 내용을 비교하면서 살펴보자.

> 일심(一心)의 근원은 유무(有無)를 떠나 홀로 깨끗하고, 삼공(三空)의 바다는 진속(眞俗)을 녹여 맑다. 둘을 녹였으나 하나가 되는 것은 아니며, 홀로 청정하여 가장자리를 떠났지만 가운데는 아니다. 가운데가 아니면서 가장자리를 떠나기 때문에 유(有)가 아닌 법(法)이 무(無)에 머물지 않으며, 무(無)가 아닌 상(相)이 유(有)에 머물지도 않는다. 하나가 아니면서 둘을 녹이기 때문에 진(眞)이 아닌 일이 속(俗)이 되지 않으며, 속(俗)이 아닌 이치가 진(眞)이 되지 않는다. …(중략)… 이와 같이 깨뜨림이 없지만 깨뜨리지 않음이 없으며, 세움이 없지만 세우지 않음이 없으니, 이치가 없는 지극한 이치이며 그러함이 없는 큰 그러함이라 할 수 있다. 이것이 이 경의 큰 뜻이다. 깨뜨리지 못할 것이 없으므로 '금강삼매(金剛三昧)'라 이름하고, 세우지 못할 것이 없으므로 '섭대승경(攝大乘經)'이라 이름하며, 모든 취지가 이 둘을 벗어나지 않기 때문에 '무량종의(無量義宗)'라 이름한다. 이러한 의미들 가운데 우선 하

---

19 『陳太宗御製課虛』「金剛三昧經序」(越南佛典叢刊, 河內遠東博古學院護刊, 河內北坼佛教總會發行).

나를 들어 제목을 붙여 『금강삼매경』이라 한다.[20]

쩐타이똥은 경의 대의(大意)를 밝힌 후 현실에서 중생들이 처한 상황을 문제로 제기한다. 중생들은 분별하는 언어가 곧 실제인 것처럼 착각하여 훈습되고 잘못된 앎이 굳어져 윤회하며 업습된다. 이렇게 분별하는 마음은 외부의 세계에 대한 잘못된 인식에 따라 흔들린다. 잘못 알아서 잘못 행동하지만, 참으로 앎을 되돌려 반성하는 사람은 보기 어렵다. 그저 주변의 여러 견해에 따라서 자신의 마음도 길을 잃어 헤매고, 바른 길로 들어서는 기로에 서 있다가도 이해와 주장이 뒤섞여 이것이 옳다고 하거나 저것이 옳다고 하여 다툼이 일어나고 만다. 그러므로 진짜 금은 잡석과 뒤섞여 알아보기가 어렵고, 밝은 달도 먼지와 뒤섞여 밝게 보기 어렵다. 이렇게 중생은 깨달음의 고향으로 돌아가는 길을 잃고 헤매며 본래면목을 잊고 만다. 그렇다면 중생은 어떻게 하여야 본래면목을 볼 것인가?

인간의 현실적 삶은 한편으로는 깨닫지 못한 상태에서 훈습되고 오염된 상태이지만, 동시에 이러한 현실적 삶이야말로 진실로 깨달음을 향한 노력이 필요한 곳이다. 깨닫지 못한 중생들이 없다면 따로 깨달음도 필요 없게 된다. 이러한 인식은 깨닫지 못한 중생들에 대한 강한 긍정, 온갖 오염과 모순이 가득 찬 것 같은 이 현실에 대한 강한 긍정을 전제로 한다. 그러므로 쩐타이똥은 출세간적인 옌뜨에서 돌아와 처절한 속세의 삶의 현장에서 황제로서 책임을 다한다. 그 후 몽골의 1차

---

20 원효, 『금강삼매경론』, 『한국불교전서』 1, 604.

침략을 물리친 후 다시 산으로 들어가 중생들을 향해 이 글을 써서 전한다. 깨닫지 못한 이 현실이 없다면, 깨달음의 저 고향도 따로 필요 없다는 사유는 대승적 사유이면서 유무의 이변을 떠난 사유이다. 깨달음의 이상을 실천할 곳은 바로 깨닫지 못한 중생들이 살아가는 현실, 이곳이다.[21]

쩐타이똥은 수행자가 '고향으로 돌아가는' 길, 곧 견성성불을 이루는 것을 목표로 하는데, 삼학(三學)의 법과 차례를 지켜야만 한다고 보았다. 그는 특히 지계와 참회의 일을 높게 여겼다. 그는 강조한다. "부처를 스승으로 삼으려면 먼저 계율에 따라야만 한다. 그리고 몸과 마음을 씻고 싶지만 참회의 예를 행하지 않는 것은, 편하게 가기를 원하면서 배와 수레를 쓰지 않는 것과 무엇이 다른가."[22]

본래 깨달음을 간직하고 있는 중생을 깨치고자, 부처는 생겨남이 없는 자비와 인욕을 보였다. 또 '네 가지 큰 바람'을 세우고 깊게 사려했다. 무생(無生)이란 일어남이 없는 것이므로, 일어남이 없다는 말은 멸함도 없다는 의미를 포함한다. 두루 일체법을 증명하여 상서로운 별로 드러난 불법이, 중국의 주 시대에 응하여 인도에서 드러난 이후, 후한 명제 영평 10년(기원후 67)에 비로소 전해진다. 어느 날 밤 금인(金人)이 서방으로부터 빛을 발하며 왕궁에 하강하는 꿈을 꾼 후에 서방에 새로운 도가 있음을 알고 채음, 진경 등 18명을 인도에 파견하여 알아보도록 했다. 그들은 가는 길에 백마에 불상을 싣고 동행하는 섭마등과 축

---

21 『陳太宗御製課虛』「金剛三昧經序」.
22 응웬 따이 트, 앞의 책, 217~218쪽.

법란을 만나 함께 중국으로 갈 것을 권유했다. 마등은 불교를 알리려는 강한 염원을 가지고 있었으므로 고생을 무릅쓰고 사막을 건너서 낙양에 도착했다. 명제는 낙양문 밖에 백마사를 짓고 그곳에 거주하게 했다. 이것이 중국에 사문이 들어온 시초가 된다. 중국에 처음 불교가 전래된 시기인 서기 67년은 인도에서 불교가 발생하고 약 500여 년이 지난 후였다. 이때의 인도 상황은 아직 부처님의 근본 가르침이 유지되면서 다른 한쪽에서는 대승불교라는 새로운 움직임이 흥기되고 있을 무렵이었다. 이후에 뜻이 밝혀지면서 불교의 다양한 논쟁들이 생겨났다. 소승과 대승의 다양한 주장들이 제기되었다. 대체로 반(半)은 소승, 만(滿)은 대승을, 편(偏)은 소승을, 원(圓)은 대승을 의미하는 것이다. 불교가 중국으로 들어온 초기에 한자로 번역하면서 그 과정에서 다양한 주장들이 생겨났다. 돈점(頓漸)은 깨달음의 수행법으로 돈수(頓修)와 점수(漸修)를 말하며, 실권(實權)은 실제와 방편이라는 의미로 이해할 수 있다. 이렇게 다양한 수행의 방법과 견해들이 생겨나 성행했다. 그러나 이러한 다양한 견해들은 결국 부처라는 하나의 별로부터 나온 것으로, 거두어들이면 그 별로 되돌아갈 수 있는 것들이다.[23]

다음으로 쩐타이똥은 『금강삼매경』의 수승함을 언급하면서, 만약 그렇지 않다면 어떻게 '무생(無生)'의 법으로 방편신통을 사용할 수 있겠느냐고 반문한다. 이어서 『금강삼매경』의 각 품(品)에 대해 언급한다. 현존하는 『금강삼매경』은 8품이다. 제1 서품(序品), 제2 무상법품(無相法

---

23 『陳太宗御製課虛』「金剛三昧經序」 참조.

品), 제3 무생행품(無生行品), 제4 본각리품(本覺利品), 제5 입실제품(入實際品), 제6 진성공품(眞性空品), 제7 여래장품(如來藏品), 제8 총지품(總持品)이다. 이 가운데 제1 서품과 제8 총지품을 제외하면 본론에 해당하는 것은 모두 6품이다.[24]

쩐타이똥은 『금강삼매경주해』 서문에서 이 육품을 차례대로 설명하고 있다. 그리하여 무상(無相)과 무생(無生), 본각(本覺)의 이익과 실제(實際)에 들어감, 여래장(如來藏)과 아마라식(阿摩羅識)도 등장한다. 일심(一心)과 유무(有無)를 벗어난다는 개념도 등장한다.

『금강삼매경』은 존자(尊者)가 금강삼매(金剛三昧)에서 막 깨어 대사를 비롯한 보살들과 문답하는 내용으로 구성되어 있다. 쩐타이똥은 유주(有住) 유멸(有滅)을 제거하기 위해서 무상(無相) 무생(無生)을 들고 있는데, 이때 무상과 무생은 『금강삼매경』의 무상법품(無相法品)과 무생행품(無生行品)으로 이해된다.[25] 제노(齊魯)가 변한다는 말은 『논어(論語)』 「옹야(雍也)」편에 나온 말로 볼 수 있다.[26]

아마라식은 대승불교 유식철학의 진제(眞諦) 유식(唯識)에서 제8식인 아뢰야식의 근본 무명을 떨쳐버린 제9식으로서 설정한 것이다. 존재의 본래적 완전성을 아는 이 제9식, 아마라식이 곧 본각(本覺)이고, 이 경지에서 보자면 본각과 시각이 둘이 아닌 일각(一覺)이다. 이 경지에서는 모든 식이 생겨나지 않는다. 이런 차원에서 중생은 본래 그 몸 가운

---

24 원효, 은정희 외 역주, 앞의 책, 14~16쪽.
25 『陳太宗御製課虛』「金剛三昧經序」.
26 『論語』「雍也」 "子曰 齊一變 至於魯 魯一變 至於道"

데 깨달음을 지닌 존재로 긍정된다. 현실은 떠나야 할 것이 아니라, 바로 이 현실이야말로 깨달음을 이루는 터전이다.[27]

　이러한 본각에 의하여 중생을 이롭게 하면, 중생이 허상에서 벗어나 실제로 들어간다.『금강삼매경』의「본각리품」과「입실제품」은 그러므로 중생을 교화하는 근본(根本)과 지말(枝末)과도 같다.[28]

『금강삼매경주해』서문의 마지막 부분에서 쩐타이똥은『금강삼매경』주해를 쓰게 된 이유를 말한다. 임금으로서 인민들을 다스리기 위해 걱정하며 유교와 불교의 경전을 모두 공부하는데, 이『금강삼매경』이야말로 이러한 목적을 이루는 데 뛰어난 경전임을 인정한다. 그리고 이 경전에 담긴 뜻을 심사숙고한다고 말한다. 이『주해』와『금강삼매경』이 고향으로 돌아갈 수 있게 하며, 바른 깨달음을 얻게 해줄 것으로 확신하면서 마음과 정성을 다했음을 강조한다.

　또한 쩐타이똥은『금강삼매경』을 들어 오락가락하는 어리석은 무리들의 마음을 이끌어 표범의 무늬가 변하듯이 한순간 깨달음으로 바꾸기 위해 주해의 글을 쓴다고 말한다.『주역(周易)』의「혁괘(革卦)」에 나오는 "군자표변(君子豹變)"과,『열자(列子)』「황제(黃帝)」편과『장자(莊子)』「제물론(齊物論)」편에 나오는 "조삼모사(朝三暮四)"를 비유로 들고 있다. 가을 표범이 털을 한순간에 바꾸어 무늬가 뚜렷해지듯이 군자는 잘못을 아주 빠르고 확실하게 바꾼다는 의미를 담고 있다. 이것은 혁명(革

---

27 『금강삼매경론』,『한국불교전서』 1, 633.

28 김호귀,「『이종입(二種入)』과『금강삼매경(金剛三昧經)』의 이입(理入)과 사행(四行)의 관계」,『한국선학』 23권, 한국선학회, 2009, 391~392쪽.

命)의 의미와도 통한다. 반면 조삼모사는 어리석은 사람들을 속인다는 의미와 함께 쉽게 속는 어리석은 무리를 뜻한다.

한편 이곳에서 주목할 구절은 '용궁오의(龍宮奧義)'라는 표현이다.[29] 『금강삼매경』의 출처는 용궁이다. 이 이야기는 찬녕(贊寧, 918~999)의 『송고승전(宋高僧傳)』에 실려 있다.[30] 베트남 사유의 흐름에서 강과 바다, 그리고 용궁은 매우 중요한 의미를 지닌다. 베트남 사람들의 마음을 얻기 위해서 베트남의 사유를 고민할 수밖에 없었을 쩐타이똥에게도 『금강삼매경』의 출처가 용궁임은 여러 측면에서 눈에 들었을 것이다. 더구나 불교를 중심에 두면서도 유학과 노장 모두를 아우를 수 있는 경전으로서 『금강삼매경』은 그에게 큰 의미가 되었을 것이다.

『금강삼매경』의 사상은 쩐타이똥이 당대의 현실적 문제들을 해결하기 위한 이론과 실천의 기초로서 『금강삼매경』을 주해한 이유와 통할 수밖에 없다. 실천성을 중시해야 하는 당시의 시대 상황과 더불어, 출세간과 입세간, 유교와 불교, 귀족과 인민층의 불교의 통합을 이루기 위해서는 『금강삼매경』의 일미관행의 실천성이 쩐타이똥에게 큰 공감을 불러일으켰다고 본다. 그리고 이러한 측면에서 한국 불교와의 만남도 의미를 둘 수 있을 것이다.

그렇다면 쩐타이똥이 기둥으로 삼아 삼교를 통합하고 사회를 통합하려 했던 선(禪)은 어떠한 것인가. 『금강삼매경』에서는 무생(無生)과 무주

---

29 『陳太宗御製課虛』「金剛三昧經序」.

30 박태원, 『원효』, 서울 : 한길사, 2013, 221~223쪽.

베트남 사상으로의 초대

(無住)의 무생선(無生禪)을 참된 선이라 말한다.[31]

원효는 이에 대해『금강삼매경론』에서 선이 움직인다는 것에 대해, 선을 대상화시켜 일어나거나(有生) 혹은 선에 머무르려는(有住) 마음이 일어나기 때문에 움직인다고 말한다고 주해한다. 이렇게 동요하는 것은 참된 선이 아니다. 그러므로 참된 선이란 일으킴이 없는 무생(無生)과 머무름이 없는 무주(無住)여야 한다.[32]

선의 참모습은 모든 동요(動搖)를 여의어, 물들이는 것도 아니고 물들여지는 것도 아니며, 주관도 아니고 객관도 아니다. 이렇게 모든 나누어 보는 것을 여읜 것이 선의 본래 모습이다.[33]

세간에서 말하는 선은 모습(相)을 취하여 마음이 일어나므로 생각이 움직인다. 이렇게 움직이는 것은 고요함이 아니기 때문에 참된 선이 아니다. 선은 생각이 고요해진 것이다. 원효는 이렇게 흔히 사람들이 말하는 선에 대해 참된 선이 아니라고 비판한다.[34]

참된 선의 경지를 원효는 '일심(一心)'[35]이라 부른다. 이 경지에 서면 한 몸으로 서로 열리고 껴안는 동체대비(同體大悲)의 마음이 생겨난다. 그리고 필연적으로 화광동진(和光同塵)의 실천적 이타(利他) 행위로 나아간다. 나의 깨달음과 중생의 깨달음이 다른 것이 아니다.[36]

31『금강삼매경론』,『한국불교전서』1, 628.

32 위의 글.

33 위의 책, 657~658.

34 위의 책, 658.

35 원효,『대승기신론소』,『한국불교전서』1, 704~705.

36 박태원, 앞의 책, 37쪽.

이렇게 쩐타이똥과 원효가 바라보는 『금강삼매경』은 여러 관점에서 서로 통한다. 또한 이들은 모두 선을 중시하면서도 적극적으로 언어를 활용하고 있다. 언어를 떠나 '이심전심'만을 주장하는 선이 아니며, 경전에 의지하여 나아가는 교(敎)도 아니다. 이들은 선교(禪敎)를 모두 쓰면서도, 어느 한 곳에 머무르지 않는다.

언어는 버려야 할 것이 아니며, 버려지는 것도 아니다. 그러므로 중요한 것은 언어를 어떻게 올바르게 쓸 것인가 하는 점이다. 원효는 그런 차원에서 언어를 적극적으로 사용하여 수많은 저술을 남겼으며, 그러면서도 언어에 빠지지 않고 자신이 언어 사용의 주체로서 자유롭게 언어를 사용하였다. 이렇게 자유로운 사람에게 언어는 깨달음에 이르는 길을 설명하는 데 매우 유용한 도구가 될 수 있었다.[37]

언어에 대한 쩐타이똥의 입장도 이와 크게 다르지 않다. 불교, 유교, 노장의 언어를 자유롭게 활용한다. 입세간과 출세간을 넘나들면서 황제로서 불경을 주해하는 데도 거리낌이 없다.

출세간을 중심으로 하는 당대 귀족적 불교를 비판하면서 비승비속의 대승선(大乘禪) 사상을 펼치던 대안과 원효만이 『금강삼매경』의 편집과 주해를 담당할 수 있었다. 쩐타이똥 또한 비승비속의 입장에서 『금강삼매경』을 주목하고 있다.

이 글은 여러 측면에서 한계를 지닌다. 언젠가 다행히 쩐타이똥의

---

37 원효, 『십문화쟁론』, 『한국불교전서』 1, 838~839; 박태원, 앞의 책, 197~199쪽 참조.

『금강삼매경주해』가 발견된다면 원효와 쩐타이똥의 사상에 대한 비교 연구가 본격적으로 이루어질 수 있을 것이다.

한국 사상과 베트남 사상은 여러 측면에서 상보적 관계에 있다. 그리고 원효는 한국 사상가로서 불교를 받아들인 대표적 인물이다. 베트남에서 쭉럼 선파의 형성에 기여한 쩐타이똥은 베트남 사상가로서 중요한 인물이라 생각된다. 이 두 인물은『금강삼매경』을 통해 불교의 여러 사상과 유불의 통합뿐만 아니라, 민족 사상의 흐름에 불교를 융합시켰고, 나라를 지키는 호국불교의 면모도 보인다. 이러한 특징은 한국과 베트남 불교의 유사한 점이라고 볼 수 있다.

사실 이 책에서 다루고 있는 베트남 사유의 흐름은 한국의 사유 흐름과 여러 점에서 만날 수 있는 지점들도 드러내고 있다. 의도적으로 사유의 흐름을 설정하고 맞출 수는 없다. 하지만 한국과 베트남의 사상을 비교 연구하는 과정에서 자연스럽게 만남이 가능하다는 사실을 알 수 있다.

4. 명의 식민 지배와 람선 의병의 봉기

앞서 무기력해진 쩐 왕조 말기 실권을 장악한 호뀌리가 대대적이고 거침없는 개혁을 실행했음을 살펴보았다. 그의 개혁정책은 거의 전면적으로 이루어졌다. 토지제도는 물론 정치, 문화 분야에서도 변법을 시행했다. 그의 개혁정책은 귀족층을 주로 겨냥한 것으로 그들의 세력을 약화시키고 국가를 부강하게 만들기 위한 것이었다. 하지만 화폐개혁으로 상인들도 큰 타격을 받았다. 승려들은 강제로 군대에 편입시키거나 환속시켰다. 그런데 이러한 개혁정책들이 백성들의 고단한 삶을 해결해줄 수는 없었다. 개혁정책은 즉각적인 효과가 없었으며, 오히려 백성들을 더욱 궁핍하게 만들었다. 그 결과 많은 계층의 사람들이 호뀌리의 개혁에 불만을 품게 되었다.

개혁으로 새로운 세상을 열 수 없다는 것을 안 호뀌리는 스스로 제위에 올라 호 왕조(1400~1407)를 열었다. 하지만 이 시기 북방에서는 1368년에 명(明)이 세워지고 중앙집권화를 강화하면서 주변국으로 세력을 확장할 기회를 엿보고 있었다. 명은 호뀌리가 쩐 왕조를 찬탈했다는 구실로 다이비엣을 침략했다.

호뀌리는 이미 1397년 타인화에 성을 쌓고 서도(西都)로 삼았다. 이 성을 근거지로 명의 침략에 맞섰다. 하지만 명의 침략에 너무나 무기력하게 무너졌다. 호 왕조는 백성들의 지지 없이 홀로 명에 맞서 싸워야 했다. 호뀌리와 왕족들은 명으로 끌려갔다.

이어서 1407년에서 1427년까지 명의 식민 지배가 이어졌다. 리-쩐 시기 이룩한 다이비엣의 문화와 업적들은 철저히 파괴되었다. 명은 다이비엣의 학자들을 붙잡아 죽이거나 끌고 갔다. 유적은 파괴되고 리-쩐 시기 서적들은 불태워졌다. 다이비엣의 정신을 회복시키지 못하도록 강력한 탄압과 함께 다이비엣을 영원히 식민 지배하기 위한 민족 말살 정책들을 실시했다.

레러이, 레 왕조를 일으키다

명의 침략으로 다이비엣은 고통에 빠졌다. 곳곳에서 의병 봉기가 일

쩐 왕조 말기 대대적인 개혁정책을 펼치던 호뀌리는 스스로 제위에 올라 호 왕조를 열었다. 오늘날의 타인화 지역에 성을 건설하고 명의 침략에 맞서 싸웠지만 백성들의 호응을 얻지 못하고 홀로 싸우다 패배했다. 사진은 성의 정문. 2011년 유네스코 세계문화유산에 등재되었다.

호 왕조 성의 동문.

호 왕조 성 안에 남아 있는 용의 모습.

어났지만 강력한 명의 군대에 맞서기에는 역부족이었다. 다이비엣은 앞날이 보이지 않는 암흑기로 접어들었다. 하지만 다이비엣 곳곳에서는 봉기의 역량이 지속적으로 축적되며 때를 기다리고 있었다.

훗날 명의 침략을 몰아내고 레 왕조를 일으킨 인물은 레러이(Lê Lợi, 黎利, 1385~1433)이다. 그가 20대 초반일 무렵 북방의 명이 다이비엣을 침략했다. 레러이는 친구들과 모여 의기투합하여 봉기를 준비했다. 다이비엣의 젊은이들은 명의 침략과 가혹한 착취에 크게 분노하고 있었다.

젊은 시절의 응웬짜이(Nguyễn Trãi, 阮鷹, 1380~1442)도 레러이의 봉기 소식을 듣고 찾았다. 응웬짜이는 그동안 명의 침략을 물리칠 계책을 정리한 「빈응오삭(Bình Ngô sách, 平吳策)」을 레러이에게 건넸다. 레러이는 그가 자신의 봉기에 반드시 필요한 인물임을 알았다. 이후 레러이는 응웬짜이를 곁에 두고 모든 일을 의논했다.

1415년 말이 되자 다이비엣 각지에서는 봉기에 참여하기 위해 몰려드는 젊은이가 늘어났다. 레러이와 응웬짜이는 타인화의 람선(Lam Sơn, 藍山)에 지휘부를 설치하고 재능이 뛰어난 사람들을 뽑았다. 레러이는 람선과 가까운 룽냐이(Lũng Nhai)산을 택해 군사를 모았다. 외진 산악지대라 사람들의 발길이 미치지 않는 곳이었다.

1416년 2월 12일 '호이테룽냐이(Hội thề Lũng Nhai, 룽냐이 맹세)'를 거행했다. 레러이는 늘 함께 봉기를 준비해온 열여덟 사람과 함께 하늘에 제사를 지냈다. '룽냐이 맹세' 이후 람선 세력은 점차 조직력을 갖추기 시작했다. 군사들은 여러 부대로 나누어 농사를 짓기도 하고 무기를 만들기도 했으며 무술도 연습했다.

1418년 레러이는 드디어 출병식을 열었다. 레러이의 람선 봉기군은

▲타인화 시내 광장에 서 있는 레러이의 상. 람선 봉기를 일으켜 레 왕조를 세웠다.
◀ 타인화 시내에 있는 레 왕조의 태묘.

우선 명의 앞잡이 노릇을 하던 사람들을 처단했다. 점차 백성들의 입에 레러이의 이름이 오르내렸다.

1421년 말이 되자 타인화의 거의 모든 지역들이 람선 봉기군의 수중에 들어갔다. 1422년 명은 진지(陳智) 장군의 지휘하에 10만 군사를 보내 람선 봉기군 세력을 뿌리 뽑으려 했다. 람선 봉기군은 힘겹게 명의 군사를 물리칠 수 있었다. 양 진영은 전열을 가다듬는 한편 힘겨운 줄다리기가 이어졌다. 1423년 일단 휴전협정이 맺어졌다.

레러이는 바닥난 식량을 확충하기 위해 많은 노력을 기울였다. 응웬짜이는 이 난국을 해결하기 위한 효과적인 전략과 전술을 구상하느라 바빴다. 그는 '다인바오롱응어이(Đánh vào lòng người, 사람의 마음으로 치고 들어간다)' 전략을 세웠다. 람선 봉기군의 봉기는 정의롭다는 것을 알리고 백성들의 마음을 감동시키고 마음을 얻는 것이었다.

북부에서는 많은 마을에 의병이 조직되어 명과 싸웠다. 1426년 가을 레러이와 람선 봉기군의 지휘부는 탕롱 인근까지 진출하여 공격했다. 동시에 인근 크고 작은 성들을 공격하여 점령했다.

똣동-축동(Tốt Động-Chúc Động) 전투에서 패배한 명의 왕통(王通)은 지원군을 요청했다. 류승(Liễu Thăng, 柳昇)과 15만 군사가 도착했다. 1427년 류승이 직접 10만군을 이끌고 랑선을 통해 다이비엣으로 들어왔다. 5만의 병사는 라오까이(Lào Cai)를 통해 다이비엣으로 들어와 탕롱에서 만나기로 했다. 람선 봉기군의 지휘부는 명 군사들이 공격해 들어오는 길목 마을들을 모두 비우기로 했다. 마을 사람들은 아무것도 남기지 않고 모두 챙겨 산으로 피신했다. 류승은 마옌(Mã Yên)산에 이르렀을 때 람선 봉기군의 매복에 걸려 죽음을 맞았다. 명의 지원군은 무너졌고 왕통의 희망도 사라졌다. 결국 1427년 겨울 왕통은 람선 봉기군에 사신을 보내 화친을 청했다.

레러이와 응웬짜이는 왕통에게 명분을 만들어주면서 실질적으로는 항복한 후 철수할 수 있도록 행사를 열었다. '호이테동꽌(Hội thề Đông Quan, 동꽌에서의 맹세)'은 동꽌성의 남문에서 열렸다. 응웬짜이가 미리 작성한 문서를 왕통이 읽었다. 왕통이 명군을 다이비엣에서 빠른 시일 내에 철수시킨다는 것이 주 내용이었다. 이어 왕통과 군사들은 철군을 시작했다.

1428년 4월 드디어 탕롱에서 레러이가 레타이또(Lê Thái Tổ, 黎太祖, 1428~1433)로 제위에 올라 레 왕조를 열었다. 연호는 투언티엔(Thuận Thiên, 順天), 국호는 여전히 다이비엣이었다.

레러이에게 명의 침략을 물리칠 수 있도록 검을 전해주고, 훗날 호수를 유람하는 레타이또에게 다시 거북이 나타나 검을 되돌려받았다는 전설이 전하는 호안끼엠 호수. 하노이 중심가에 있는 이 호수는 하노이 사람들뿐만 아니라 베트남 사람들에게도 중요한 의미를 지닌다. 호수 한편에는 응옥선 사원이 있으며, 다른 한편에는 거북 탑이 있다.

　명의 침략을 물리친 후 어느 날 레타이또는 호수에서 배를 타고 경치를 즐기고 있었다. 그런데 배 앞에 커다란 거북이 모습을 드러냈다. 그 거북은 레타이또의 검을 물고 물속으로 사라졌다. 그래서 이 호수를 호안끼엠(Hoàn Kiếm, 還劍)이라 불렀다. 오늘날 하노이를 여행하는 사람들에게 친숙한 호안끼엠 호수는 옛날에 비하면 규모가 매우 작아진 것이다. 그래도 여전히 북부 베트남 사람들의 마음 안에서 이 호수는 신성하고 중요한 곳이다.

　레타이또는 재위 6년 만에 세상을 떠났다. 이어 제위에 오른 레타이똥(Lê Thái Tông, 黎太宗, 재위 1433~1442)은 10여 세였다. 레러이와 봉기군을 이끌던 레삿(Lê Sát, ?~1437) 장군이 섭정을 했다. 레삿의 권력은 점점 커졌다. 1442년 레타이똥이 치린(Chí Linh) 지역을 순시하다 갑작스러운 죽음을 맞았다. 이어 레년똥(Lê Nhân Tông, 黎仁宗, 재위 1442~1459)이 즉위했지만 1459년 레응이전(Lê Nghi Dân, 1439~1460)의 난으로 죽임을 당했다. 1460년에는 응웬씨(Nguyễn Xí, 1397~1465), 딘리엣(Đinh Liệt ?~1471) 등의 인물들이 레응이전의 난을 평정하고 레뜨타인(Lê Tư Thành)을 제위에 올렸다. 이렇게 제위에 오른 레타인똥(Lê Thánh Tông, 黎聖宗, 재위 1460~1497)은 레 왕조의 태평성대를 이룬 인물이다. 그 자신이 탁월한 유학자였으며 베트남 사상의 흐름에서 유학의 전성기를 주도했다.

5. 베트남의 사유로 들어온 유교

응웬짜이는 베트남 민족의 영웅으로 추앙받는다. 그는 베트남의 대표적 사상가이자 유학자였으며 정치가, 전략가이자 시인이었다. 그의 사상은 다른 베트남 사상과 마찬가지로 삶과 시 속에 녹아 있다. 따로 이론적 저술은 남기지 않았다.

그는 베트남에서 유학을 완성시킨 인물로 볼 수 있다. 여기서 유학의 완성이란 외래사상으로서의 유학을 완연히 베트남 사유의 흐름으로 융섭했다는 의미다. 베트남 사상사의 흐름에서 보더라도 응웬짜이는 정점에 서 있는 인물이다.

응웬짜이는 1380년 다이비엣의 수도인 탕롱에서 태어났다. 다섯 명의 형제들 중 장남이었다. 그는 어머니와 동생들과 함께 외가에서 어린 시절을 지냈다. 첫 스승은 어머니였다. 어머니가 돌아가신 후에는 외할아버지에게 배웠다.

응웬짜이는 1400년 호 왕조의 태학생이 되었다. 부친 또한 호 왕조의 관리였다. 명의 침략으로 1407년 호 왕조가 무너지자 왕족들과 주요 관리들이 명으로 압송되었다. 응웬짜이의 부친도 끌려갔다. 응웬짜이는 붙잡히지 않았지만 부친을 따라 명으로 가려 했다. 하지만 부친의 만류로 다이비엣에 남았다. 훗날을 도모하기 위해서였다. 이후 그는 명의 군사에 붙잡혀 탕롱으로 끌려갔다가 결국 전국을 떠돌아다니며 살아가는 처지가 되었다.

그는 다이비엣 곳곳에서 명의 착취로 신음하는 백성들을 보았고, 명의 침략을 물리칠 방안을 고민했다. 레러이의 봉기 소문을 들은 응웬짜이는 「빈응오삭」을 지어 레러이를 만났다. 오가 침략했을 때 싸웠던 다이비엣의 전략과 전술을 분석한 책이었다.

시간이 지나면서 응웬짜이는 람선 봉기군에게 영혼과도 같은 존재가 되었다. 그는 늘상 가난한 사람들과 어울려 살았다. 그래서 그들의 고충을 잘 알고 있었고 그들의 마음과 한마음이 되어서 움직였다. 이러한 삶에서 생겨난 그의 전략과 전술은 람선 봉기군에게 그대로 적용되었다. 강한 명에 맞서 싸워야 하는 약한 람선 봉기군으로서는 유격전이 필수였다. 유격전에서 가장 중요한 것은 보통 사람들의 마음을 얻고 그들과 혼연일체가 되는 일이다. 무기도 식량도 계속 싸울 용기도 모두 그들로부터 나왔다. 응웬짜이는 사람들의 마음을 움직여 람선 봉기군에게 커다란 힘과 용기를 주었다.

한편 그가 다이비엣 사람들의 마음을 얻는 일은 베트남의 고유한 사상의 흐름을 잘 파악하고 있다는 의미이다. 그는 이 바탕으로 유학을

▲▲탕롱 문묘는 1070년 리타인똥이 세웠다. 그 이전에도 문묘가 있었다고 전하지만 이때부터 분명하게 문묘가 등장한다.

▲문묘에는 공자의 상을 중심으로 증자, 자사, 맹자, 안자의 상을 모셨으며, 72제자의 진영을 그려 함께 모셨다.

◀1442년 진사비가 처음 세워진다. 사진은 이 진사비에서 발췌한 글로 국가의 근본이 인재에 있음을 잘 나타내고 있다.
▶탕롱 문묘에는 현재 82기의 진사비가 남아 있는데 2010년 유네스코 기록유산으로 등재되었다.

받아들여 명과 사상 투쟁을 벌였고 심리전을 벌였다. 명의 침략군과 유학을 들어 사상과 심리 투쟁을 벌인 것이다. 다만 그가 사용하는 유학의 개념들은 베트남의 전통적 사유의 흐름에서 나온 것이다. 그리고 베트남 사람들을 주체로 삼아 형성된 것이었다. 그의 생애에서도 짐작할 수 있겠지만 경전에 대한 분석이나 이론적 연구는 찾아보기 어렵다.

  명을 물리친 후 나라가 안정되면서 응웬짜이는 백성들과 어울려 자유롭게 살았다. 한편 그는 같이 명에 맞서 싸웠던 장군들이 공신으로 권력을 쥐게 되자 탐욕스럽게 백성들을 착취하는 모습에 분노했다. 그는 그들의 탐욕에 맞서 백성들의 편에 서서 끊임없이 질책했다. 이러한 태도는 많은 권력자들에게 미움을 사는 일이 되었다. 그는 백성들과 어울려 살아갔지만, 간혹 조정에 들어가곤 했다. 1442년 레타이똥이 치린 지역을 순시하러 왔다. 응웬짜이는 황제를 꼰선(Côn Sơn) 사찰에 머물도록 했다. 그런데 탕롱으로 돌아가는 길에 19세의 나이로 갑작스럽게 세상을 뜨고 말았다. 응웬짜이는 이 일로 임금을 독살했다는 혐의를 받아 멸문지화를 당했다.

훗날 레타인똥은 그가 억울하게 죽었음을 밝히고 그의 업적을 기리는 글을 지었다. 그리고 흩어져 있는 그의 시와 작품들을 수집하고 정리해 후대에 전했다. 유네스코는 1980년 응웬짜이의 탄생 600년에 맞추어 인류 역사상 위대한 인물들 중 한 명으로 그를 선정했다.

우리가 응웬짜이의 사상을 간략하게 엿볼 수 있는 자료로「평오대고(平吳大誥)」를 들 수 있다. 이 글은 명의 침략을 물리친 후 레타이또를 대신하여 지은 글로 15세기 다이비엣의 독립선언서로 불린다. 다이비엣의 영토와 문화, 풍속과 역사가 등장하고 강한 민족적 자부심과 전쟁의 비애가 담겨 있다. 무엇보다 이 글에서 우리는 그의 '인의(仁義)' 사상이 어떠한 것인가를 조금은 느낄 수 있다.「평오대고」에 전하는 응웬짜이의 목소리를 들어보자.

> 무릇 인의(仁義)의 일으킴은 인민을 편안히 두는 것을 주로 하며, 조벌(弔伐)의 으뜸은 폭정을 없애는 것보다 먼저 하는 것이 없다. 오직 나의 월(越)나라는 실로 문헌지방으로, 산천의 봉역이 이미 나뉘어져 있으며, 남북의 풍속 역시 다르다. 조정이진(趙丁李陳)으로부터 독립적으로 우리나라를 이루어서 한당송원(漢唐宋元)과 더불어 각각의 방(方)에 황제를 세웠다. 비록 강약의 때가 있으나 호걸이 세상에 궁핍하여 모자란 적은 없었다.
> 그러므로 유공(劉龔)이 공을 탐하나 패하게 되고, 조설(趙卨)이 큼을

1075년에는 과거시험이 처음으로 치러져 유학의 인재를 등용하기 시작했다. 1076년에는 국자감이 설치되어 본격적으로 유학을 가르쳤다. 규문각은 오늘날 하노이 시의 상징물이다.

좋아하다 망함을 재촉했다. 준도(晙都)는 이미 함자관에서 눌렀으며, 오마(烏馬)는 또한 백등해에서 쓰러졌도다. 예로부터 일을 보면 명백한 징표가 있다.

호 정치가 번거롭고 괴로운 까닭으로 인심에 원한이 생기고 배반을 일으키게 만드는 데 이르렀다. 거만한 명이 틈을 엿보았고 인하여 우리 인민을 죽였으며, 악당들은 간사함을 품고 마침내 우리나라를 팔아 넘겼다. 잔인하게 불을 지펴 창생을 불사르고 갓난아이들은 구덩이에 묻혀 화를 당했다. 하늘을 속이고 인민을 속였다. 위태로운 계략이 무릇 천만상이니 연이어 병사를 일으켜 피를 바르며 악랄한 위태로움은 20년이나 되었다. 의(義)를 부수고 인(仁)을 상하게 하니 건곤(乾坤)이 그만 쉬고자 하였으며, 그 바라는 것이 너무나 무거우니 산택(山澤)은 쓰러져 외롭게 남겨졌다. 금광을 열어 산바람과 풍토병을 무릅쓰고 산을 깎고 모래를 일군다. 명주를 채취하려니 교룡이 닿으나 허리에 끈을 두르고 바다에 들어간다. 인민을 어지럽히며 현록의 덫을 설치하고, 진기한 물건과 날짐승의 그물을 짜니, 곤충과 초목도 모두 그 생을 어쩔 수 없이 마친다. 홀아비와 과부가 엎어지고 이어져 함께 그 편안한 곳을 얻을 수 없다. 생민의 피를 빼앗아 간교한 입술을 적신다. 토목의 공을 끝까지 하여 공사(公私)의 관아와 집을 높이고, 마을의 부역이 무겁고 곤궁하니 여염집의 베틀도 모두 비었다. 결단코 동해의 물로도 그 더러움을 씻기에 부족하고, 남산의 대나무를 모두 쓰더라도 그 악함을 기록하는 데 부족하다. 귀신과 인민이 함께 분노하고 천지는 용서할 수가 없다.

　나는 남산에서 떨치고 일어나 몸은 황야에 깃들었다. 세상을 생각하니 원수와 어찌 같은 하늘 아래 살겠는가. 맹세하니 역적의 재앙과 함께 살아갈 수가 없다. 마음이 아프고 머리가 괴로운 지 10여 년이다. 일찍이 와신상담함이 하루라도 아니함이 없으며 화가 나서 먹기를 잊었고 매번 책략의 책을 살펴 연구하고 옛일로써 지금을 증험하였다. 흥망의 이치를 연구하여 유추하니 회복하려는 뜻이 오매불망이다. 당당히 의로운 기를 처음 들었을 때에는 바로 적의 세력이 융성하던 때이다. 인재는 가을낙엽과 같고 준걸은 새벽별과 같으니 어찌할 것인가. 급하게 앞뒤로 달리나 이미 그런 사람은 부족하고, 계략을 꾀하는 군막에서도 또한 그 도움이 부족하다. 특히 인민을 구하는 생각으로 늘 막히고 막히지만 동으로 가고자 한다. 그러므로 현명한 인재의 수레를 기다리고 항상 급급하며 왼쪽을 비워두었다. 그러나 그 사람을 얻는 것은 먼 바다를 바라보는 것만 같고, 나로만 말미암아 성심껏 물에 빠진 사람을 구할 수밖에 없다. 흉악한 무리를 멸하지 못함이 분하고 국가가 나아갈 길을 생각하니 머뭇거린다. 영산에서 양식이 이미 다함이 열흘을 넘었고, 괴현의 사람들은 5백 인도 없구나. 무릇 하늘이 나를 곤궁하게 함은 그 소임을 내리는 것이니 나는 뜻을 더욱 더하여 난을 구제하였다. 깃대를 들어 기를 삼으니 따르는 백성의 무리가 사방에서 모인다. 술을 뿌려 병사를 먹이니 부자(父子)처럼 병사와 한마음이다. 약함으로 강함을 제어하려니 혹 방비함이 없음에 공격하고, 적은 수로 적들을 맞으니 항상 매복을 두고 기이하게 드러난다. 마침내는 능히 대의로 흉잔을 이기고 인으로서 강폭함을 바꾸는 것이다.

포등(蒲藤)에서 천둥처럼 달리고 번개처럼 억눌렀으며 차린(茶麟)에서는 대나무를 부수고 재를 날리는 듯했다. 사기가 갈수록 더하여 군대의 소리가 크게 진동하니 진지(陳智) 산수(山壽)가 바람소리를 듣고 넋을 빼앗기며 이안(李安), 방정(方政)이 숨죽여 빌며 목숨을 구걸한다. 승승장구하여 서경(西京)은 이미 우리의 선봉이 나아가 취하였고, 동도(東都)는 옛 강역으로 모두 되찾았다. 영교(寧橋)의 피는 내를 이루고 비린내가 만리이며, 솔동(崒洞)의 시체는 들판에 가득하고 악취가 천 년에 남는다. 진흡(陳洽)은 적의 심복으로 이미 그 목이 잘리고, 이량(李亮)은 적의 간사한 벌레로 그 주검이 앙상하다. 왕통이 난리를 다스린다지만 불이 붙은 데 불을 더한다. 마영이 싸워 구하려 하지만 노함에 분노가 더해질 뿐이다. 그들의 지략이 다하고 힘도 다했고 손이 묶인 채로 망하기를 기다린다. 나는 심공으로 모의하여 치니 싸움 없이도 스스로 굴복하였다. 그들이 반드시 마음을 바꾸어 생각을 고치리라 하였으며, 어찌 뜻을 다시 치장하여 재앙을 부르리라 했겠는가. 한 사람이 견해를 들어 다른 사람에게 화를 미치며, 한때의 공을 탐하여 천하의 웃음거리가 된다.

선덕(宣德)의 교활한 아이와 같은 명령을 좇아 염치없이 병사를 일으키고, 나약한 성(晟)과 승(昇) 장수에 명하여 기름으로 불을 구한다. 정미 9월 류승(柳昇)은 구온(邱溫)으로부터 병을 이끌고 진격하여 들어오고, 그해 10월 목성(沐晟) 또한 나누어 운남으로 들어온다. 내가 미리 병사를 선발하여 험한 곳을 막고 그 선봉을 무디게 하고, 내가 후에 다시 병사를 조절하여 그 식량의 길을 끊었다. 그달 18일에는 류승이 아군의 공격을 받았으며, 지릉(支稜)의 들판에서 꾀가 떨어졌다. 그달 20일에 류승이 아군에게 패배하여 마안(馬鞍)의 산에서 몸이 죽었다. 25

일 보정백(保定伯) 양명(梁銘)이 진에 빠져 신체를 잃었고, 28일 상서(尚書) 이경(李慶)이 계책이 다하여 목이 떨어졌다.

우리는 영도이해(迎刃而解)를 쫓으니, 그들이 서로 공격하며 배신한다. 이어 사면에서 군사를 보태어 포위하니 10월 중순에 모조리 멸한다. 용맹하고 날쌘 병사를 뽑고 보필하는 신하를 임명한다. 코끼리가 강물을 마시면 물이 마르고, 검을 갈면 산의 돌이 모자라다. 한번 북소리에 고래를 가르고 악어를 자른다. 두 번 북소리에 까마귀가 흩어지고 노루가 놀란다. 결국 개미가 제방을 무너뜨리고, 마른 잎에 바람이 떨쳐 일어남이다. 도독(都督) 최취(崔聚)가 무릎을 꿇고 물러나고, 상서 황복(黃福)은 두 손을 뒤로 묶여 사로잡혔다.

쓰러져 뻣뻣한 주검이 양강(諒江) 양산(諒山)의 길을 막고 창강(昌江) 평탄(平灘)의 물은 전쟁의 피로 붉어졌다. 풍운은 색이 바뀌었고 일월은 빛이 없이 참혹하다. 그 운남의 병사는 우리 군에 이화(梨花)에서 제압당하여 스스로 상심하고 두려워 빈 꾸짖음에도 먼저 장이 터지고, 그 목성(沐晟)의 무리는 류승이 근참(芹站)에서 우리 군에 대패함을 듣고 서로 짓밟고 깔며 어지럽게 달려 겨우 몸을 피할 수 있었다. 냉구(冷溝)에 피가 뒤섞여 흐르니 강물은 탄식으로 속울음을 삼켰다. 단사(丹舍)에 시체는 산처럼 쌓이고 초야는 검붉게 되었다. 두 길로 병사를 구하려 하나 발길을 돌려 돌아서지도 못하고 모두 패하였다. 각 성의 궁지에 몰린 적과 장군이 갑옷을 벗고 나와 항복하였다. 적의 우두머리를 사로잡으니 이미 배고픈 호랑이가 구걸하며 가련하게 꼬리를 흔드는 것이다.

신(神)의 무(武)는 죽임이 아니니 나 역시 상제의 호생지심을 따랐다. 참장(參將) 방정(方政)과 내관(內官) 마기(馬騏)에게 먼저 500여 척의 배를 주니 이미 바다를 건넜으나 오히려 혼비백산하였다. 총병(總兵) 왕통(王通)과 참정 마영(馬瑛)에게 또 말 수천 필을 주어 이내 나라로 돌아갔으나 스스로 다리가 떨리고 마음의 놀람이 더하였다. 그들은 이미 죽음을 두려워하고 생을 탐하였으니 수호(修好)함에 정성이 있었다. 나는

베트남 사상으로의 초대

전군(全軍)으로 하여금 무엇보다 인민이 휴식을 얻도록 하고자 했다. 오직 묘책과 계략의 지극함이 깊고 멀 뿐만 아니라, 모두 역시 고금에 보고 듣지 못한 것이다. 사직은 이제 편안하게 제사지내고, 산천은 이제 모습을 바꾸고 건곤(乾坤)은 이미 비(否)에서 태(泰)로 바뀌었고 일월(日月)은 이미 어두움에서 밝음으로 바뀌었다. 이제 만세에 태평스러운 기틀을 열고, 천고(千古)의 무궁한 치욕은 씻겼다. 이것은 오직 천지 조종(祖宗)의 영이 있어 조용히 서로 음으로 도움에 다다른다는 것이 아니겠는가.

아아, 한번 갑옷을 입어 천하가 크게 안정되니 마침내 비할 바 없는 공을 이루어 사해는 영원히 푸르다. 유신의 가르침을 삼가 펴서 뿌리고 고하니 멀고 가까움에 모두 알아듣도록 하라.[38]

「평오대고」 시작 부분에서 응웬짜이는 '인의'를 먼저 들면서 그 목적이 '안민'임을 밝히고 있다. 조민벌죄(弔民伐罪)란 백성을 돕고 죄를 벌하는 것으로 그 으뜸되는 것은 폭정, 폭력을 제거하는 것보다 우선하는 것이 없다. 글의 시작부터 응웬짜이는 모두 인민을 그 중심에 두고 논의를 전개한다. 인민을 편하게 하는 것이 인의의 요점으로, 그것은 폭력을 없애는 것이어야 한다. 이때의 인의는 베트남 민족의 고유한 전통이며, 폭력은 명의 침략이 된다. 명의 폭력으로 인민들이 괴롭기 때문에, 인민들을 돕고 편안하게 하는 것이 인의의 목표이다. 응웬짜이의 인의는 당연히 현실을 중시하고 인간의 능동적이고 적극적인 행

---

38 *Nguyễn Trãi Toàn Tập* Ⅱ(응웬짜이 전집 Ⅱ), Trung tâm nghiên cứu quốc học(국학연구소), TP HCM: NXB Văn học, 2000. pp13~19. 平吳大誥 我 太祖順天元年 戊申行遣黎薦奉撰 黎交

위를 긍정하는 개념이다. 형이상학적인 개념이거나 현실과 괴리된 개념이 아니라 사람들 사이의 구체적 실천에서 작용하는 인의이다. 다른 말로는 사랑이라고 해도 좋을 것이다. 그러므로 그의 인의를 유학에서 전하는 인의의 개념으로만 봐서는 베트남 사유의 흐름에서 벗어난다.

응웬짜이의 인의 사상은 정치적 영역뿐만 아니라 인민의 마음을 얻는 일과 명의 침략에 맞서 싸우는 일, 나라를 세우는 일 등 다이비엣 사람들이 행하는 모든 일들의 근간에 놓인다. 그러므로 그의 인의 개념은 당대 그가 처한 시대상을 적극적으로 반영하는 실천적 사상이다. 명의 침략으로 죽임을 당하는 인민들을 사랑하는 것이 인(仁)이었고, 안민을 해치는 명의 폭력을 제거하는 일이 의(義)였다.

그는 자신의 나라인 다이비엣에 대한 자부심을 드러낸다. 북방의 침략과 폭력적 행위들을 보면 그들이야말로 문헌의 나라가 아니었다. 명이 침략해서 저지른 일들은 야만적이었다. 문헌의 나라인 다이비엣은 폭력적인 북방과 산천이 나뉜 곳이며 풍속도 다른 곳이다. 그런데도 명은 다이비엣이 자신들의 영토라고 주장하며 침략한다. 하지만 다이비엣은 북방의 한, 당, 송, 원처럼 찌에우, 딘, 리, 쩐의 왕조가 따로 세워져 이어오는 독립된 나라다. 독립된 나라인 다이비엣은 강할 때도 있고 약할 때도 있었지만 호걸이 모자란 적은 없었다. 그래서 유공의 남한군은 응오꿰엔에게 패배하였다. 리 왕조에 패배한 송의 조설, 몽골의 2차 침략 때의 승상이었던 준도, 그리고 몽골의 3차 침략 때의 평장사 오마르도 패배했다. 이렇게 침략한 북방의 적들이 패배한 명백한 역사가 있다. 이에 비추어보면 지금 명이 패배하는 것 또한 당연하다.

이어 응웬짜이는 호 왕조가 인심을 잃었으며 원한과 배반을 일으키게 만들었다고 언급한다. 이런 기회를 틈타 명이 침략하여 다이비엣에서 잔인한 학살을 일삼았다. 하늘과 인민을 속여 20여 년 동안 악랄한 짓을 일삼았다고 꾸짖는다. 그러므로 인의가 상하였고, 하늘과 땅은 쉬고자 하지만 쉬지 못하고, 산과 물은 외롭게 남겨졌다. 여기서 응웬짜이는 건곤(乾坤)과 산택(山澤)이라는 『주역』의 괘명도 비유적으로 인용한다.

계속해서 명이 다이비엣에서 착취한 정황을 쓰면서 다이비엣의 자연은 피폐해지고 인민들은 더 이상 살 수 없게 되었다고 한다. 이런 명의 죄는 동해의 물을 모두 써도 결코 씻을 수가 없으며, 그들의 악랄한 행위는 남산의 대나무를 모두 베어 기록하더라도 다 할 수 없을 만큼 많다. 그러므로 그들의 죄는 귀신과 인민이 모두 분노하고 하늘과 땅도 결코 용서할 수 없다. 이러한 명의 흉포함에 맞서 일어난 람선 봉기는 인의이다. 10여 년 동안 명과 싸움을 벌이면서 온갖 괴로움과 어려움을 당하였다. 다이비엣은 사람도 부족하고 계략도 부족하며, 명은 강하고 봉기군은 약하다. 어떻게 인민을 구할 것인가? 인재를 기다리지만 만나기가 어렵다. 그렇지만 곤궁해질수록 더욱 굳게 의지를 다지고 대의와 인으로서 흉악하고 폭력적인 적들을 물리치고자 하였다. 봉기군의 굳건한 단결과 인민들의 마음도 얻을 수 있었다. 이렇게 인의를 바탕으로 인민의 마음을 얻었으니 결국 대의(大義)가 흉악하고 잔인함을 이기고, 인(仁)이 폭력을 바꿀 수밖에 없다.

그리고 전장의 비참함과 대략적인 전쟁 과정이 묘사되고 있다. 봉기군은 점점 강력해지면서 승기를 잡았으며, 명은 전세를 역전시키고자 왕통과 마영이 가세하지만 패배할 수밖에 없었다. 전쟁의 비참함으로 강물은 탄식하며 속으로 울었다. 시체는 산처럼 쌓이고 들판은 피로 검붉게 물들었다. 이렇게 수많은 목숨을 잃은 후에야 비로소 명이 항복한다.

응웬짜이는 항복한 적들을 죽이는 대신 상제의 호생지심을 따라 풀어주기로 하였다. 응웬짜이의 이러한 건의는 봉기군 내에서 많은 장군들의 반대에 부딪쳤다. 20여 년 계속된 명의 착취와 10여 년간의 전쟁에서 명에 대한 원한이 깊어진 것이다. 하지만 레러이는 응웬짜이의 의견을 받아들여 명의 군사들이 돌아갈 수 있도록 말과 배를 내주었다. 전쟁이 끝났으니 건곤은 천지비괘의 꽉 막힌 것에서 지천태괘의 열린 것으로 바뀌었다. 이제 치욕은 씻겼고, 태평스러운 날들을 기약할 수 있게 되었다. 이러한 모든 일들은 조상의 도움이 있었기 때문에 가능한 일이라며 글을 매듭짓고 있다.

이 글에서 응웬짜이는 민족과 국가에 대한 관점을 제시하고 있다. 영토와 문헌, 풍속과 역사 등이 등장하면서 북방의 나라와는 다른 독립된 민족으로서 다이비엣이 독립된 국가를 이루고 있음을 역설한다. 다이비엣은 독립된 문화를 지니고 오랜 전통을 이어오는 국가다. 독자적인 영토, 문화, 풍속, 역사와 같은 것들은 독립된 국가로서 반드시 가지고 있어야 하는 것이다. 독립된 국가로서 다이비엣이 역사적으로 존속되고 있다는 것을 엄밀하게 증명하는 이유는 명의 문화 말살 정책에 맞서 싸우면서 강한 그들의 군대에도 맞서 싸우기 위해서이다. 명은 자신들의 침략을 합리화하는 유학의 논리가 있었으므로 응웬짜이는 유학을 들면서도 다이비엣의 고유한 전통에 기반한 사상과 전략전술을 확립해야 했다. 근원을 자신의 것으로부터 삼지 않는다면 시간이

응웬짜이는 외가에서 어린 시절을 보냈다. 명의 침략을 물리친 후 레 왕조가 들어서자 그는 다시 이곳으로 돌아와 백성들과 어울려 살면서 끊임없이 관리들의 잘못을 지적하는 상소를 올렸다. 1442년 황제를 독살했다는 혐의를 받고 멸문지화를 당했지만 1464년 레타인똥이 조칙을 내려 무죄가 인정되어 복권되었고 그의 글들을 모아 문집을 만들었다. 1980년 유네스코 교육과학문화기구는 응웬짜이 탄생 600주년에 맞춰 세계문화인물로 공인했다.

흐르면서 사상적 투쟁에서 모순에 빠지기 쉽다. 그리고 그는 명의 침략에 맞서 싸우는 참혹한 전쟁 상황에서도 다이비엣 인민들뿐만 아니라 명의 적들까지도 인의 사상으로 포용하려 한다. 그의 인의 사상이 지닌 보편성을 이해할 수 있다.

전쟁이 끝나고 레 왕조가 세워졌다. 이때부터 응웬짜이의 인의 사상은 새로운 나라를 건설하는 이념이 되었다. 쩐 왕조가 무너질 때에도 힘든 인민들을 방치했고, 호 왕조는 인민들을 더욱 힘겹게 하였으며, 명은 인민들의 모든 것을 착취했다. 그의 인의 사상은 인민의 마음을 얻을 수 있었고, 다이비엣 민족의 강한 저력을 발휘할 수 있었다. 하지만 명을 물리치고 레 왕조를 세우자 상황이 달라졌다. 새로운 지배층이 된 람선 봉기군은 다시 인민들을 착취하여 그들의 마음을 아프게 했다. 응웬짜이는 인의 사상을 들어 레 왕조의 황실과 관리들의 잘못을 꾸짖었다. 그의 사상은 새로운 나라의 국가관이 되었지만, 황실과 관료들에게는 거슬리는 불편한 사상이 되었다.

6. 레 왕조와 남북조 시대[39]

응웬짜이는 베트남 사상가로서 탁월한 유학자였지만, 유학이 베트남의 정치적 사회적 측면에서 두각을 드러낸 것은 레타인똥(Lê Thánh Tông, 黎聖宗, 재위 1460~1497) 시기였다. 중앙집권적 봉건제도는 공고해졌고, 풍년이 이어졌으며 전쟁도 없었다. 백성들은 태평성대를 누렸다. 레타인똥은 농업을 장려하고 경작지를 넓혔다. 한편 그는 탁월한 학자로서 천문, 지리, 역사, 문학에도 통달하였고 시문은 물론 법률, 교육, 외교, 군사 등의 여러 문건들도 제정했다.

베트남에서 예전부터 많은 사람들이 그랬던 것처럼 레타인똥 또한 현실적 삶에서 도움이 되는 부분들을 받아들이고 있다. 따라서 이론

---

[39] 이 장은 다산학술문화재단 주최로 2017년 12월 14~15일 세종문화회관에서 열린 〈한국과 베트남 유학의 정치철학〉 국제학술대회에서 발표한 내용을 가리고 고쳐 쓴 것임.

레 왕조의 고향인 타인화 지역에는 람낀이 있다. 레 왕조의 역대 황제의 사당이 있고 인근에는 묘역이 조성되어 있다. 사진은 레타이또의 능.

적이거나 형이상학적 측면에서의 유학 연구보다 현실적 측면에서 실천적 이익이 있는 것들에 대해서 적극적으로 운용하고 있다. 그는 베트남 유학자의 한 사람으로, 원시유학이든 한유든 송유든 관여치 않고 통치를 위해 이익이 되는 것들을 계승하는 방법을 알고 있었다. 하지만 레타인똥 이후 유학은 곧바로 급격하게 쇠퇴했다. 그리고 베트남 사유의 흐름은 유도 불도 더 이상 해결책을 제시할 수 없는 상황으로 빠져 들었다.

16세기 초 레 왕조는 위묵(Uy Mục, 黎威穆, 재위 1505~1509)과 뜨엉즉(Tương Dực, 黎襄翼, 재위 1509~1516) 임금을 지나며 급격히 몰락했다. 강력했던 레타인똥 시절이 지나가자마자 무능력한 황제들이 즉위했다. 조정은 파벌로 나뉘어 정쟁을 일삼았다. 환관의 전횡과 외척들의 횡포도 심했다. 곳곳에서 농민들은 봉기를 일으켰는데, 1510년에서 1522

년 사이에 유학자들과 관리들은 물론 왕족조차도 농민의 봉기에 가담했다. 레 왕조는 아무런 대안도 없이 무력으로 봉기를 진압했다. 민심은 왕조를 떠났다. 봉기를 진압하는 과정에서 당시 무관이었던 막당중(Mạc Đăng Dung, 莫登庸, 1483~1541)이 재상이 되어 실권을 장악했다. 그는 레치에우똥(Lê Chiêu Tông, 黎昭宗, 재위 1516~1522)을 등에 업고 정치적 반대파들을 제거했다. 막당중의 전횡이 심해지자 일부 신하들이 레치에우똥과 함께 타인화로 피신했다. 이후 세력을 모아 박지앙 등지에서 막당중에 맞서 싸웠다. 그러자 막당중은 쑤언(Xuân)을 황제로 옹립하고 하이즈엉(Hải Dương)으로 근거지를 옮겼다. 그리고 1526년에는 치에우똥을 제거했다. 결국 막당중은 1527년에는 쑤언의 제위를 찬탈했다. 100여 년을 이어오던 레 왕조는 막 왕조(1527~1592)로 바뀌었다.

막당중은 레 왕조를 무너뜨리고 막 왕조(1527~1592)를 열었다. 막당중의 왕위찬탈은 당연히 유학자들의 반발을 낳았다. 그들은 막당중에 맞서 세력을 형성한 후 '복여멸막(復黎滅莫)'의 기치를 들고 타인화에서 레 중흥조(1533~1789)를 새롭게 열었다. 하지만 레 왕조는 명분만 있었고 실권은 없었다. 실권은 찐(Trịnh, 鄭)씨 가문에 있었다. 따라서 중흥 시기의 레 왕조를 그 이전의 레 왕조와 비교하여 레-찐(Lê-Trịnh) 왕조라 구별하여 부르기도 한다. 그리고 이 시기를 남북조 시기로 보아 레-찐 왕조를 남조(南朝)라 부르고 막 왕조는 북조(北朝)라 부르기도 한다. 이후 50여 년(1546~1592) 동안 남북조 사이에는 크고 작은 전쟁들이 이어졌다.

1592년 마침내 남조가 북조에 승리를 거두고 탕롱을 차지했다. 막 왕조는 북부 변방인 까오방으로 도주했다. 이 기간 동안 가장 큰 괴로

막당중이 연 막 왕조는 레 중흥 세력과 지속적으로 대립하면서 탕롱을 떠나 까오방 등지로 근거지를 옮겨야 했다. 사진은 하이퐁에 있는 막 왕조 유적지.

움은 백성들의 몫이었다. 하지만 백성들의 괴로움은 이 50년으로 끝나지 않았다. 남북조의 전쟁이 끝날 즈음 중부지방을 중심으로 세력을 형성하고 있던 응웬황(Nguyễn Hoàng, 阮潢, 1525~1613)이 세력을 확장했다.

새롭게 세력을 확장한 추어응웬(Chúa Nguyễn, 阮主)은 북부의 레-찐 세력과 대립했다. 이후 1627년에서부터 1672년 사이에 일곱 차례에 걸친 대규모 전투와 수많은 작은 전투들이 벌어졌다. 하지만 어느 한편도 승기를 잡지 못하자 지아인(Gianh)강을 경계로 정전한 후 대립을 이어갔다. 찐 가문에 속한 북부는 당응와이(Đàng Ngoài, 塘外) 또는 박하(Bắc Hà, 北河)라 불렸고, 응웬 가문에 속한 남부지역은 당쫑(Đàng Trong, 塘中) 또는 남하(Nam Hà, 南河)라 불렸다. 정치적 분열과 전쟁 이외에도 기근이 발생했다. 농민봉기는 곳곳에서 일어났고 민심은 흉흉했다.

1740년과 1741년에는 홍(Hồng)강 인근 지역에서 기근이 발생하여 주

남하의 응웬씨 세력과 북하의 레-찐씨 세력은 오늘날 베트남 중부 꽝빈성의 지아
인강을 사이에 두고 대립했다.

변 지역으로 퍼져나갔다.[40] 홍강 인근은 베트남 북부지역 최고의 곡창
지대이다. 백성들은 마을을 버리고 유랑했다. 박하에서 농민의 봉기는
18세기 후반까지 이어졌다.[41] 그리고 박하에서 농민봉기가 사그라질 무
렵 남하에서 농민봉기가 이어 일어났다. 남하의 농민봉기는 1770년 이
후에 떠이선(Tây Sơn) 농민봉기 세력으로 결집되었다. 이 농민군의 지도
자는 응웬냑(Nguyễn Nhạc), 응웬르(Nguyễn Lữ), 응웬훼(Nguyễn Huệ) 삼형
제였다. 이들을 중심으로 농민들과 가난한 사람들은 물론 소상공인과

---

40 응웬 따이 트, 앞의 책, 418쪽. "팜딘호(Phạm Đình Hồ)는 「우중수필(雨中隨筆)」에
　　서 이렇게 쓰고 있다. '경작지는 거의 무성한 숲이 되었다.' 많은 인민들이 거의
　　죽음에 이른 상태로 나무껍질을 벗겨 먹어야 했고, 들판의 쥐를 잡아먹었다.'"
41 위의 책, 419~420쪽.

1771년 중부 빈딘성의 떠이선 지역에서 일어선 농민군은 대내적으로 남하와 북하를 통치하는 세력을 차례로 무너뜨리고 1778년 떠이선 왕조를 세웠다. 대외적으로는 남부 국경을 안정시켰고, 북부 청의 침략도 물리쳤다. 사진은 꽝쭝 박물관에 있는 떠이선 농민군을 이끈 삼형제의 모습.

소수민족도 모여 세력을 형성했다. 세력을 확장한 이들은 1777년 무렵 응웬 정권을 거의 전멸시켰다. 이후 떠이선 농민군은 북으로 진군했다. 1786년 찐 세력을 무너뜨렸고, 1789년에는 레-찐 정권을 무너뜨렸다.

한편 떠이선 농민군은 다이비엣 주변의 외침 세력들도 물리쳤다. 이렇게 베트남은 떠이선 농민군에 의해 남북의 분열과 대립이 해소되었다. 그리고 오늘날의 베트남과 유사한 영토로 통일되었다. 삼형제는 각각 북부, 중부, 남부를 나누어 다스렸다.

베트남에서 혼란스럽던 이 시기 북방은 강성한 청(淸) 건륭제 시기였다. 명청 교체기였던 1627년 정묘호란을 일으킨 후금은 1636년 청으로 국호를 바꾸고 10만 군사로 조선을 침략했다. 다음해에 인조는 굴욕적인 항복을 했다. 이후 명을 완전히 멸망시킨 청은 강희제-옹정제-건륭제로 이어지는 최고 전성기를 구가하며 주변국을 정벌했다. 건륭제 말기에는 위구르, 타이완, 미얀마, 다이비엣 등 곳곳을 원정했다.

1788년, 거의 30만에 이르는 청의 군대가 다이비엣을 수륙으로 나누어 침략했다. 1789년 떠이선군의 응웬훼(Nguyễn Huệ, 阮惠)는 꽝쭝(Quang Trung, 光中) 황제에 올라 북부지역을 다스렸다. 그는 레 왕조와도 부드러운 관계를 유지하려 했다. 꽝쭝과 떠이선군은 청의 침략에 맞서 싸워 승리를 거두었다. 이렇게 대내외적으로 안정된 상황이 되고 나라의 기틀을 마련할 여건이 되었지만 1792년 응웬훼가 갑작스러운 죽음을 맞았다. 떠이선 왕조는 급격하게 몰락했다.

이렇게 16~18세기는 격변기였다. 하지만 이 시대의 문제를 해결할 대책은 등장하지 못한 채 서로를 적으로 삼아 전쟁을 일삼는 것으로 자신의 정통성을 삼는 데 급급했다. 레꿰돈(Lê Quý Đôn, 黎貴惇, 1726~1784)은 이러한 시기의 마지막 한 마디를 살아간 인물이다. 레꿰돈은 전 생애 동안 농민봉기를 보면서 살았다. 그는 레-찐 왕조 말기, 떠이선 농민군이 전국을 통일하고 새롭게 떠이선 왕조를 세우기 직전까지 살았다. 레꿰돈 사후에 곧바로 그가 출사해 뜻을 펼치던 찐 세력이 무너지고 레-찐 정권이 무너졌다. 이 시기 유학자들은 어느 한 왕조에 몸담고 다른 왕조에 맞서 끊임없이 전쟁을 치러야 했다. 각기 자신의 편에서 명분을 만들고 내세워 다른 편과 골육상잔의 전쟁을 벌였다. 이러한 시대를 개탄하는 많은 지식인들이 은둔하여 때를 기다리거나 세상을 떠나서 등지고 살아가야 했다. 어느 편에서든 당대의 모순

베트남 사상으로의 초대

을 해결하는 길은 오직 나라의 통일을 이루는 것뿐이었다. 그래야 전쟁에 내몰리고 부역에 내몰리는 백성들이 편안할 수 있으며, 유학의 도를 다시 세워 태평성대를 이룰 기틀을 마련할 수 있었다.

이 시기에는 정치적으로 혼란스럽고 기근이 일어나기도 했지만 시장경제는 한편 발전했다. 정치적 사회적 변화와 불확실성은 백성들에게 새로운 자립적 의식을 요구했다. 시장경제의 발전은 유교는 물론 불교와 도교에도 새로운 변화를 주문했다. 박하의 홍강 유역에는 포히엔(Phố Hiến)을 비롯하여 선남(Sơn Nam)과 하이즈엉(Hải Dương) 등 커다란 마을들이 늘어서 있었는데, 이런 마을마다 사찰이 있었다. 사찰은 직접 운영하는 경작지와 저수지를 가지고 있었다. 일부 사찰들은 경제활동에 적극적으로 참여하여 '삼보(三寶)'라는 이름의 시장을 열기도 했다. 농업을 중시하던 유학은 새로운 농경제도를 마련하고자 했지만 기득권 세력에 의해 받아들여지지 않았다. 1740년 재능이 뛰어났던 찐조안(Trịnh Doanh, 鄭楹, 1720~1767)이 레-찐 정권의 주(主)에 올라 정전법을 실시하려 했지만 수많은 반대 앞에 실패했다.

불교와 더불어서 18세기에는 도교 또한 넓게 전파되었다. 많은 도관(道觀)이 탕롱과 훼(Huế) 등지에 건설되었다. 레뀌돈, 응오티시(Ngô Thì Sĩ), 판후이익(Phan Huy Ích) 등 많은 저명한 유학자들도 도교를 좋아했다.

한편 16세기부터 다이비엣에 유입된 천주교도 점차 세력을 넓히며 자리를 잡아갔다. 스페인, 포르투갈, 프랑스 선교사들의 적극적인 선교와 더불어 당대 시대적 상황과 맞물리면서 백성들은 천주교를 믿기 시작했다. 이 시기의 천주교 유입과 관련하여 어린 레테똥(Lê Thế Tông, 黎世宗, 1573~1599)을 섭정했던 마이화(Mai Hoa, Maria) 공주의 이야기도

◀남북조 시대에는 베트남에 천주교가 들어왔다. 16세기 말 어린 레테똥을 도와 섭정하던 마이화 공주는 세례를 받고 수도원을 세워 수행하면서 신앙촌을 이루었다. 신부와의 이루어질 수 없는 사랑 이야기와 함께 천주교 유입 초기 베트남의 분위기를 읽을 수 있다. 사진은 닌빈 지역에 있는 마이화부(梅花府) 모습.
▶하노이 대성당으로 불리는 성 요셉 대성당은 19세기 말 북베트남의 주교였던 폴 프랑수아 푸지니에(Paul-François Puginier)에 의해 건설된 것으로 알려져 있다. 프랑스 군이 하노이를 점령하면서 바오티엔 사찰터 위에 세웠다. 지금은 베트남 천주교의 대교구 본부이기도 하다.

전한다.

외래의 여러 사상과 종교와 더불어 다이비엣 사람들의 고유한 신앙 형태도 마을마다 남아 있었다. 자연의 신들과 영웅, 조상신들에 대한 신앙 형태였다. 불교와 깊게 습합되기도 했지만 여전히 다이비엣 사람들의 사유 저변에는 수천 년 이어져 내려온 고유한 신앙과 정신이 놓여 있었다.

16세기를 대표하는 사상가는 응웬빈키엠(Nguyễn Bỉnh Khiêm, 阮秉謙, 1491~1585)이다. 그는 본격적으로 성리학을 다이비엣 유학의 흐름에 등

응웬빈키엠은 베트남에 성리학을 본 격적으로 알린 인물로 알려져 있다. 막 왕조에 나아갔다가 낙향한 후 백성 들과 어울려 살면서 후학을 양성했다. 풍각관과 응웬즈를 비롯하여 많은 학 자들이 그의 문하에서 나왔다.

장시킨 인물로 안남리학(安南理學)의 대표로 여겨진다. 그 이전에도 성 리학은 다이비엣 유학자들에게 알려졌지만, 특별히 성리학에 대한 관 심을 드러내지 않았다. 그는 1535년 막 왕조에 장원급제하여 관직에 나아갔으나 8년여 머문 끝에 낙향했다. 그리고 고향에서 백성들과 어 울려 살면서 학교를 열어 후학을 양성했다.

그는 막 왕조에 수많은 건의문을 올리기도 했다. 하지만 왕은 무력했 고 신하들은 백성을 착취했다. 이런 현실에서 그가 제시한 정책은 쓰 일 수 없었다. 백성들의 태평성대와는 대립되는 권력자들의 정권 유지에 급급한 정책들이 중시되었다. 왕조와 관리들은 정치적 권력을 쟁취하고 유지하기 위해 백성들을 도탄에 빠뜨리는 전쟁을 이어갔다. 그가 꿈꾸었던 당우(唐虞)의 성치(盛治) 시대는 가깝게는 레타인똥 시대로의 회복이었지만 현실적으로 불가능했다. 나이가 들어가면서 그는 점차 회의적이 되었으며, 현실에서 멀어지면서 운명론에 빠져들기도 했다.

하지만 그는 당대를 이끌어갈 후학을 양성할 수 있었다. 우리가 이 시기 유학의 흐름을 살펴보는 데 중요한 인물로는 응웬즈(Nguyễn Dữ, 阮與, 1497~?)와 풍칵콴(Phùng Khác Khoan, 馮克寬, 1528~1613)이 있다. 이 둘은 모두 응웬빈키엠의 제자들이다. 응웬즈는 막 왕조에 출사했지만 오래지 않아 은둔의 길을 걸었고 결국 다시 세상에 나오지 않았다. 그는 산속에 은거하면서 『전기만록(傳奇漫錄)』[42]을 지어 당대의 세태를 풍자하고, 한편으로는 자신이 꿈꾸던 새로운 이상향을 드러냈다. 그는 이전 시대의 인물들을 등장시켜 당대를 풍자하고 비판하기 쉽도록 이야기를 만들었다.

풍칵콴은 레 왕조에 관리로 나아갔다. 당대는 유학의 이상이 현실에서 형성될 수 없었다. 하지만 그는 언젠가는 반드시 유학의 이상을 현실에 이룰 수 있다는 강한 신념과 의지로 당대의 문제를 정면 돌파하고자 했다. 그 또한 전쟁으로 인한 비참한 현실을 보았고, 유학의 이상과는 다른 현실을 인정한다. 그러면서도 그는 이 비참한 현실을 극복할 수 있는 사상은 결국 유도(儒道)임을 강하게 긍정한다. 그래서 다

---

42 한국에서는 박희병 역으로 『베트남의 기이한 옛이야기』(경기 : 돌베개, 2000)로 소개되었다.

풍칵콴은 레 중흥조의 조정에 나아가
끝까지 유교의 신념을 놓지 않고 살아
간 인물이다. 사진은 풍칵콴의 사당
한편에 모셔져 있는 진영.

른 조급한 사상가들과 달리 현실과 타협하거나 은둔하지 않고, 실질적
으로 백성들의 삶에 도움이 되는 일들을 적극적으로 찾았다. 그는『농
사편람(農事便覽)』을 저술하여 백성들이 도랑을 파서 물을 끌어들이거
나 비단을 짜는 일 등을 수월히 할 수 있도록 가르치기도 했다. 시골의
가난한 백성들을 위해서 옥수수 씨앗을 가져다가 마을에 심기도 했다.
그는 백성들로부터 짱붕(Trạng Bùng, 狀蓬)이라고 불렸다. 실제 장원은
아니었지만, 백성들은 그를 장원이라 부르며 존경했다. 그는 한편으로
언젠가 유학의 태평성대가 이루어질 날이 올 것이라는 확신을 가지고
주어진 현실에서 최선을 다하는 유학자로서의 면모를 보였다.

응오티녬은 레 중흥 조정에서 희망을 보지 못하고 새롭게 일어선 떠이선 왕조의 꽝쭝 황제에게서 새로운 가능성을 발견했다. 그는 꽝쭝 황제를 도와 청과 전쟁을 벌였고 수많은 문서를 작성하기도 했다. 사진은 부친인 응오티시와 함께 고향에 조성된 그의 묘역.

레-찐 왕조가 몰락하자 유학자들은 피난을 가거나 은둔했다. 하지만 일부 유학자들은 떠이선 왕조를 따라 청에 맞서 싸우고 새로운 세상을 열고자 했다. 이러한 유학자들 또한 자신이 처한 현실에 적극적으로 뛰어들었던 인물들이다. 하지만 훗날 떠이선을 무너뜨린 응웬 왕조에 의해 큰 괴로움을 당하게 된다.

응오티녬(Ngô Thì Nhậm, 吳時壬, 1746~1803)이 그런 대표적인 유학자이다. 그는 유학자 집안에서 태어났으며, 레-찐 조정으로 나아갔다. 과감한 변법들을 제기하였는데, 주로 백성들의 안정된 삶을 목표로 한 것이었다. 농업이 경제의 중심이었으므로 유랑하는 백성들을 안정시

베트남 사상으로의 초대

키고, 전쟁보다는 생활을 안정시키는 데 주안점을 두었다. 경작지의 확보와 더불어 노동력 또한 안정시키고자 했다. 하지만 레–찐 조정에는 왕족과 관리들의 수가 많았고, 이들은 백성들로부터 공납(貢納)과 세금을 더 걷어들이는 데 관심이 많았다. 그는 당대 관리들에 대해 강하게 비판한다.

그의 비판과 정책이 현실을 바꿀 수는 없었다. 그러다 떠이선 왕조의 응웬훼가 레–찐 왕조를 무너뜨렸다. 레–찐 왕조는 무기력했다. 그는 고향으로 피난을 떠나, 그곳에서 머무르며 떠이선 왕조의 움직임을 주의 깊게 바라보았다. 『춘추관견(春秋管見)』을 저술한 후 그는 본격적으로 떠이선 왕조에 뛰어들어 적극적으로 꽝쭝 황제를 도왔다. 그는 당대에 대한 고민과 유학자로서의 충(忠)에 대한 깊은 고민을 했다. 그리고 『춘추』에 담긴 유학의 역사관을 그 스스로 정립하면서 자신이 새로운 왕조에 나아갈 정당성을 확보한 것으로 보인다. 그는 꽝쭝 황제를 대신하여 나라 안의 신민(臣民)들에게 수많은 조(詔)를 쓰고, 옛날 응웬 짜이가 그랬던 것처럼 청과 전쟁을 벌이는 데 사상 투쟁과 더불어 여러 교섭하는 문서와 서신 등을 담당했다. 떠이선 왕조와 더불어 그는 새로운 유학의 태평성대를 이룰 희망을 가졌다. 하지만 청의 침략을 물리치고 태평성대의 꿈을 이루기 위해 노력하던 도중 꽝쭝 황제의 갑작스러운 죽음으로 그의 꿈도 따라 무너지게 되었다.

1802년 새롭게 일어선 응웬 왕조는 1803년 탕롱 문묘에서 그를 비롯하여 떠이선 왕조를 따랐던 유학자들에 대해 매질을 가했다. 레 왕조의 유학자로서 떠이선 왕조를 따랐다는 유학의 명분을 들었지만, 응웬 왕조의 조상이 떠이선 농민군에 의해 거의 전멸당했던 옛 원한이 주요

레꿰돈은 베트남 유학자 가운데 가장 방대한 저술을 남긴 인물이다. 그의 저술을 살펴보면 베트남 학자로서 주체적으로 당대의 문제를 해결하기 위해 고군분투한 흔적을 느낄 수 있다.

한 이유였다.

이렇게 급변하는 시기에 레꿰돈은 비교적 안정적으로 관직에 머물렀다. 그리고 여느 유학자보다도 다양한 분야의 많은 저술을 남겼다. 그는 급박한 시대에 왜 그렇게 많은 저술에 힘써야만 했을까?

레꿰돈은 14세(1740)에 부친을 따라 탕롱으로 공부하기 위해 올라왔다. 홍강 인근 마을마다 기근이 심각해지던 시기였다. 그 이전에 그는 이미 읽지 않은 책이 없다고 할 정도로 총명한 것으로 알려져 있었다. 그 후 17세(1743) 향시에 장원급제하고, 이때부터 레꿰돈(Lê Quý Đôn)으로 이름을 바꾸었다. 30세 중반인 1760~1762년에 연경 부사로 다녀왔다. 그 후 한림원 승지를 비롯한 여러 중앙과 지방의 관직을 거쳤다. 그는 기록에 매우 철저한 인물이었다. 자신이 보고 듣고 읽은 것들에 대해 기록하고 자신의 의견과 비평을 곁들였다.

20대 초반에 그는 『대월통사(大越通史)』(1749)를 저술했다. 이후 30대 초반에 『군서고변(群書考辨)』(1757)과 『성모현범(聖謨賢範)』(1758)을 저술했다. 이 두 저술은 연경 부사로 갈 때 지니고 간 것으로 알려져 있다. 『군서고변』은 중국의 학자들과 조선의 사신단 등 여러 인물들에게 보이고 질정을 받고 토론하기도 했다. 이후 40대 중후반에 『서경연의(書經衍義)』(1772)와 『운대류어(芸臺類語)』(1773)를 지었다. 50대 초에는 『무변잡록(撫邊雜錄)』(1776)과 『견문소록(見聞小錄)』(1777)을 저술했다.[43]

그의 저술들은 사상적, 문학적, 사학적으로 매우 중요한 가치를 지닌다. 그처럼 다양한 기록을 남긴 유학자는 베트남에서 찾아보기 어렵다. 이는 그의 박학함을 드러내는 것이기도 하지만 한편으로는 그가 이렇게 많은 저술을 남긴 특별한 이유도 분명히 있다고 볼 수 있다. 단적으로 그의 이러한 노력은 그 이전의 유학과는 다른 새로운 사상적 토대를 정립하기 위한 것이다. 또 한편 그가 당대의 문제를 해결하기 위해 분투한 흔적이다. 즉 그의 저술에는 그가 당대의 문제를 해결하기 위해 그가 필요하다고 판단된 사상과 논리가 들어있다. 따라서 그의 사상적 면모를 큰 틀에서 바라보기 위해서는 그의 저술이 담고 있는 내용을 살펴보는 것이 도움이 된다.

우선 『대월통사』는 1428년 레 왕조가 시작되기 이전인 1418년부터 시작한다. 1418년은 레러이가 명의 침략에 맞선 독립운동으로서 람선 봉기를 일으킨 해이다. 이후 막 왕조(1527~1677)에 이르기까지의 역사

---

43 *Quần thư khảo biện*(群書考辨), Hà Nội: NXB KHXH, 1995, 8쪽.

를 기록하고 있다. 레 왕조의 시작이 아닌 명에 맞서서 독립투쟁을 시작한 1418년을 기점으로 삼아 역사를 서술하고 있다는 점도 유의할 필요가 있다.

『군서고변』은 중국의 삼대(三代)에서 남송(南宋)에 이르기까지의 사서(史書)를 고찰한 것이다. 역사적 사건을 들고 자신의 평론을 덧붙이고 있다. 따라서 여기서는 레뀌돈의 역사관과 사상을 엿볼 수 있다. 레뀌돈은 자신이 처한 당대의 문제를 해결하기 위한 고민으로부터 이 고찰을 시작한다. 즉 대상은 중국의 과거지만 레뀌돈은 자신의 시대에 굳건하게 서서 중국의 역사를 고찰하고 있다. 따라서 그 대상을 선택하는 것에서부터 평론하는 것까지 모두 당대 그가 서 있는 현실이 적용된다.

한편 『군서고변』의 자서(自序) 말미에 레뀌돈은 순자(荀子)의 말을 인용한다. 여기서 그는 법후왕(法後王) 사상을 긍정하고 있다. 여러 측면에서 레뀌돈의 사상은 순자의 사상과 유사한 경향을 보인다. 하지만 그는 음양오행설이나 불교와 도교 등도 거리낌 없이 받아들이고 있어 순자를 특정하여 따르는 것은 아니다.[44]

『군서고변』에서 그는 기강과 법도가 잘 갖춰진 봉건사회를 이상으로 제기한다. 그는 진시황은 물론 춘추시대에 패업(霸業)을 이룬 제환공(齊桓公)과 조조 등도 인정하고 있다. 이는 그가 당대 다이비엣의 사회정

---

44 Nguyễn Tài Thư(응웬 따이트), "Mấy tư tưởng cơ bản của Lê Quý Đôn trong", *Quần thư khảo biện*(『군서고변』에 나타난 레뀌돈의 몇 가지 기본사상), *Thông báo triết học số 21*(철학통보21), Viện triết học(철학원), 224쪽.

베트남 사상으로의 초대

치사상을 비판하기 위해 선택한 방법이기도 하다. 당대 사회에 법도와 기강이 없다고 보았으며, 결국에는 멸망할 수밖에 없다고 보았던 것이다. 그런데 그의 관점에서 이러한 기강과 법도는 나라 전체에 걸친 것이었으며 무엇보다 임금에게 요구되었다. 임금이 따르지 않는다면 다른 사람들도 따르지 않을 것이기 때문이다.

『군서고변』에서는 정신뿐만 아니라 물질에 대한 긍정이 이루어지고, 왕도뿐만 아니라 패술에 대한 긍정도 이루어진다. 이는 정통적인 공맹 유학과는 다른 흐름이다. 그런데 그는 이 둘을 모순으로 보아 어느 하나만을 선택하는 것이 아니라, 모순을 스스럼없이 외면하면서 나란히 정립시키고 있다. 그에게는 왕도와 패도 또한 처한 상황에 따라서 중요한 것이지, 그 자체로 고정되어 중요한 것은 아니었다. 그래서 그는 유학자로서 왕도의 중요성을 잘 알고 있었지만, 자신의 시대에는 패도가 필요하다고 긍정하게 된다. 그는 당대 사회의 문제를 해결하기 위해서는 어떠한 학설이든지 가리지 않고 받아들이려 했다.[45] 따라서 그는 유가의 학설만이 아닌 법가의 사상도 받아들였고, 덕치 옆에 법치를 같이 놓기도 하며, 도교의 학설과 불교 쭉림 선파의 문장, 오행의 설까지도 제고하고 있다.

『군서고변』에서 그는 또한 통치자의 세(勢)를 주장한다. 세가 없으면 나라는 부유해질 수 없고, 자리는 튼튼해질 수 없다. 하지만 '세'는 홀로 서 있는 것이 아니다. "천하의 일은 이(理)와 세(勢) 이외는 없다. 둘은 늘 서로가 의지하고 있다. 이를 알지만 세가 분명하지 않으면 일을

---

45 위의 글, 227쪽.

이루는 데 충분하지 않다. 세를 분명하게 이해하지만 이를 알지 못하면 일을 일으켜 세울 수 없다."[46]

'이'와 '세'는 그의 정치사상에서 조화를 이룬다. 여기서 '이'는 보편적 규율과 같은 그러한 의미가 아니다. "송양공(宋襄公)의 인(仁)은 다만 이에 머물러 있으며, 상앙(商鞅)의 공리는 다만 세에 머물러 있다."[47]고 주장하면서 이와 세가 조화를 이루어야 함을 역설한다.

한편 레뀌돈은 철저히 당대의 현실을 긍정하면서 자신의 사상을 정립한다. "나라의 주요한 근간은 백성에 있으며, 왕의 주요한 소명도 백성에 있다. 또한 나라 안에서 난이 강하게 일어나는 것과, 적이 밖에서 근심을 일으키는 것 모두가 두렵기에 충분치 않다. 그 가장 두려운 것은 백성의 마음이 일단 흔들림을 보는 것이다." 그는 또한 백성의 세에 대해서 그 두려움을 말하기를 "산사태처럼 땅이 무너지는 세"라고 한다.[48] 백성의 이러한 세는 아무리 탁월한 재(才)라 하더라도 다시 회복시킬 수 없다고 말한다. 그리고 그는 통치체제가 백성의 힘에 주의를 기울이고 백성을 중시해야 한다는 것을 증명하고 거울로 삼기 위해서 역사에서 여러 사례를 인용한다. 하지만 그가 바라보는 백성은 왕조를 유지하기 위한 대상의 성격이 강하다. 그는 왕과 대신, 관리와 백성들을 구분한다. 그가 처한 현실을 명확하게 인식하고 그 한계 위에 이론을 정립한다. 공맹유학의 전통에 따라 백성의 중요성을 주장하는 것이

---

46 위의 글, 233쪽.
47 위의 글, 234쪽.
48 위의 글, 228쪽.

아니라, 자신의 현실을 직시하면서 백성의 중요성을 주장한다.

백성은 나라에서 많은 수를 차지한다. 따라서 왕이 나라를 다스리기 위해서는 백성을 먼저 다스려야 한다. 그는 평상시에 왕이 백성을 두려워하지도 않고 존중하지도 않음을 보았다. 이는 왕조와 나라를 유지하는데 위험한 일이었다.

레꿰돈은 천도가 소변(小變)할 때도 있고 대변(大變)할 때도 있으며, 인간의 마음은 후할 때도 있고 박할 때도 있다고 본다. 하상주대에는 요순의 대동, 소강 시기로 되돌아갈 수 없었는데, 시세(時勢)가 바뀌어 달라졌기 때문이다. 18세기가 다시 요순 시대로, 삼대로 되돌아갈 수 없으니 그 시절의 정책을 그대로 가져다 쓸 수는 없다. 이는 일부 유학자들이 옛 당우 시대를 이상사회로 고수하는 관념을 비판하는 관점이다. 많은 유학자들이 현실에서 실패했기 때문에 옛 시절을 언급하면서 당대를 외면하는 태도를 비판한다. 레꿰돈은 실제 자신의 시대를 마주보면서 현실에서 실천적 가치가 있는 사상을 다시금 정립하고자 했다.

그리하여 그는 다이비엣 민족의 사상 흐름에서 단절된 여러 자료들을 수집하고, 자신이 살고 있는 다이비엣 곳곳의 지리와 풍속은 물론 백성들이 모시는 민족의 신과 이야기 등을 소중하게 여겨 기록했다. 이는 그가 자신의 철학을 자신으로부터 형성하는 길을 걸었다는 의미이기도 하다. 그렇지만 그는 유학자로서 유학을 자신의 사상 가운데에 두고 있음도 분명하다.

레꿰돈이 40대 중후반에 지은『서경연의』는『서경(書經)』에 대한 자신의 견해를 곁들이면서 자신의 정치사상을 드러낸 작품이다. 다이비엣 유학의 흐름에서 경학(經學)에 대한 관심은 레꿰돈의 시대에 상대적으로 높았다. 정치적 현실과 유학적 이상의 괴리가 심했고, 유학자들은 이 모순을 해결하기 위한 답을 다시 옛 경전에서 찾으려 했기 때문이다. 이는 다이비엣의 실제 생활에 적용 가능한 유학의 이론을 찾고 자신의 견해를 제시하려는 노력이기도 하다. 그는 『서경연의』 서문에서 이미 『서경』에 관한 논의가 잘 이루어졌기 때문에 그에 관해서 더 고찰하여 새로운 것을 덧붙일 수 없을 것이라고 한다. 그리고 자신은 그런 성과에 빗대어 국가를 다스리고 백성을 편안하게 하는 주요한 점을 중심으로 제시할 것이라고 언급한다. 이는 한편 겸손한 말이기도 하지만 다른 한편으로는 그가 애초부터 『서경』에 대한 경학적 해석보다는 실제 생활에 필요한 자신의 주장을 담으려는 의도를 품고 이 책을 저술했음도 드러내는 것이다.

『운대류어』에는 「이기(理氣)」장이 맨 처음에 나온다. 레꿔돈처럼 '이기'의 문제를 따로 하나의 장을 마련하여 언급한 인물은 베트남의 유학사에서 찾아보기 어렵다. 여기서 그는 기에 관심을 집중시킨다. 자서에서 그는 이렇게 언급한다. "생각하건대 높게만 말한다면 헛된 것에 빠질 수 있고, 낮게만 말하면 미천한 것에 빠질 수 있다. …(중략)… 백 가지 일들을 처리하는 데 도움이 될 수 있는 것만 필요한 것이라고 생각한다. 격물과 치지에 대해 깊고 정밀하게 언급한 것은 염(濂)·락(洛)·관(關)·민(閩)의 훌륭한 선유의 저술이 이미 있다. 나는 감히 그들의 말씀 이외에 다른 말을 보탤 수 없다."[49] 이 언급 또한 중국 성리학자

---

[49] Lê Quý Đôn(레꿔돈), Vân Đài Loại Ngu(芸臺類語), Hà Nội: NXB Văn hóa Thông tin, 2006, 46~47쪽.

들의 이론적 해석을 겸손히 받아들인다는 의미이지만, 한편으로는 그러한 이론적 논의보다는 베트남의 백 가지 일에 실제 도움이 되는 것에 관심을 기울이겠다는 의지를 드러낸 것이다.

『무변잡록』은 그가 투언화(Thuận Hóa)와 꽝남(Quảng Nam) 지역의 협진 겸참찬군기(協鎭兼參贊軍機)로 부임했을 때 보고 들은 것들을 기록한 것이다. 이 무렵 다이비엣의 영토는 오늘날 베트남과 같은 형태가 아니었다. 당시 투언화와 꽝남은 다이비엣의 남부 변방이었다. 1776년 그는 이 지역의 구체적인 지리와 산천, 성곽과 도로를 비롯하여 공전과 사전의 수량, 산품과 세금, 군제와 풍속, 인재와 시문 등 여러 분야에 대해 기록했다. 이 기록은 18세기 이 지역의 사정을 엿보는 데 매우 중요한 자료일 뿐만 아니라 18세기 다이비엣 사회와 관련해서도 소중한 자료다. 그리고 이와 관련하여 찾아볼 수 있는 현존하는 거의 유일한 자료다.[50]

『견문소록』은 쩐 시기에 시작해서 그 자신의 시대에 이르기까지 다이비엣의 문화와 역사 관련 자료들을 정리한 것이다. 현존하는 8장의 내용을 보면 다음과 같다. ① 다이비엣과 중국 인물들의 행위와 철학 개념 등을 기록, ② 리, 쩐, 레 왕조의 제도 예문 등을 기록, ③ 리-쩐 왕조 시기 관아와 사찰 등의 비명에 기록된 인물들의 이름과 시문 등을 기록하고 비평, ④ 역사적 인물들의 문학, 절조(節操), 품행, 재능 등의 기록, ⑤ 선떠이(Sơn Tây), 흥화(Hưng Hóa), 뚜엔꽝(Tuyên Quang) 지역의 산천, 성곽, 산물, 세금, 도로 등에 관한 기록, ⑥ 북속 시기부터 레 왕조

---

50 『무변잡록(撫邊雜錄)』, Hà Nội: NXB Văn hóa-Thông tin, 2007, 25쪽.

에 이르기까지 다이비엣 승려들에 관한 기록, ⑦ 다이비엣의 사당과 묘에 모셔진 천신, 인신과 관련된 26종의 전(傳) 기록, ⑧ 중국 사람들의 구문(句文), 대구(對句)에 관한 반론과 더불어 쩐과 레 왕조의 인물들에 대한 단편 기록.

레뀌돈은 그 이전 시기 흩어져버린 여러 시문학 자료들을 채집 기록하고 있다. 또한 레 시기 다이비엣의 북부 국경지대인 하지앙(Hà Giang)과 디엔비엔푸(Điện Biên Phủ) 주변 군사로와 뚜엔꽝과 흥화, 선떠이 지역에 대한 상세한 지리적 자료들도 수록하고 있다. 『견문소록』에서 찾아볼 수 있는 중요한 자료는 쩐 시기에 공연되었던 음악과 무용에 대한 기록이다. 이는 다른 곳에서 찾아보기 어렵다. 또한 쩐 시기 다이비엣 사람의 풍속에 대해서도 기록하고 있다. 남자는 모두 머리를 깎고, 관리는 푸른색 천을 머리에 덮고, 백성들은 대부분 맨발로 다니고, 궁전에서는 신발을 벗어야 하는 등 일상생활의 다양한 자료들도 수록하고 있다. 이는 레뀌돈이 다이비엣의 고유한 생활풍습에 관심을 기울였다는 의미이며, 그 이유는 다이비엣 민족의 자존심을 드높이기 위한 것이었다.[51] 명의 침략으로 대부분 소실되어버린 리-쩐 시기 여러 기록들을 찾아 기록하고 있음도 그의 민족의식이 어떠했는가를 엿볼 수 있는 부분이다.

유학자임에도 그는 불교와 도교에 대해서도 서슴없이 기록하고 있는데, 이는 다이비엣 민족의 정신생활에 영향을 끼치고 있었기 때문이다. 그리고 리, 쩐, 레 시대의 구체적인 기록들을 통해 옛 다이비엣 사

---

51 응웬 따이 트, 앞의 책, 446쪽.

람들의 의식의 면모를 엿볼 수 있어서 오늘날 당대의 사상을 심층적으로 연구하는 학자들에게도 도움이 된다.

그는 『견문소록』의 서문에서 봉역과 산천, 선석(仙釋)과 신기하고 괴이한 것, 방기(方技)의 잡설들도 역시 모두가 치지(致知) 격물(格物)의 소관(所關)이며 거경(居敬) 궁리(窮理)의 소재(所在)라고 언급한다. 다이비엣에서의 기이한 이야기와 지역과 산천, 불교와 도교까지 모두 언급하는 것이 결코 격물치지와 거경궁리에 벗어나는 일이 아니라는 것이다. 여기서도 유학을 중심으로 한 '삼교동원'적인 사유와 더불어 그의 사상적 면모를 엿볼 수 있다.

그가 이러한 연구태도와 성과를 이룩한 저변에는 일정한 철학적 기초가 있다. 그는 유학과 성리학은 물론 동양철학의 여러 원리와 개념으로부터 능숙하고 다양하게 받아들였다. 그리고 이러한 개념들을 자유롭게 운용하고 자신의 이론을 전개하기 위해서, 문제가 발생하고 운용해야 할 장소인 다이비엣을 대상으로 백과전서적인 고찰도 동시에 진행했다. 그래서 그는 다이비엣 민족의 사상사적 흐름은 물론 동시대의 공간적 지리와 백성들의 기이한 이야기에 이르기까지 관심을 가질 수밖에 없었다. 그것은 중국의 성리학자들로부터 배울 수 있는 것이 아니었다. 그는 당대 직면한 사건들을 해결하는 데 이 모든 것들이 적절히 운용되도록 창조적으로 계승했다. 그의 발전적 측면과 계승적 측면은 상보적으로 작동한다. 이러한 이론을 토대로 그는 자신의 유학사상을 유연하고 폭넓게 전개할 수 있었다.[52]

---

52 Nguyễn Tài Thư(응웬 따이 트), 앞의 글, 239쪽.

박학했던 그가 문학, 사학, 철학을 넘나들면서 저술에 몰두한 것은 이전 시기 사상가들에게서는 찾아보기 힘든 면모다. 관리로 부임한 지역에 이르러서는 보고 들은 것들을 기록하고, 흩어진 민족의 자료들을 수집하고 정리해서 기록하는데 게을리 하지 않았다. 그가 지닌 다이비엣 민족 공동체에 대한 강한 자존감은 그를 중국에 가까운 이론적 유학자가 아닌 다이비엣의 실천적 사상가로 이끌었다.

제4장

프랑스의 식민 지배와
독립투쟁

프랑스의 식민 지배와
독립투쟁[1]

우리는 지금까지 주로 베트남의 중북부지역을 중심으로 전개된 역사와 사유의 흐름을 살펴보았다. 실제로 베트남 사유의 흐름은 이 공간을 중심으로 전개되었다. 오늘날과 같이 남북으로 긴 베트남 영토는 떠이선 농민봉기 이후 응웬 왕조로 시간이 흐르면서 형성되었다.

19세기 중후기에서 20세기 초중기에 이르는 사이에 남부에서는 많은 일들이 일어났다. 주로 프랑스 식민주의 침략에 맞선 인민의 저항이 두드러졌다. 그리고 남부지역의 사상적 경향을 엿볼 수 있는 다양한 종교들도 두드러진다. 베트남의 남부는 북부와 여러 측면에서 달랐다. 자연환경과 인문환경이 모두 달랐다.

북속 시기와 더불어 이 시기를 통해 우리는 베트남의 전통적 사유의 흐름을 잘 엿볼 수 있다. 이때 우리는 서구사상과 기술을 먼저 받아들

---

1 이 장은「한국과 베트남의 근대 사상 비교연구」(충남대학교 박사학위 논문, 2013) 중에서 가리고 고쳐 쓴 것임.

인 일본에 의해 식민 지배를 받게 되는 상황으로 치달리고 있었다. 베트남은 유럽 식민주의의 선봉에 서 있던 프랑스로부터 직접 지배를 받는 시기로 굴러떨어지고 있었다. 이 시기는 우리나라와 마찬가지로 베트남에서도 현재까지 영향을 미치고 있기 때문에 평가가 매우 조심스럽고 복잡하다. 하지만 이 시기는 우리가 스스로의 미래를 열기 위해서도 반드시 되뇌고 헤아려야 한다. 그런 입장에 서서 살펴보자.

1. 베트남의 마지막 왕조

1786년 아드란(Adran)의 주교였던 피에르 피뇨 드 베엔(Pierre Pigneau de Behaine, 1741~1799, Bá Đa Lộc)은 응웬푹아인(Nguyễn Phúc Ánh, 1762~1820)의 아들인 응웬푹까인(Nguyễn Phúc Cảnh, 1780~1801) 왕자와 함께 인도를 거쳐 1787년 프랑스에서 루이 16세를 만났다. 응웬씨 세력은 떠이선 세력에 밀려 힘이 크게 약화된 상황이었다. 이 상황을 타개하기 위해 응웬씨 세력은 프랑스의 힘을 빌리기로 했다. 이 과정에서 프랑스인 신부와 투합하게 되었다. 하지만 이 시기는 프랑스 혁명(1789)이 막 일어나기 직전이었다. 프랑스로서는 응웬씨 세력을 도울 경황이 없었다.

조약은 제대로 이행되지 않았지만 피뇨 드 베엔은 스스로 자금을 마련하고 배와 용병을 모아 응웬푹아인을 지원했다. 응웬씨 세력은 1789년 지아딘(Gia Định) 지역에 대한 지배권을 회복하면서 지속적으로 서양의 무기와 전함을 구입하고 제작했다. 1790년 본격적으로 응웬푹아

◀응웬 왕조의 도읍지인 훼 황성의 정문인 오문. 유학을 통치이념으로 삼았지만 프랑스의 침략으로 점차 황실은 무기력해졌다.
▶훼 황성을 흐르는 흐엉강가에 있는 티엔무(天姥) 사찰은 1601년에 세워졌다. 이전에는 참족 사람들의 사원이 있었던 것으로 알려져 있다. 훼 불교의 대표적인 상징물이며 응웬씨 세력과 함께 번성했다. 사진은 응웬 왕조가 세워진 후에 건설된 7층 프억주엔탑.

인은 떠이선 농민군을 공격했다. 결국 응웬씨 세력은 1801년 떠이선의 고향인 뀌년(Quy Nhơn)을 함락하고 푸쑤언(Phú Xuân)도 함락했다. 그리고 1802년 드디어 탕롱을 점령했다.

이렇게 1802년 베트남의 마지막 왕조인 응웬 왕조가 세워졌다. 응웬 푹아인은 지아롱(Gia Long, 嘉隆, 재위 1802~1820)제로 제위에 올랐다. 하지만 중남부지역을 통치하던 응웬씨 정권은 북부 세력의 지지와 북부 사람들의 마음을 굳건히 얻을 수는 없었다. 남부지역 또한 실질적인 통제와 지배가 쉽지 않았다. 남부에는 다양한 민족과 문화를 지닌 사람들이 살아가고 있었다. 중국계와 인도계, 크메르인, 베트남인 등이 어울려 살았다. 종교 또한 각 민족의 종교와 불교, 도교, 회교 등 다양했다. 게다가 도시가 아닌 경우라면 물줄기를 따라 쉽게 이동했기 때문에 통제를 위한 일정한 주거도 만들기도 어려웠다. 우기가 되면 온통 물에 잠기는 지역이 많았다. 지아롱제는 중부지역의 투언화(Thuận Hóa)를 수도로 삼았다.

또 다른 중요한 문제는 애초에 프랑스의 힘을 빌려 응웬 왕조가 일어섰다는 점이다. 그래서 지아롱제는 천주교와 프랑스 세력이 거슬리면서도 드러내고 싫다고 할 수도 없는 상황에 머물러야 했다. 물론 응웬 왕조의 통치 이념은 유학이었다. 게다가 이 시기의 유학은 이전 시기처럼 유연할 만큼 여유도 없었다.

지아롱제에 이어 제위에 오른 민망(Minh Mạng, 明命, 재위 1820~1841)제는 유학을 정립하고 왕권을 강화하여 시대적 문제를 해결하고자 했다. 그는 뛰어난 유학자로서 응웬 왕조 초기에 쓰이기 시작한 '베트남(越南)'이란 국호 대신 1839년부터는 '대남(大南)'을 써서 베트남의 자주성을 드러내고자 했다. 한편 왕권 강화를 위해 천주교에 대한 대대적인 탄압도 진행했다.[2]

프랑스와의 관계는 크게 악화되었다. 민망제 이후 티에우찌(Thiệu Trị, 紹治, 재위 1841~1847)와 뜨득(Tự Đức, 嗣德, 재위 1847~1883) 시기에 혼란은 더 심해졌다. 프랑스의 침략이 완연히 가시화되었고 천주교 관련 정책도 내부적으로 혼선을 빚었다.

---

2 유인선, 『베트남의 역사』, 서울 : 이산, 2007, 257쪽 ; 259~260쪽 ; 272~273쪽.

베트남 사상으로의 초대

민망제는 유학을 중심으로 삼아 강력한 중앙집권적 통치체제를 구축하려 노력했다. 왕조를 세울 때의 국호인 베트남을 대남(大南)으로 바꾸어 자주적 노선을 걷고자 했다. 천주교 세력을 탄압하고 농민봉기도 무력으로 제압했다. 하지만 응웬 왕조를 반석에 올려놓을 수는 없었다. 사진은 민망제의 묘역.

결국 1847년 프랑스는 다낭(Đà Nẵng) 지역을 공격했다. 1851년 즉위한 프랑스의 나폴레옹 3세는 영국과 연합하여 중국에서 2차 아편전쟁을 치렀다. 더불어 베트남에 식민지를 구축하는 과정에 속도를 내고 있었다. 1858년 프랑스는 베트남과 본격적으로 전쟁을 벌였다. 천주교에 대한 탄압이 표면적인 이유였지만, 당연히 그것만은 아니었다. 프랑스는 영국 등 다른 식민 지배 세력들과 한편으로는 연합하고 한편으로는 경쟁하면서 아시아로 진출했다.

1858년 해군제독 제누일리(R. de Genouilly)가 이끄는 프랑스와 스페인의 연합함대는 다낭을 공격하여 점령했다. 1859년 초에는 오늘날 호치

뜨득제 또한 쇄국정책을 펼치고 천주교 세력을 더욱 강력하게 탄압하며 응웬 왕조를 유지하려 했다. 하지만 프랑스의 무력 앞에 불평등 조약을 체결하고 개항을 당해야 했다. 그의 사후 응웬 왕조는 급격하게 몰락하고 만다.

민시에 있었던 지아딘(Gia Định)성을 공격했다.

이러한 시대 상황에서 응웬 왕조 내부는 두 입장으로 나뉘었다. '싸우자'는 입장과 '화친을 맺자'는 입장이었다. 우선 주전파의 입장이 우세했다. 프랑스와의 강화는 거부되었다. 1861년 프랑스는 공격을 계속하여 비엔호아(Biên Hòa)와 바리아(Bà Rịa) 지역까지 점령했다. 1862년에는 남부지역 물산 유통의 중추와도 같은 빈롱(Vĩnh Long) 지역까지 영향을 끼쳤다.

결국 화친을 주장하던 판타인지안(Phan Thanh Giản, 1796~1867) 등이 협상을 벌였다. 그 결과 1862년 6월 5일 제1차 사이곤 조약(임술조약)을 체결했다. 베트남에서 천주교 포교의 자유를 인정하고, 남동부지역 비엔호아(Biên Hòa) 등 3개 성(省)과 꼰론(Côn Lôn)섬을 할양하며, 다낭을 비롯한 세 항구를 프랑스와 스페인에 개항한다는 내용이었다. 1867년에는 베트남인들의 반란을 제압한다는 명분을 들어 프랑스는 점점 더 많은 지역으로 세력을 확장했다.

1874년 폴 필라스트르(Paul Philastre)와 응웬반뜨엉(Nguyễn Văn Tường, 1824~1886) 사이에 제2차 사이곤 조약(갑술조약)이 체결되었다. 이 조약으로 응웬 왕조는 남부 6성에 대한 프랑스의 독립적 주권을 인정했다. 통상을 위해 하노이의 홍강을 개방하고 하노이(Hà Nội)와 하이퐁(Hải Phòng)에는 프랑스 영사가 주재하게 되었다. 베트남을 독립국으로 인정한다는 조항은 베트남에서 중국의 영향력을 부인한다는 의미로 쓰였다. 이제 베트남은 실질적인 외교권을 상실했다. 많은 유학자들이 개항 정책에 크게 반발했다. 뜨득제는 반발하는 유학자들을 탄압하기도 했다.

1883년 뜨득제가 세상을 뜨고 죽득(Dục Đức, 育德, 재위 1883~1883)제가 즉위했다. 하지만 응웬반뜨엉, 똔텃투옛(Tôn Thất Thuyết, 1839~1913) 등의 세력에 의해 죽득제는 즉위한 지 3일 만에 폐위되고 히엡호아(Hiệp Hòa, 協和, 재위 1883~1883) 황제가 옹립되었다. 훼(Huế) 황성의 관문인 투언안(Thuận An) 포대가 1883년 프랑스군에 점령당하자 제1차 훼조약(아르망 조약)이 체결되었다. 이 조약으로 북부 베트남의 군대가 해산되었다. 훼 조정은 완전히 프랑스의 간섭 아래에 놓였다. 북부 베트남 사람들과 군인들은 프랑스에 맞서 강력히 저항했다. 하지만 1884년 박닌(Bắc Ninh)과 타이응웬(Thái Nguyên) 등 주요 북부지역과 하노이 인근 지역은 프랑스군의 수중에 떨어졌다.

청과 푸르니에 조약(갑신조약)을 맺어 까오방(Cao Bằng) 등 북부 산악지대에서 청의 군대를 모두 철수시켰다. 이 조약을 이행하면서 프랑스와 청군 사이에 충돌이 일어났다. 양국은 다시 톈진 조약을 체결하였다. 이 조약으로 베트남에 대한 청의 권리는 모두 상실된다. 이제 프랑스는 내외부 세력의 간섭 없이 베트남을 철저히 식민지화할 수 있게 되었다. 베트남은 프랑스의 보호국으로 빠르게 전락했다. 그러나 훼 조정은 급박한 정세에 적절히 대응할 수 없었다.

히엡호아 황제는 제위에 오른 후 적절한 시기에 응웬반뜨엉의 무리를 숙청하고자 했다. 하지만 이들 세력에 의해 오히려 독살당하고 말았다. 그리고 그들은 끼엔푹(Kiến Phúc, 建福, 재위 1883~1884) 황제를 옹립하여 자신들의 권력을 유지했다. 1883년 한 해 동안 세 명의 황제가 바뀌었다.

1884년 6월 제2차 훼 조약(일명 파테노트르 조약)이 체결되었다. 1885년 리훙장과 프랑스 공사인 파테노트르(Jules Patenotre) 사이에 체결된 이 조약은 청이 베트남을 프랑스 보호국으로 인정한다는 내용이 담겨 있었다. 1885년이 되자 프랑스는 캄보디아, 라오스까지 식민지화하여 베트남과 함께 프랑스령 인도차이나를 건설했다.

1884년 7월 응웬 왕조의 끼엔푹 황제는 즉위 8개월 만에 세상을 떴다. 이어 함응이(Hàm Nghi, 咸宜, 재위 1884~1885)제가 즉위했다. 1885년 7월 똔텃투엣 등이 프랑스의 고압적 태도에 반발하며 맞서자 프랑스는 황궁을 공격했다. 똔텃투엣은 함응이제와 함께 황궁을 빠져나와 꽝빈(Quảng Bình) 지역으로 피신했다. 그리고 베트남 각지에 격문을 보내 프랑스에 맞서 싸우도록 종용했다. 이렇게 전국적으로 유학자들과 백성들이 참여한 근왕운동이 일어났다. 프랑스는 함응이제를 폐위하고 동카인(Đồng Khánh, 同慶, 재위 1885~1889)제를 옹립했다. 1888년 함응이제는 프랑스군에 체포되어 알제리로 유배되었다.

프랑스가 베트남을 정식으로 식민 지배한 시기는 1885년에서 1954년까지라고 흔히 말한다. 이 70여 년 사이에는 일본에 의해 식민 지배를 받은 1943년~1945년이 들어 있다. 1945년 8월의 해방은 일본의 항복에 의해서 주어진다.

2. 독립을 향하여

오랜 세월 북방의 침략에 맞서 끈질기게 저항하며 나라를 지켜온 베트남이었다. 위에서 살펴본 것처럼 황제와 관료들은 분열하고 제대로 대응하지 못했지만 인민들에게는 스스로 나라를 걱정하고 스스로 일어서 싸울 마음이 있었다. 다만 더 이상 황제와 관료들을 위해 싸울 마음은 없었다. 이 과도기에 전개된 독립운동 양상을 보면 옛 왕조를 회복하자는 움직임과, 동도서기적 입장에서 서구의 문물과 장점을 받아들이자는 입장, 민족 대단결과 무장투쟁으로 독립을 쟁취하자는 자주적 운동으로 크게 나뉜다. 어느 입장이든 장단점이 있었다. 자주적 입장에서 전개하는 독립운동이 가장 이상적이었지만 실질적으로 힘도 없었고 프랑스 식민주의에 맞서 싸우기에 유학의 이론도 예리하지 못했다. 서구의 문물을 받아들여 힘을 키우는 것도 좋은 생각이었지만, 시간이 흐르다 보면 베트남과 프랑스 사이에서 대부분 프랑스 쪽으로

베트남 남부에서는 끄우롱강을 따라 큰 도시들이 형성되었고, 물길을 따라 곳곳으로 이동할 수 있으며 캄보디아로 거슬러 올라갈 수도 있었다. 많은 사람들이 이 강에 의지하여 삶을 꾸려간다.

기울어질 가능성이 높았다. 옛 왕조를 회복하는 일은 유학자들과 많은 인민들이 참여할 수 있는 일이었지만, 왕조와 관료들이 분열되어 인민들의 힘을 원동력으로 이용할 능력이 없었다.

북부지역을 중심으로 무장독립투쟁을 벌였던 호앙호아탐(Hoàng Hoa Thám, 1836~1913), 응에안을 비롯한 중부지방을 중심으로 동유(東遊) 운동을 벌여나갔던 판보이처우(Phan Bội Châu, 1867~1940), 꽝남을 중심으로 독립운동을 전개한 판추찐(Phan Chu Trinh, 1871~1926) 등이 가장 잘 알려진 초기 독립운동가들이다. 그러나 이 시기의 독립운동은 한계가 많았다. 우리나라도 그랬던 것처럼 당시 다른 외세에 의존하여 자국의 독립을 이루는 데 힘을 보태겠다는 생각은 뒤돌아보면 애초 불가능한 일이었다. 이미 세상은 서구 제국주의를 기준으로 삼고 바다를 치달리며 세력을 확장하던 약육강식의 시대였다. 베트남의 독립운동가들은

베트남 사상으로의 초대

일본으로 유학을 떠나기도 했고, 베트남과 가까운 광둥 지역으로 건너
가기도 했다. 유학적 지식인이었던 이들의 독립운동이 보여준 한계는
다음 세대의 독립운동가들에게 커다란 교훈이 되었다.

이 시기 사유의 흐름에서 보면 남부의 처우독(Châu Đốc)은 눈에 선한
곳이다. 끄우롱(Cửu Long)강을 타고 캄보디아로 넘어가는 국경지대이
다. 온통 평야지대인 남부에서 산악이 비로소 시작되는 곳이다. 거꾸
로 보면 처우독은 메콩강이 베트남에서 막 시작되어 끄우롱강으로 이
름이 바뀌면서 넓게 퍼지기 시작하는 곳이다.

처우독에서 산을 따라 이어지는 떠이닌(Tây Ninh) 지역은 남부에서 발
생한 베트남 신종교의 고향이다. 처우독에 있는 삼(Sam)산은 남부 사
람들 거의 모두에게 신령스러운 산이다. 그리 높지 않지만 주변에 다
른 산이 없이 온통 평야지대여서 지금도 이 산에 기대어 사람들이 모
여 산다. 19세기 말에서 20세기 초에 이 지역은 반프랑스 독립투쟁이
솟아나던 곳이었다. 처우독에서부터 물길을 타고 빈롱(Vĩnh Long)과 미
토(Mỹ Tho), 속짱(Sóc Trăng) 등 남부지역 곳곳은 물론 거슬러 캄보디아의
프놈펜까지 어렵지 않게 이동할 수 있다. 프랑스로서는 점령해야만 할
곳이었다.

우선 19세기 말에서 20세기 초에 이르는 시기를 적절히 나누어보자.
『베트남 사상사』(2집)에 따르면[3] 1802년 응웬 왕조의 수립부터 1858년
프랑스의 무력 침략이 일어난 시기를 1차 시기로 설정한다. 다음은 프

---

3 Lê Sỹ Thắng(레시탕), *Lịch Sử Tư Tưởng Việt Nam*(tập 2)(베트남 사상사 2), Hà
   Nội: NXB KHXH, 1997, 5쪽.

유학자들이 중심이 되어 근왕운동을 펼치며 프랑스의 침략에 맞서 싸웠던 의병 활동은 판딘풍에 이르러 고비를 맞는다. 험준한 자연지형을 이용하여 성을 쌓고 근거지로 삼아 프랑스에 맞서 싸우던 지역은 오늘날 라오스와 국경을 맞댄 산악지대다. 흐엉케 기의가 실패하면서 전통적인 방식의 독립투쟁은 막을 내리고 새로운 방식의 독립투쟁 방식의 필요성을 일으켰다. 흐엉케 기의를 일으켰던 곳에는 그를 기리는 사당이 모셔져 있다.

랑스의 무력 침략에 맞서 저항하면서 판딘풍(Phan Đình Phùng, 潘廷逢, 1847~1895)의 봉기가 실패한 1896년까지를 2차 시기로 삼는다. 이 시기에는 유학자들이 중심이 되어 경신사상(更新思想)을 제기하고 근왕(勤王)운동을 전개하였다. 마지막 3차 시기는 20세기에 접어들어 주이떤(Duy Tân, 維新) 운동을 비롯하여 티엔단(Thiện Đàn) 운동이 전개되면서 1930년 베트남 공산당이 성립되기 이전까지다. 이러한 시기 구분은 사상의 흐름에서 볼 때 적절한 것으로 볼 수 있다.

호치민길에서 흐엉케 기의 근거지로 올라가는 입구에는 판딘풍과 까오탕 등 흐엉케 기의에 참여한 인물들의 상이 서 있다.

베트남은 해양을 자유롭게 왕래하는 국가였다. 응웬 왕조 초기에는 바닷길을 통해 주변국을 중심으로 다양한 국제 정보를 수집하기도 했다. 하지만 바다를 통해 침략해오는 서양의 식민주의 세력에 대해서는 제대로 된 정보를 수집하면서 대응하지 못했다.

응웬 왕조의 관료들이 주전론과 주화론으로 나뉘어 논쟁을 벌였지만, 모두들 프랑스의 침략에 대응하여 왕조를 지키려는 목적은 같았다. 관료 계층이든 재야의 유학자든 시대를 걱정하는 마음은 크게 다르지 않았다.

이렇게 유학자들을 중심으로 새로운 사상 경향이 형성되었다. 이를 경신사상(更新思想)이라 부른다. 경신사상은 주로 고전적인 형태의 상

응에안에 있는 판보이처우 생가 입구 모습. 판보이처우는 자주 인근 동네에 살던 응웬신삭을 찾아 시국을 논한 것으로 알려져 있다. 어린 시절의 호치민은 우물에서 물을 떠다 차시중을 들기도 했다.

소로 표출되었다. 나라를 다스리는 황제에게 유학자로서 의견을 건의하는 방식이었다. 선택과 실천은 황제의 몫이었다. 하지만 왕조가 더이상 유지될 수 없는 위험에 처하자 이들은 근왕운동을 전개했다. 황제를 보호하기 위해 직접 유학자들이 행동으로 나선 것이다. 전국적 규모로 호응을 불러일으켰으며 농민들도 합세했다.

판딘풍은 이러한 운동들의 마지막을 장식한 인물이다. 그가 일으킨 흐엉케 기의(khởi nghĩa Hương Khê, 1885~1896)는 프랑스군에 의해 진압되었다. 판딘풍이 기의를 일으켰던 본거지는 오늘날 중부 베트남과 라오스의 국경 산악지대다. 프랑스 식민주의자들은 판딘풍의 조상 무덤을 파헤치는 등 예민하게 반응했다. 유학자들이 주축이 되었던 개혁적 사

베트남 사상으로의 초대

◀오늘날의 호치민 시내에 있는 판추찐 사당. 판보이처우가 동유 운동 등 훗날을 도모하며 일본과 중국 등지에서 도움을 받아 독립투쟁을 펼치고자 한 반면 판추찐은 강경노선을 유지했다.

▶호치민 시내에 있는 판추찐 무덤. 프랑스 식민당국에 의해 수감되고 감시당하면서 그는 판보이처우와 함께 당대 독립투쟁을 이끌었다. 이 두 인물의 독립투쟁에서 빚어진 결실과 부족함은 훗날 호치민을 비롯한 여러 인물들의 독립투쟁 노선에 큰 영향을 끼쳤다.

상과 행동의 흐름은 이렇게 실패했다.

이러한 여러 유학자들의 현실참여적 반응은 불교 지식인들에게도 영향을 미쳤다. 불교는 베트남에 전래 초기부터 마을 사람들과 긴밀한 관계를 유지했다. 이제 프랑스의 침략과 착취는 왕실과 관료의 문제가 아니라 인민들의 문제로 다가왔다. 단지 왕조를 옹호하는 것만으로 나라를 지키기는 불가능해졌다. 유학자들의 다양한 투쟁 노선도 더 이상 길을 찾지 못했다. 모든 애국적 지식인들이 일어서서 다양한 반프랑스 독립운동을 전개해야 할 상황이 되었다.

이를 통칭하여 주이떤 운동이라 부른다. 이 운동을 주도한 세력은 유학자들은 물론 불교의 승려와 민족적 자본가 등 다양한 계층이었다. 그리고 이전의 유학자들이 응웬 왕조의 운명이 곧 나라의 운명이라고 생각했다면, 이제부터는 응웬 왕조와 나라의 운명이 분리된다. 유학자들에게는 왕조가 곧 나라였다. 그런데 응웬 왕조는 왕조를 유지하기 위해 프랑스 식민주의자들과 적절히 타협하면서 영토를 넘겼다.

주이떤 운동은 1903~1908년 사이에 집중적으로 일어난 문화적, 정치적, 경제적 성격의 운동이다. 이 운동을 대표하는 두 인물은 판보이처우와 판추찐이다. 판보이처우는 '소남자(巢南子)'란 이름으로『월남망국사(越南亡國史)』를 서술한 인물이다. 이들은 모두 유학적 지식인으로 무장투쟁과 동유 운동 등으로 독립투쟁을 벌이며 다음 세대에게 중요한 교훈들을 전했다.

그동안 민족의 주요한 사상적 기반이 되었던 불교와 유교는 이 시기에 그 자체로 특이한 대안을 마련하지 못했다. 남은 것은 민족이 지닌 자체의 역량뿐이었다. 물론 다시 외래사상을 받아들여 시대의 문제를 해결하려는 지식인들도 있었다. 하지만 이 방법은 또 다른 외세에 기대어 독립의 방법을 모색해야 하는 어려움에 빠지거나, 결국 암담한 민족의 역량을 재확인하며 패배주의로 이어지기 쉬웠다.

다양한 애국적 운동들이 전개되었다. 유학의 이념으로는 더 이상 호국이 어려워지자 불교와 도교는 물론 베트남의 민족주의적 민간신앙 등에도 관심을 기울였다. 인민들에게 친근한 민족의 영웅신과 같은 초월적 존재에 대한 믿음은 인민들에게 지속적인 격려와 희망의 원천이었다. 이를 들어 프랑스 식민주의자들과 투쟁할 수 있는 정신적 무기로 삼았다.[4] 민족적이고 종교적인 색채를 띠고 반외세 반봉건 전선을 형성했다. 이러한 종교성은 오래된 민족 공동체의 저변에 놓여 있는 것이었고, 그들에게는 맹목적 믿음의 근원이기도 했다.

이러한 사유를 기반으로 신비주의적 경향을 지닌 무장투쟁이 일어났다. 1897년 홍강 인근 지역에서 봉기를 일으킨 막딘푹(Mạc Đình Phúc, 1849~1897)은 베트남을 침략한 프랑스뿐만 아니라 나라를 넘긴 응웬 왕조까지 적으로 규정했다. 그는 인민들을 끌어 모으기 위해 스스로 신비스러운 능력을 지녔다고 주장했다. 의병들이 하이즈엉, 하이퐁, 타이빈, 남딘 지역에 주둔하고 있는 프랑스군 기지를 공격할 때 몸에는 부적을 지니고 목에는 '천병(天兵)'이라고 쓴 패를 걸었다.

1898년 하노이에서는 브엉꾸옥친(Vương Quốc Chính, ?~1898)이 봉기를 일으켰다. 베트남 중부의 하띤(Hà Tĩnh) 지역에서 북부 박닌(Bắc Ninh)까지 여러 지역 사찰들이 봉기의 중심세력을 형성했다. 이 봉기는 응웬 왕조와 리 왕조를 숭상하는 입장이었다.

같은 해에 푸옌(Phú Yên)에서는 쩐까오번(Trần Cao Vân, 1866~1916)과 보쯔(Võ Trứ, 1852~1898)가 봉기를 일으켰다. 이 봉기는 프랑스를 '승려의 적'으로 규정하여 인민들의 호응을 이끌었다. 승려는 당시 인민의 삶과 매우 밀접한 관계를 맺고 있었으며, 북부지역의 불교는 입세간적 호국

---

4 Trần Văn Giàu(쩐반지아우), *Sự phát triển của tư tưởng ở Việt Nam*(Từ thế kỷ 19 đến Cách Mạng tháng tám), Tập Ⅲ: *Thành công của chủ nghĩa Mác−Lênin và tư tưởng Hồ Chí Minh*(베트남 사상의 발전-19세기에서 8월혁명까지), Hà Nội: NXB Chính trị quốc gia Hà Nội, 1997, 373쪽.

불교의 성향이 강했다.[5] 불교를 근간으로 호국의 신들과 현세의 의병 장군들이 하나로 여겨졌다.[6]

이러한 양상은 분명히 미신적인 것이다. 부적이 총알을 피하게 해주지 못한다는 것은 누구라도 알 수 있었다. 그런데도 인민들은 이를 믿고 따르며 자신들의 목숨을 희생시켰다. 우리는 이들에게 왜 그렇게 할 수밖에 없었을까 하는 점을 물어야 한다. 이들의 행동을 그저 미신으로 단정하면 이들의 절박한 마음을 이해하지 못한다. 이들이 자신의 희생을 통해 이룩하려던 가치가 무엇인지 생생하게 알기 어렵게 되는 것이다. 어떠한 인민도 스스로 이해하지 못하는 봉기에 참여하여 자신의 목숨을 희생하지는 않을 것이다. 개인을 버리고 더 큰 공동체와 합일되는 일은 영웅적이지만 희생은 늘 두려운 일이다.

나라의 운명과 왕조의 운명이 분리되자 민족의 독립과 발전을 위한 투쟁 노선은 무척 다양하고 자유롭게 제기되었다. 이 가운데 베트남 사유의 흐름에서 특별히 우리가 관심을 기울일 운동은 북부에서 일어난 티엔단 운동과 남부에서 일어난 브우선끼흐엉(Bửu Sơn Kỳ Hương, 寶山奇香) 운동이다. 이 운동은 특별한 사상을 제시하거나 실질적으로 적극 독립투쟁에 나선 것은 아니었다. 그렇지만 베트남 사유의 흐름에서 주목해야 할 특이성을 강하게 담고 있다. 지식인들이 아무런 역할을 하지 못했을 때, 인민들이 드디어 일어서기 시작했기 때문이다.

---

5 위의 책, 373~374쪽.

6 Nguyen Tai Thu eds(Institute of Philosophy, VASS), *The History of Buddhism in Vietnam*, Washington, D.C., U.S: The Council for Rasearch in Values and Philosophy, 2008, pp.266~268.

베트남의 북부와 남부는 매우 다른 자연환경과 인문환경을 지녔기 때문에 이 시기 그곳에서 살아가는 인민들에게 주어진 문제와 대응하는 양상도 달랐다. 북부에서는 유학자들이 마을 속으로 들어가면서 티엔단 운동을 전개한다. 북부지역은 하나의 베트남 민족이라는 동포 의식이 강했으며, 마을 공동체 의식도 매우 강했다. 남부에서는 다양한 민족과 종교가 존재하면서 하나의 민족 공동체가 아닌 생존을 위한 협력 공동체로서의 경향이 강했다. 그래서 남부에서는 불교를 중심에 둔 브우선끼흐엉 운동이 전개되었다. 불교는 초기 형성 과정부터 이른바 외도(外道)를 받아들이며 형성되었기 때문에 다른 종교 또는 사상과의 융합에 비교적 열려 있다. 베트남에 유입된 이후에도 다른 사상들과 지속적으로 대화하면서 2천여 년을 지난 상황이었다.

북부와 남부의 두 운동은 모두 종교적 경향을 지니고 지식층이 주도적 역할을 했지만 주체는 모두 인민들이었다. 지식인들 중심의 사상적 독립투쟁 역량이 고갈되고 실천적 운동들이 실패하자 인민들 속으로 들어서서 오래된 민족의 전통적인 저력과 접속하는 과정으로 이해된다. 그래서 이 시기의 두 운동은 우리가 베트남 사유의 흐름을 바라보는데 중요한 대목이다.

3. 티엔단 운동

티엔단 운동은 베트남 북부지역을 중심으로 유학자들과 관료들이 낙향하여 후학을 양성하고 인민을 조직하면서 벌인 종교적 색채가 강한

▲▲티엔단 운동의 주요 거점이었던 남딘의 티엔쯔엉은 쩐 왕조의 사당이기도 하다. 세 차례에 걸친 몽골의 침략을 모두 물리치고 나라를 지킨 쩐 왕조의 황제를 모신 사당에서 프랑스의 침략을 물리치기 위한 민족의 정신적 저력을 떠올리며 인민들이 모여 티엔단 운동을 전개한 것이다.

▲하노이의 호안끼엠 호수는 베트남 북부 사람들에게 특별한 의미가 있다. 정치적 연설을 비롯한 다양한 집회가 이 호수를 중심으로 이루어졌다. 이곳에 있는 응옥선 사당에는 쩐흥다오 장군이 모셔져 있다.

베트남 사상으로의 초대

하노이에서 가장 큰 떠이 호수 인근에 있는 도교의 사원인 쩐부 사원. 탕롱을 수호하는 중요한 신으로 리 왕조 시기에 지어진 것으로 알려져 있다.

운동이다. 그 이전부터 이러한 경향은 있었지만 1908년 주이떤 운동이 실패한 이후 본격적으로 드러났다. 19세기 말과 20세기 초 나라를 사랑하는 지식인들은 프랑스의 탄압을 피해 유랑 지식인이 되거나 해외로 망명하여 활동할 수밖에 없었다. 그리고 많은 사람들이 붙잡혀 수감되었다.

티엔단 운동은 하노이 지역에서는 쩐부(Trần Vũ)와 응옥선(Ngọc Sơn) 사원을 중심으로 일어났으며, 남딘 지역에서는 동락(Đồng Lạc)과 티엔쯔엉(Thiên Trường)을 비롯하여 여러 마을에 단이 조직되어 있었다. 이러한 단들은 서로 연결되어 소통하고 있었다. 주이떤 운동이 전개되기 이전에는 주로 한자로 경전을 썼으며, 실패한 이후에는 베트남의 국음

(國音)으로 많이 썼다.

티엔단문은 강서(降書) 형식이 많으며 미신적 내용도 많다. 하지만 그 외피를 걷으면 외침에 대항하여 애국심을 고취하는 내용들이 간절하게 들어 있다. 미신적 요소들 또한 당시 인민의 실제적 삶과 긴밀하게 관련된 것들로 외부 사람들은 이해하기 어려운 내용이 대부분이다. 이는 외세의 이목을 피하기 위한 방편이기도 했다. 티엔단문의 내용들은 민간에서 쓰이는 성어와 숙어를 사용하고 해학적인 내용으로 시나 전설 등도 자유롭게 쓰기 때문에 우선 민간문학적으로 가치가 매우 높다. 당대 인민들의 삶과 사유를 엿보는 데 매우 중요한 자료다.[7]

티엔단 운동을 주도한 사람들은 주이떤 운동의 영향을 받은 유학자들이었다. 관직에 있던 사람들은 옷을 벗고 여러 마을로 낙향했다. 그곳에서 그들은 스스로 무당의 옷을 입고 민족의 영웅신들을 모신 단을 설치했다. 마을 사람들을 치료하기도 하고 강서를 통해 기적과 이적도 행했다. 수많은 강서 가운데 100여 강서를 모아 건(乾)과 곤(坤) 두 권으로 편집했다.[8] 이것이 『낀다오남(Kinh Đạo Nam, 道南經)』이다. 베트남 사람이 아니라면 이해하는 데 한계가 있다. 그리고 20세기 초 베트남 북부지역의 도덕과 정치, 경제, 사회 등의 여러 상황도 담고 있다.

이 운동을 이끌던 유학자들은 티엔단 운동에 대해 스스로 미신적인

---

7   Mai Hồng(마이홍), "Đôi nét về văn Thiện Đàn(kinh giáng bút)"(티엔 단 문에 대해), *Thông báo Hán Nôm học*, 2002, pp.210~218.

8   Đào Duy Anh khảo chứng(다오주이안 고증), Nguyễn Thị Thanh Xuân chú thích(응웬티타인쑤언 주석), *Kinh Đạo Nam*(도남경), Hà Nội: NXB Lao động, 2007, pp.24~44.

무속 활동이라고 곳곳에서 밝힌다. 프랑스의 탄압을 피하기 위한 방법이었다. 그렇지만 응웬응옥띤(Nguyễn Ngọc Tinh)과 같은 인물은 독립운동의 혐의로 프랑스 식민정부에 의해 투옥되었다.

『낀다오남』은 베트남 사람의 도리를 밝힌 경이라는 의미를 담고 있다. 경의 내용을 간략히 살펴보면 유학적인 윤상(倫常)을 사회관계의 도덕적 바탕으로 제시한다. 그리고 개인의 실천적 도리로는 불교의 자비와 선행을 들고 있다. 『낀다오남』의 「건편(乾編)」에는 남성들과 관련한 내용이, 「곤편(坤編)」에는 여성들과 관련한 내용이 담겨 있다.

「곤편」에는 우선 여성들을 안심시키는 내용들이 있다. 의병에 나아가고 전쟁이 벌어지는 상황에서 실질적으로 가정과 마을을 지키는 주체는 여성들이다. 물론 베트남에서 여성들은 흔히 직접 전쟁에 참여한다. 하지만 수십 년 동안 전쟁이 이어지면 삶과 전쟁이 분리되지 않고, 전쟁을 지속하기 위한 원동력은 결국 여성과 마을로부터 나와야만 한다. 특히 강한 적을 맞아 유격전을 펼쳐야 하는 경우라면 여성과 마을은 승패를 결정하는 주요 요인이다. 이러한 여성들에게 우선 미래로부터의 밝은 확신이나 예언을 전한다. 그리고 가정에서의 도리를 설명한다. 그러면서 가족을 지키도록 강력하게 요구한다. 오랜 반프랑스 독립투쟁을 위한 자주독립의 기초로서 가족은 중요한 투쟁의 원동력이기 때문이다.

「건편」에서 가장 주목되는 것은 배움과 관련된 부분이다. 현재 베트남의 학술적 수준이 낮음을 인정하고, 공학(孔學)에 대한 강한 긍정 위에 유학의 현실성을 더욱 향상시키고, 영국이나 프랑스 미국과 같이 문명을 발전시키기 위한 천문, 계산, 농학(農學), 기술, 전기, 광산, 기계, 약학(藥學) 등의 실용 학문을 배우도록 종용하고 있다. 이런 배움이 없이는 베트남이 결코 식민지에서 벗어날 수 없다는 점을 들고 있다.[9]

「건편」의 '논상(論常)'장에서는 부자(父子), 군신(君臣), 형제(兄弟), 부부(夫婦), 붕우(朋友)의 관계가 제시되면서 다른 모든 배움에 앞서 우선 이러한 관계가 사람으로서 지켜야 할 도리임을 천명한다.[10] 이를 토대로 개인 실천적 수행 내용에 접어들면 불교적인 개념이 등장한다. 수행(修行)에서 수(修)를 '수성(修性), 수심(修心), 수신(修身), 수행(修行)'으로 나누어 설명하는데 불성(佛聖)의 가르침과 연관시키고 있다.

티엔(Thiện)은 '마음속의 온전한 즐거움(Thiện là lành ở trong lòng)'이라 정의한다. 그리고 실천적으로는 사람과 사물을 사랑하며 서로 돕는 행위로 나타난다.[11] 이는 당시 혼란스러운 상황에서 발생하는 비윤리적인 사회 문제들을 해결하기 위해 도덕적 안정을 제시하는 관점이라고 이해할 수 있다.

「건편」의 마지막 부분에서 '나라사랑(Yêu Nước)'이 등장한다. 지금 '나라'가 위급한 상황에 처해 있으며 침략을 받고 있음을 밝힌다. 그리고 우리들 스스로 나라를 사랑해야 한다는 주장으로 나아간다. 이전 시기 나라의 주인은 왕이라는 생각이 일반적이었다. 응웬 왕조가 베트남의 영토를 프랑스에게 할양한 것은 프랑스의 침략적 식민 지배 야욕을 잘못 판단한 결과였다. 따라서 응웬 왕조는 시간이 흐를수록 모순에 빠지

---

9 위의 책, pp.59~61.

10 위의 책, pp.67~69, 'Rõ luân thường'장을 참고할 것.

11 위의 책, pp.107~108, 'Tu thiện đạo'장을 참고할 것.

고 프랑스 식민주의 세력에 끌려갈 수밖에 없었다. 이런 상황에서 '왕의 나라'가 아니라 '인민의 나라'라는 개념으로 인식을 전환하고 있다.

여기서 '나라'는 조상이 물려준 땅이며 조상들이 묻혀 있는 땅이고, 오랫동안 자손들에게 물려주어야 할 땅이라고 정의한다. 그래서 베트남의 영토를 지키는 책임은 왕조에 있는 것이 아니라 바로 '민(民)' 스스로에게 있다고 주장한다.

"우리는 남월(南越)이며, 용과 선인(仙人)을 부모로 둔 자손이며, 4천 년 동안 바뀌는 것은 많았지만, 종(種)은 오늘날까지 지켜진다"는 주장으로 '동포(同胞)'의 개념도 등장시키고 있다. 베트남 사람들이라면 모두 알고 있는 건국신화의 락롱꿘(Lạc Long Quân)과 어우꺼(Âu Cơ)도 등장한다. 이렇게 '왕(王)의 나라'에서 '민(民)의 나라'로 인식이 전환되면서, 인민들은 스스로 역사적 주체이자 나라의 주인으로 깨어나게 되었다.[12]

4. 브우선끼흐엉 운동

사이곤(Sài Gòn)의 서남부지역은 베트남 남부의 대표적 곡창지대로 프랑스의 직접 수탈 대상이었다. 이 지역에서는 프랑스의 수탈과 세금과 관련한 직접적 식민 지배의 영향을 받았기 때문에 저항 또한 현실적으로 눈에 띄는 것이었다. 이런 차원에서 반프랑스 독립운동이 전개

---

12 위의 책, pp.135~139, 'Ái Quốc'장을 참조할 것.

베트남과 캄보디아의 국경지대에 있는 처우독은 남부지역 반프랑스 운동의 근거지와도 같았다. 이곳을 중심으로 브우선끼흐엉 운동을 펼쳤던 펏터이떠이안의 무덤.

되었다. 불교는 독립운동의 중심에 서 있었다.[13]

남부지역에서 화교들은 도시와 시장, 항구 등지에 삶의 터전을 마련했다. 크메르인들은 속짱, 짜빈(Trà Vinh), 안지앙(An Giang) 지역에 주로 모여 살았다. 베트남인들은 벼농사를 지을 만한 조건이 형성된 여러 지역에 나누어 살았다. 불교를 비롯하여 이슬람교, 천주교, 힌두교 등 민족 구성만큼이나 종교도 복잡하게 얽혀 있었다. 이렇게 서로 다른 민족과 문화와 종교를 지녔지만 힘을 합쳐 서로 돕지 않으면 살아가기 어려운 자연환경 때문에 독특한 상호 배려와 협력의 공동체가 형성되

---

13 Nguyen Tai Thu eds(Institute of Philosophy, VASS), 앞의 책, pp.269~270.

었다.[14]

브우선끼흐엉도(道)를 처음 펼친 펏터이떠이안(Phật thầy Tây an) 도안민휘엔(Đoàn Minh Huyên, 1807~1856)은 허우지앙 지역에서 역병에 걸린 인민들을 치료하며 도를 전했다. 다양한 종교와 민족이 모여 사는 곳에서 불교는 비교적 보편적 종교로서의 역할을 담당할 수 있었다. 브우선끼흐엉은 펏터이떠이안이 사람들을 치료하면서 쓴 네 글자라고 알려져 있지만 다양한 해석들이 있다.[15] 이 도를 따르는 사람들은 밭에서 삼삼오오 모여 수행하고 포덕했다. 그리고 특별한 종교적 상징이나 건물은 만들지 않았다.

브우선끼흐엉은 베트남의 남부 마을에 영향을 끼쳤고, 인민들에게 수행을 통해 펏터이떠이안처럼 부처와 같은 인간이 될 수 있는 길을 열었다. 프랑스의 침략으로 전쟁이 벌어지고 돌림병이 돌아 인간의 생존이 위협받는 상황에서 학불수인(學佛修仁)하고 사은효의(四恩孝義)하여 지상불국토를 건설하자는 운동이었다. 가장 비인간적인 일들이 벌어지는 현실 한가운데에서 부처와 같은 사람이 되자는 주장은 한편 비현실적이다. 그런데 이러한 주장을 인민들이 현실에서 받아들이고 실천하고 있다. 인민이 주체적으로 현실의 괴로운 문제를 극복할 수 있는 존엄한 존재로 스스로를 인식해야만 가능한 일이다.

---

14 Phạm Bích Hợp(팜빅헙), *Người Nam bộ và tôn giáo bản địa*[Bửu sơn kỳ hương, Cao đài, Hòa hảo](남부 사람과 그 지역의 종교), Sài Gòn: NXB Tôn giáo, 2007, pp.54~57.

15 위의 책, pp.66~67.

브우선끼흐엉도의 학불수인(學佛修仁)[16] 개념은 부처를 배우고 인을 닦자는 내용이다. 배움과 수행의 주체는 일차적으로 '나'일 수밖에 없다. 학불(學佛) 개념은 불교와, 수인(修仁) 개념은 유교와 관련된다. 북부의 티엔단 운동에서는 배움은 유학을 주로 삼았고, 수행은 불교를 방법으로 삼았다.

티엔단 운동과 브우선끼흐엉 운동에서는 불교와 유교의 개념이 외면에 등장하지만 그 안에는 베트남 인민들의 오래된 사유가 흐른다.

동포와 같은 공동체 관념이 약한 남부에서 개인 혹은 가족은 사회적으로 더 중요한 단위다. 그래서 이러한 개인들의 개체성을 극복하고 사회적으로 조화를 이루면서 돕고 살기 위해서는 개인들 스스로 개체성을 극복하는 노력이 요구된다. 이는 개인의 이익과는 모순이다. 그런데 개인의 이익을 떠나 전체의 이익으로 개인을 초월하기 위한 삶을 살아가야 할 시대적 상황을 만난 것이다. 이를 선구적으로 보인 인물이 펏터이떠이안이며, 개인이 전체에 자신을 스스로 동참시켜 시대적 문제를 극복하려 한 운동을 전개한다.

현실적으로 프랑스의 경제적 수탈에 맞서 싸우기 위해서는 사회적

---

16 Phòng nghiên cứu lịch sử dân tộc(민족역사연구실), Ban tuyên giáo tỉnh ủy Đồng Tháp(동탑성선전부), *Phật thầy Đoàn Minh Huyên*(불사 도안민휘엔), Đồng Tháp: 2000, pp.25~26 참조. 브우선끼흐엉도(道)의 학불수인에 대해서 이 자료에서는 수인을 사은효의의 규정에 따른 실천으로 설명하고 있다. 또한 학불에서의 불을 자력적인 신앙 형태가 아닌 타력적인 신앙 형태로서의 '아미타불'과 관련시켜 설명하고 있다. 한편 수인(修仁)을 수인(修人)으로 보기도 하지만 유학적인 윤리강상의 내용이 들어 있음은 마찬가지다.

단결이 요구되었다. 이러한 차원에서 학불수인 개념은 개인의 소아(小我)적 수행과 배움이 개체성을 넘어 사회적으로 확대되면서 대아(大我)적 수행과 배움으로 나아가기 위한 내용을 담고 있다고 할 수 있다.

사은효의(四恩孝義) 개념은 '나'와 '타자'의 관계를 설명한다.[17] 내가 개인으로서 단절된 존재가 아니라는 나의 존재론적 특성을 규정한다. 사은(四恩)은 부모선조은, 나라은, 삼보은, 인류동포은이다. 내가 나로 존재하기 위해서 반드시 인정해야만 하는 일종의 구속 개념이다.[18] 즉 나는 사은이라는 한계에서만 나로 존재할 수 있다. 사은이 없으면 나의 존재도 없다. 물론 이때의 나는 몸을 지닌 현실적이고 구체적인 나다.

이는 현실적 인간이 지닌 한계이자 한편으로는 해탈해야 할, 벗어나야 할 속박이다. 그런데 이러한 사유를 역전시켜 오히려 은혜로 삼는다. 은혜가 된다는 인식은 내가 나를 소중히 여기는 첫 걸음이다. 여기 가난하고 병에 걸리고 착취당하는 내가 실은 소중한 은혜로 형성된 존재다. 내가 나를 소중하게 여기는 것은, 나의 인식에 주어진 노예적 속성을 초월하는 동력이기도 하다. 프랑스 식민 지배를 받는 노예 상태의 현실에서 내가 노예가 아닌 은혜로운 존재라는 사유는 자존감을 회복시킴은 물론 자유를 향한 운동의 중요한 토대도 된다.

---

17 위의 책, pp.22~24 참조. 브우선끼흐엉의 사은(四恩)은 불교의 사은 사상에서 비롯되었다고 할 수 있겠지만, 다른 한편 재해석을 통해 브우선끼흐엉도의 특징을 드러내고 있다. 브우선끼흐엉도의 사은은 ① Ân Tổ Tiên Cha Mẹ(부모선조은), ② Ân Đất Nước(나라은), ③ Ân Tam Bảo(삼보은), ④ Ân Đồng Bảo Nhân Loại(인류동포은)이다.

18 한국철학회 편, 『철학사와 철학』, 서울 : 철학과현실사, 1999, 36쪽.

떠이안사는 처우독의 신성한 산인 누이삼에 위치해 있다. 지금도 사람들의 발길이 그치지 않는 곳이다.

남부지역에서 신성시되는 떠이닌의 누이바덴에는 사찰과 함께 '검은 할머니' 사당이 있다. 인근 지역 민간신앙에서 매우 중요한 신격이다.

누이바덴사에서도 떠이안사와 마찬가지로 아이를 안은 승려의 상을 볼 수 있다.

베트남 사상으로의 초대

그런데 여기서 주의할 점은 나를 은혜로운 존재로 인정한다는 것이 노예 상태의 나를 그대로 은혜로서 받아들인다는 의미는 아니다. 오히려 이러한 사유를 전복한다. 은혜로운 존재인 나를 억압하고 착취하여 노예 상태로 만들려는 힘에 저항하도록 한다. 이것이 은혜를 입은 내가 은혜를 갚는 길이다. 존재하는 나는 나를 존재하게 한 '은혜'에 보답할 의무가 있다. 억압과 착취와 전염병으로 죽어가는 이 현실은 내가 적극적으로 극복하여 은혜에 보답할 바탕이다. 이 바탕을 비판하고 회피한다고 해서 이 바탕이 사라지는 것은 아니다. 오로지 나는 바로 이 바탕을 적극적으로 저 바탕으로 바꾸어나가야만 한다.

말세와도 같은 상황을 살아가는 인민들이 생존의 위기에 처한 자신의 처지를 은혜로 받아들이는 것은 쉬운 일이 아니다. 더 나아가 사은(四恩)의 보답으로 사회에서 효와 의를 실천할 수 있는 힘을 지닌 사람들은 많지 않을 것이다. 두려운 자기 희생이 전 사회적으로 유행되어야 가능해지는 일이다.

역사적으로 절박한 상황에 처한 민족이 자신의 생존을 위해 타자의 생존을 짓밟는 일은 흔히 볼 수 있다. 이들은 논리적 정당화도 갖추고 있다. 현대사회에서도 쉽게 전쟁이나 분쟁에서 드러난다. 타자의 생존을 담보로 내가 살아야 한다는 것은, 나의 삶이 그만큼 주체적이고 자주적이지 못하다는 증거이다. 혹은 나의 욕심이 타자의 생존을 빼앗을 만큼 크다는 뜻이다. 그런데 그러한 구조는 결국 언젠가 나 또한 타자의 생존을 위한 희생이 되어 마땅하다는 논리적 추론을 수반한다. 이러한 사회는 지속적으로 평화롭지 못하다. 참다운 인간성보다는 인간의 동물적 속성이 극대화된 세계로서 약육강식의 논리가 지배하는 세

▲▲떠이닌에는 까오다이교의 본산이 있다. 인근 지역은 호아하오 불교 등 남부지역 신종교의 고향이다.

▲까오다이교는 흔히 동서양의 종교를 혼합해놓은 베트남 남부지역 민중들의 종교로 알려져 있다. 베트남의 응웬빈키엠, 프랑스의 빅토르 위고, 중국의 손문을 삼성(三聖)으로 모신다.

계다. 사실 이 시기는 서구 식민주의자들이 그들의 논리를 전지구적으로 확산시키며 수많은 모순과 괴로움을 만들어내고 있었다.

브우선끼흐엉 운동은 펏터이떠이안 사후 두 흐름으로 전개되었다. 하나는 종교적인 측면을 이어갔으며, 다른 하나는 실천적 성향을 띠고 반프랑스 운동을 전개했다.[19] 또한 브우선끼흐엉 운동은 북부나 중부지역으로 나가지 않고 오직 남부에서만 전개되었다. 그렇게 본다면 브우선끼흐엉의 도는 남부의 자연, 문화, 역사와 깊게 연관된 것이라 할 수 있다. 이 운동은 남부지역 베트남인들의 사상을 반영하면서도 주변의 다양한 민족들과 조화를 이루기 위한 통합 사상적 면모를 보였다.

도안민휘엔은 인민들에게 살아 있는 부처로 존경받았다. 그와 관련된 여러 이야기가 있으며 떠이선 농민군의 지도자와 연관되는 이야기도 전한다. 브우선끼흐엉 이후 베트남 남부에서는 신종교가 등장한다. 떠이안(Tây An)사가 있는 처우독의 누이삼(Núi Sam) 인근 텃선(Thất Sơn)과 까오다이(Cao Đài)교 본산이 있는 떠이닌, 그리고 더 올라가면 남부 사람들이 신성시하는 누이바덴(Núi Bà Đen)도 있다. 누이삼에 있는 떠이안사의 입구에는 불상이 아니라, 아이를 품에 안고 있는 승려상이 서 있다. 이 승려상은 브우선끼흐엉의 불(佛) 개념을 매우 적절하게 상징한다고 볼 수 있다.

---

19 Phạm Bích Hợp(팜빅헙), 앞의 책, pp.69~73.

제5장

또 다른 시작

또
다른
시작

이제 결론이자 새로운 시작을 여는 이야기를 다루려 한다. 호치민 (Hồ Chí Minh, 1890~1969)이라는 인물의 이야기다. 이제까지 우리가 살펴본 베트남의 사유와 역사는 여기서부터 호치민이라는 인물의 삶과 사상으로 모아진다. 그리고 현대의 베트남 공산당의 역사로 연결된다. 그리고 현대사로 넘어간다. 그만큼 기록이 풍부하게 남아 있으며, 오늘날과 직접 연결되기 때문에 논란거리도 많다. 하지만 베트남 사유의 흐름에서 보자면 이전의 흐름과 단절되지 않고 이어지면서 호치민이라는 인물을 중심으로 잘 드러난다. 그래서 호치민의 생애와 사상에 대해 살펴보는 것이 중요하다. 그 다음으로 현재 진행 중인 베트남의 도이머이 정책 또한 베트남 사유의 흐름이 현실에서 실천적으로 드러난다는 측면에서 관심을 기울일 필요가 있다.

호치민이라는 인물의 생애와 사상에 대해서 살펴보는 것은 여기서 다룰 만한 분량이 아니다. 그의 생애와 사상에 대해서는 한 권의 책으로도 부족하다. 우리가 지금까지 살펴온 베트남 사유의 흐름을 그가 이어가고 있다는 느낌 정도만 다루는 것으로 그치고자 한다. 그리고 이것으로 이 책의 결론 부분을 대신하려 한다. 앞에서 살펴본 베트남 사유의 흐름을 떠올린다면 호치민이라는 인물이 사회주의자인지 민족주의자인지를 따지는 일이나, 그와 관련된 여러 질문들이 그다지 중요한 일이 아니라는 것을 잘 알 수 있을 것이다. 호치민 스스로도 자신을 사회주의로 이끈 것은 나라를 사랑하는 마음이었다고 밝히고 있다.

그래서 호치민의 생애 가운데 1954년까지, 디엔비엔푸(Điện Biên Phủ) 전투까지를 간략히 다루려 한다. 우리가 쭉 살펴온 베트남 사유의 흐름에서 그가 어떻게 그토록 베트남 사람들의 마음을 얻을 수 있었는가, 또는 그가 사람의 마음을 얻기 위해 얼마나 노력했는가를 어느 정도 느낄 수 있을 것이다.

1. 베트남, 호치민

1901년 호치민의 부친인 응웬신삭(Nguyễn Sinh Sắc, 1862~1929)은 아내를 잃자 열 살이 갓 넘은 응웬신꿍(Nguyễn Sinh Cung)을 고향으로 보내야 했다. 이 무렵부터 응웬신꿍은 '반드시 이루라'는 뜻의 응웬떳타인(Nguyễn Tất Thành, 阮必成)이라는 이름을 쓰기 시작했다. 그랬으니 새 이름을 지었을 사람은 아버지, 응웬신삭이었을 것이다. 그의 이야기부터 시작하는 것이 좋겠다. 호치민의 흔적을 찾아 베트남 곳곳을 다니면서 나는 응웬떳타인에게 끼친 부친의 영향을 느끼게 되었다.

응웬신삭은 태어나자마자 아버지를 잃고 이어 어린 나이에 어머니

응웬신삭은 마흔이 다 되어서야 포방에 급제한 후 훼에 있는 응웬 왕조의 황성에서 관리로 일하기 시작했다. 포방에 급제한 해 평생 고생하던 그의 아내가 죽고 말았다. 그가 8년여 관직생활을 할 때 머물던 훼 황성 근처의 집.

를 잃었다. 고아가 된 그를 마을 훈장이 거두어 키웠다. 그곳에서 자란 삭은 유학을 공부하며 과거시험을 준비했다. 나이가 들자 훈장의 딸인 황티로안(Hoàng Thị Loan, 1868~1901)과 결혼했다. 그 후 그는 계속해서 과거시험을 보았다. 응웬 왕조의 황성이 있던 훼의 국자감에 들어가게 된 그는 그곳에서 공부한 후 1901년 포방(Phó bảng, 副榜)에 급제했다. 그리고 예부에서 1909년까지 관직에 머물렀다.

그가 급제하고 막 관직에 나아갈 무렵 아내 황티로안이 넷째 아이를 낳은 뒤 세상을 떠났다. 그때 응웬 조정은 프랑스 식민 지배 세력의 손아귀에 놓인 상태였다. 그래도 그는 아내와 아이들을 위해서는 어느 정도 참고 일할 수 있었을 것이다. 하지만 아내가 죽은 후 그의 삶은 완전히 달라졌다. 그는 자신의 뜻대로 움직였다. 그는 예전 떠이선 농민 군의 고향인 빈딘(Bình Định)성 떠이선현의 관리로 자리를 옮겼다. 일종 의 좌천이기도 했다. 결국 그는 관직을 내던지고 유랑에 접어든다. 당 시 많은 뜻 있는 사람들이 유랑 지식인으로 살아가고 있었다. 남부로 내려간 그는 이곳저곳을 떠돌아다녔다. 여러 곳에서 사람을 만나 병을 고쳐주기도 하고 젊은이들을 가르치기도 했다.

그는 슬하에 응웬티타인(Nguyễn Thị Thanh), 응웬신키엠(Nguyễn Sinh Khiêm), 응웬신꿍을 두었다. 응웬신꿍이 훗날 호치민이 되는 인물이다. 꿍 의 동생도 있었으나 어머니 로안이 세상을 떠난 후에 어린 나이로 죽 고 말았다. 관직에 나아간 후 그제서야 조금씩 형편이 피었을 법도 한 데, 로안은 힘겨운 인생을 그렇게 살다 간 셈이다. 어린 꿍에게도 어머 니의 죽음은 충격이었을 것이다. 고향을 떠나 황성이 있는 훼에서 새 로운 삶의 터전을 막 일구던 시기였다. 삭이 응웬 왕조의 관직을 내던 지고 프랑스 식민 지배 아래에서 살아가는 관리는 '노예 중의 노예'라 고 선언하고 유랑 지식인이 된 것도 아내가 세상에 없었기 때문에 가 능했을 것이다.

동탑(Đồng Tháp)은 호치민시에서 서남쪽으로 160여 킬로미터 정도 떨 어진 곳이다. 동탑성의 중심지인 사덱(Sa Đéc)과 가까운 까오라인(Cao Lãnh) 마을에 그의 무덤이 있다. 훼의 관직을 내던진 응웬신삭은 남부 지역을 전전하면서 평생을 살다가 이곳에서 일생을 마친다. 그는 이곳 마을 사람들의 마음을 얻었다. 그가 죽자 이곳 사람들이 장례를 지내 고 무덤을 만들었다. 끄우롱(Cửu Long)강 지류에서 그는 이름처럼 아들 이 성공하길 기도하며 마을 사람들과 어울려 살아갔을 것이다.

▶관직에 머물면서 환멸을 느낀 그는 관리야말로 노예 중의 노예라는 말을 남기고 베트남 중남부를 돌며 유랑 지식인의 삶을 살아간다.
▶응웬신삭은 남부 동탑에 있는 마을에서 사람들을 가르치기도 하고 병도 고쳐주면서 살아가다 생을 마감한다. 마을 사람들은 서로 힘을 모아 그의 장례를 치른다.

호치민의 형인 키엠은 1914년 반역 활동 혐의로 프랑스 당국에 체포되기도 했으며 석방 후에도 비밀리에 활동을 계속했던 것으로 보인다. 누나인 타인도 체포되었다가 석방된 후 반프랑스 저항운동에 암암리에 참여했다. 형과 누나 모두 가정을 이루지 않고 독립운동에 참여했기 때문에 그들의 무덤은 고향 인근 공동묘지에 나란히 마련되어 있다.

응웬신꿍은 5월 응에안(Nghệ An)성 남단(Nam Đàn)현 논밭으로 둘러싸인 조그만 랑센(Làng Sen)에서 태어났다. 앞에는 나지막한 누이충(Núi Chung)이 있다. 부친인 삭은 멀지 않은 곳에서 살았던 판보이처우(Phan

◀어린 응웬신꿍을 가인에 담고 황티로안은 응에안 집에서 길을 나서 훼까지 400 여 킬로미터에 이르는 길을 걸어서 간다. 대나무로 만든 가인은 지금도 베트남 곳곳에서 물건을 나르는 데 쓰인다.

▶응웬신꿍은 훼에 있는 국학(國學)에서 잠시 공부했다. 이곳에서 프랑스어 등을 배울 수 있었다. 하지만 베트남 사람들을 도운 혐의로 학교에서 쫓겨나게 되었다. 부친과 형, 누나와 헤어진 후 이름을 응웬떳타인으로 바꾸고 남부 판티엣으로 내려가 잠시 민족학교에서 교편을 잡았다. 훼에 남아 있는 국학의 모습.

Bội Châu, 1867~1940) 등 여러 유학자들과 교류하면서 시대 상황을 고민했다. 찾아온 사람에게 제일 먼저 차를 대접하면서 서서히 이야기를 풀어나가는 베트남의 풍습대로, 어린 꿍은 집 앞에 있는 우물에서 물을 떠다 차를 끓여낸 것으로 전한다. 옆에서 차를 내면서 아버지와 손님이 나누는 이야기가 무슨 의미인지는 잘 몰랐겠지만 무언가 심각하다는 것은 알 수 있었을 것이다.

응웬신꿍은 1895년 어머니와 형과 함께 아버지가 관직으로 나아간

훼로 옮겨와 살았다. 다섯 살의 어린 꿍은 어머니가 어깨에 짊어진 가인(Gánh)에 담겨 훼까지 간 것으로 전한다. 하지만 1901년 어머니가 돌아가시자 그는 다시 응에안의 고향으로 돌아왔다. 어머니가 돌아가신 상황이 어느 정도 정리가 된 후 1906년 다시 훼로 가서 동바 프랑스-베트남(Pháp-Việt Đông Ba) 소학교에서 1907년까지 공부했다. 1908년에는 훼의 국학(國學)에 입학했다. 하지만 응웬떳타인은 형 키엠과 함께 세금 반대 운동을 벌이는 베트남 사람들을 도운 혐의로 학교를 더 이상 다닐 수 없게 되었으며, 이 일로 부친 또한 조정에서 견책을 받게 되었다.

1910년 20여 세의 응웬떳타인은 훼를 떠나 남부 판티엣(Phan Thiết)으로 갔다. 이곳에 있던 죽타인(Dục Thanh, 育青) 학교에서 학생들을 가르쳤다. 죽타인 학교는 당시 베트남 민족의 인재를 육성하기 위한 일종의 민족학교였다. 판티엣은 느억맘(Nước mắm) 내음이 길 곳곳 가득한 작은 항구도시다. 사이곤과 그리 멀지 않다. 이 시기 그는 한편 가르치면서 한편 사색하며 이전 시기의 사람들이 주도하던 여러 운동의 한계를 느끼게 되었다. 판추찐(Phan Chu Trinh)과 판보이처우가 대표적인 인물들이었다. 자신이 나아갈 길에 대해 수많은 고민을 할 수밖에 없었다. 그 이전 세대의 이론과 실천으로는 프랑스로부터 독립을 이룰 가능성은 희박했다.

1911년 6월 타인은 상선 아미랄 라튀세 트레빌(Amiral Latouche-Tréville)호에 올랐다. 그해 7월 프랑스의 마르세유 항에 입항했다. 그리고 그해 10월에는 다시 사이곤으로 들어온다. 이렇게 타인은 알제리, 튀니지, 모로코, 인도 등 아프리카와 아시아의 여러 나라를 다녔다.

사이곤 항구. 이곳에서 응웬떳타인은 프랑스의 상선을 타고 여러 나라를 돌아다니기 시작한다. 막 스무 살을 넘긴 그가 길을 떠나 프랑스를 거쳐 세계 곳곳을 다니다 30여 년이 지난 후에 베트남 북부의 산악지대로 들어온다.

해외로 나서서야 그는 비로소 식민지 문제가 베트남만의 문제가 아니라는 것을 몸소 깨달을 수 있었다. 식민주의자들로부터 억압받고 착취당하는 수많은 나라들이 있었다. 프랑스처럼 착취하는 나라 안에서도 여러 계급 모순이 있다는 것을 알았다.

응웬떳타인은 응웬아이꾸옥(Nguyễn Ái Quốc, 阮愛國)으로 이름을 바꾸고 1918년 프랑스 사회당에 입당했다. 적의 이론과 힘을 이용하여 적과 싸우는 것은 베트남의 익숙한 투쟁 방식이었다. 1920년 코민테른 제2인터내셔널에서 레닌이 발표한 노선은 응웬아이꾸옥에게는 새로운 민족해방의 이론적 무기로 인식되었다. 민족의 독립을 쟁취하기 위해 식민주의를 극복하는 길을 찾는 당시의 많은 동양의 사람들에게도 영향을 끼쳤다.

베트남 사상으로의 초대

1925년에는 베트남과 가까운 광둥에서 '베트남 청년혁명동지회'를 결성했다. 이곳에는 '떰떰싸(心心社)'라는 베트남 독립 무장투쟁 조직이 활동하고 있었다. 이 조직을 중심으로 흩어져 있던 베트남 독립운동 조직들의 역량을 결집시켜 나갔다. 『타인니엔(靑年)』잡지도 발행했다. 이 잡지는 베트남의 젊은이들을 끌어들이고 민족의 독립의식을 고취시켰다. 훗날 이 조직은 점차 확대되어 베트남 공산당과 베트남 민주공화국의 건설에도 기여했다.

베트남과 가깝고 문화적으로 유사한 광둥 지역은 베트남 독립투사들에게 반프랑스 독립운동의 거점이었다. 하지만 1927년 이 지역은 국민당의 장제스가 장악하고 있었다. 그는 반공이라는 명분 아래 여러 나라의 독립운동 세력에 대한 대대적인 탄압을 벌였다. 1928년 응웬아이꾸옥은 중국인으로 신분을 위장하고 태국으로 들어갔다. 그는 곳곳에서 사람들을 만나면서 유랑 생활을 하는 한편 승복을 입고 사찰에 머물면서 젊은 승려들과 교유하기도 하고 여러 모임들을 만들기도 했다. 이때 그의 행보를 보면서 나는 그가 그저 유랑했던 것은 아니라고 생각했다. 산악지대를 따라 라오스와 태국으로 이어지는 베트남의 산악지대는 훗날 '호치민길'이 만들어지는 곳이다. 그리고 1929년은 그의 부친이 동탑에서 사망하는 해다. 부친이 사망하기 전 그가 산악지대를 따라 라오스와 태국을 거치면서 베트남 남부 가까이로 내려갔을 가능성은 충분히 있다는 생각이 들었다. 그의 부친 또한 유랑하며 곳곳에서 사람들을 도와주면서 자연스럽게 베트남 독립의 필요성을 전했을 것이다. 라오스도 프랑스의 식민 지배를 받고 있었다. 응웬아이꾸옥도 곳곳에서 사람들을 만나서 자연스럽게 이름을 알리고 느슨한 형태의 모임을 조직했을 가능성도 있다.

1930년 홍콩에서 안남 공산당과 인도차이나 공산당의 대표들이 모였다. 응웬아이꾸옥은 이 두 대립적 분파를 통합하여 베트남 공산당을 결성했다. 하지만 1931년 응웬아이꾸옥은 영국 경찰에 체포되어 프랑스로 인계되었다. 우여곡절 끝에 영국인 로스비(Francis Henry Loseby, 1883~1967) 부부의 도움을 받아 겨우 도망치듯 풀려났다. 대외적으로는 결핵으로 사망한 것으로 알려졌다. 그리고 모든 연락은 두절되었다. 프랑스의 감시를 풀기 위한 의도적 조치였다. 이 소식을 들은 베트남 사람들은 그의 장례식까지 치렀다. 응웬아이꾸옥이라는 이름은 당시 베트남 사람들에게는 독립운동의 상징과 독립의 희망처럼 여겨지고 있었다.

1940년을 기점으로 베트남 국내에서도 전국적인 자발적 저항운동이 일어났다. 하지만 조직력이 없었고 산발적이었다. 이해 겨울 응웬아이꾸옥은 까오방(Cao Bằng)의 팍보(Pác Bó) 지역으로 조용히 들어왔다. 중국과의 접경지역인 이곳에는 눙(Nùng)족을 비롯한 여러 소수민족들이 산악 곳곳에 흩어져 산다. 까오방 시내에서 북쪽으로 한 시간 정도 좁은 길을 따라 더 올라가면, 팍보 산악지역이 나온다.

응웬떳타인이 조국을 떠나 세계 곳곳을 떠돌다 30여 년 만에 응웬아이꾸옥이 되어 베트남으로 돌아온 것이다. 그는 산으로 둘러싸인 조그만 동굴에 기거한다. 동굴에서 조금 내려온 곳에 흐르는 시내 한편에는 돌로 자연스럽게 책상을 마련하여 글을 썼다. 낚시를 하거나 소수민족 사람들과 어울리면서 향후 반프랑스 독립운동의 때를 기다리며 수많은 구상을 했다. 한편으로는 군대와 전위조직의 세력을 키워나가

베트남 북부 중국과의 국경지대인 까오방의 팍보 동굴. 이 동굴 속에 머물면서 응웬아이꾸옥은 세계정세를 주시하면서 때를 기다린다.

면서 국제정세를 면밀하게 주시했다.

1941년 '베트남 독립동맹'이 창설되었다. 응웬아이꾸옥은 본격적으로 베트남의 역사와 문화를 중시하는 토대 위에서 베트남 농민에 관심을 집중시켰다. 비엣민(Việt Minh)은 '조국의 인민을 해방시키고 조국을 구하기 위해 재산과 연령, 성별, 종교, 정치적 의견과 관계없이 모든 애국자들을 모집한다'는 기치를 내걸었다. 민족전선과 민중전선 아래 모든 사람들의 힘을 모으는 일이었다. 최전선의 목표는 일본의 파시스트와 프랑스 제국주의를 제거하고 새로운 민주주의 정신에 입각한 베트남 민주공화국 정부를 수립하는 것이었다. 응웬아이꾸옥은 베트남 사람들에게 신분과 연령을 넘어 모두가 베트남 사람으로 대단결할 것을 호소한다.

한편 응웬아이꾸옥은 1942년에 다시 중국으로 들어갔다. 일본 제국주의에 공동으로 대응하기 위한 방안을 모색하고자 장제스와 중국 공산당 모두를 만나 협의할 생각이었다. 하지만 응웬아이꾸옥은 곧바로 체포되고 말았다. 또다시 베트남 국내와 모든 연락이 두절되었고, 여러 감옥을 전전하게 되었다. 이때에도 베트남 동지들에게 사망 소식이 전해졌다. 사람들은 10여 년 전 사망 소식을 들었을 때보다 더 큰 충격에 빠졌다. 이미 그를 중심으로 베트남에 조직이 갖추어질 무렵이었다. 또다시 장례가 치러졌다.

감옥에 갇혀 지내는 사이에 응웬아이꾸옥은 『옥중일기』를 집필했다. 우여곡절 끝에 1943년 봄, 감옥에서 벗어날 수 있었다. 이후 응웬아이꾸옥은 호치민(Hồ Chí Minh, 胡志明)이라는 이름을 공식적으로 쓰기 시작했다. 그 이유에 대해서는 몇몇 설이 있지만 아직 확실하게 드러낼 만한 이야기를 찾아 정하지 못했다.

감옥에서 벗어난 호치민은 1944년 9월 까오방의 팍보로 다시 들어왔다. 베트남을 이끌어갈 다음 세대인 팜반동(Phạm Văn Đồng, 1906~2000)과 보응웬지압(Võ Nguyên Giáp, 1911~2013) 등 여러 젊은 동지들의 노력으로 팍보에는 해방구가 형성되어 있었다. 이해 12월에는 '베트남 해방을 위한 무장선전대'가 조직되었다.

호치민은 하노이와 가까운 타이응웬과 뚜엔꽝 사이에 있는 떤짜오(Tân Trào)로 점차 세력을 확장했다. 이곳에 안전구를 구축하고 군사를 훈련시키고 국민들에게는 자신의 뜻을 계속 전했다. 하노이에 있는 프랑스 당국은 이러한 움직임을 초기에 진압하려 했다. 호치민의 조직은

1944년에 떤짜오에 있는 이 오두막에서 호치민은 해방구를 만들고 프랑스로부터 독립을 쟁취하기 위해 다양한 활동을 펼친다. 하지만 이 시기 일본이 베트남으로 진주하면서 프랑스는 물러나게 되었다. 이 오두막에서 호치민은 병에 걸려 죽음의 문턱을 오가며 여러 차례 유언을 전하기도 한다.

아직 튼튼하지 못했기 때문에 프랑스군의 공격에 큰 타격을 받을 수 있었다. 그런데 이 무렵 일본군이 직접 베트남으로 진주하면서 프랑스 세력은 일본군에게 밀려 후퇴하게 되었다.

이제 베트남의 직접적인 적은 프랑스가 아닌 일본이 되었다. 이렇게 급박한 시기 떤짜오의 조그만 대나무 집에 머물던 호치민은 병에 걸려 생사를 오가게 되었다. 의식을 잃고 쓰러져 있다가 의식이 잠깐 돌아온 사이에 총력을 기울여 독립을 쟁취해야 할 시기임을 강조하는 일종의 유언을 남기기를 거듭했다. 이미 일본의 패망이 눈앞에 있다는 정세는 미리 파악할 수 있었다. 이 시기가 지나면 더 많은 피를 흘리더라

▲▲딘은 베트남 마을에서 공동체 사람들이 모여 회의를 하거나 여러 행사를 여는 마을 공동의 공간으로 주로 유교와 연관된다. 딘흥타이는 딘랑까로 불리다가 열사인 팜흥타이의 이름을 기리면서 딘의 이름을 바꾸었다. 떤짜오의 여러 반프랑스 독립투쟁 유적지 중 한 곳으로 주로 군사훈련을 시키던 곳이었다.

▲떤짜오의 꺼이다 아래서 1945년 8월 16일 베트남해방군이 하노이로 출병하기 위해 모였다. 보응웬지압 장군이 이곳에서 군령을 내리고 하노이로 진군하여 무혈입성한다. 인근에 있는 딘떤짜오에서는 호치민 주도로 전국의 다양한 세력들이 모여 국민대회를 열고 국기와 국가 등을 결정했다.

베트남 사상으로의 초대

도 승리를 장담할 수 없었다. 호치민에게 '때'는 매우 중요했다. 변하는 시간에서 변화하는 적을 정확하게 판단하고 가장 최선의 정해진 때를 기다리는 지혜가 있었다. 이렇게 생사를 오가던 호치민을 치료한 사람은 인근 지역 타이(Thái)족의 한 노인으로 전한다.

떤짜오가 더욱 유명해진 이유는 이곳에서 '8월혁명'을 준비했기 때문이다. 그리고 이곳에서 베트남 전국의 여러 세력들이 모두 모여 '국민대회'를 열었기 때문이다. 이 대회를 빨리 열지 않았다면, 호치민은 하노이로 들어오기 위해 수많은 피를 흘려야만 했을 것이다. 심지어 같은 베트남 세력끼리도 유혈사태가 빚어질 수 있었다. 일본의 패망에 온갖 정치세력들이 제각기 구호들을 내세우기 시작할 때였다. 그들은 제 목소리를 내기 위해 이 대회에 참석하기도 했을 것이다. 하지만 그들에게는 호치민과 같은 실질적인 준비와 미래에 대한 계획이 결여되어 있었다.

2. 하늘마을에서

호치민은 그의 동지들과 함께 하노이로 무혈입성한다. 응웬 왕조의 마지막 황제였던 바오다이(Bảo Đại, 1913~1997)는 옥새를 넘기고 제위에서 물러나 베트남 민주공화국의 고문이 되었다. 임시정부를 구성한 후 호치민은 1945년 9월 2일 바딘(Ba Đình) 광장에서 독립을 선언한다. 국호를 베트남으로 하는 '베트남 민주공화국'이 탄생했다. 서둘러 국가의 조직을 정비하고 체제를 형성했다.

▲▲호치민이 대통령으로 생전에 머물면서 정원을 가꾸고 물고기 밥을 주고 사람들을 만나던 냐산. 인근에 주석부가 있고 바딘 광장이 있으며 호치민 묘도 가까운 곳에 조성되어 있다.

▲바딘 광장에는 호치민 묘가 있다. 유언에는 화장한 후에 사람들이 알지 못하는 곳에 재를 나누어 북부, 중부, 남부에 뿌려달라고 했다. 그리고 조그만 사당 하나를 만들어 찾는 이들이 섭섭하지 않도록만 해달라고 했다. 호치민의 사당은 바비산에 있다. 하노이 사람들은 여름날 저녁 이곳을 찾아 바람을 쐬며 거닐기도 하고 국기 하강식을 보기도 한다.

◀호치민의 어머니 황티로안의 묘는 고향 가까운 곳에 있다. 공식적으로 호치민과 형, 누나 모두 가정을 갖지 않았기 때문에 따로 제사를 지내는 후손은 없다. 하지만 많은 사람들이 이곳을 찾아 참배한다.

▶호치민이 대통령이 된 후 형과 누나에게 도와달라고 하지만 이들은 평생 독신으로 숨어 산다. 반프랑스 독립투쟁에 조용히 평생을 바친 것으로 알려져 있다. 고향 가까운 공동묘지에 무덤이 있다.

하지만 이런 움직임과 상관없이 1945년 7월 말과 8월 초 열린 포츠담 회담에서 연합국은 일본의 항복과 함께 일본의 식민지였던 한국과 베트남 등에 대한 처리 방안을 논의했다. 베트남과 한국에서 일어나는 자발적이고 독립적인 움직임은 무시되었다. 여기서 베트남은 16도선을 기준으로 북부는 중국의 국민당 군대가, 남부는 영국군이 관할하기로 합의했다. 한국은 38도선으로 분할되어 소련과 미국에 의해 군정이 실시되었다. 연합국은 독립을 선언한 베트남 민주공화국을 인정하지 않았다.

프랑스의 드골(De Gaulle) 대통령은 그들의 식민 지배를 베트남에 재건할 생각이었다. 하지만 1947년 1월 드골이 대통령직을 사임하면서 사회당의 펠릭스 구엥(Felix Gouin)이 3당 연립정부를 구성했다. 프랑스는 베트남과의 교섭을 통해 해결점을 찾으려는 정책을 시행했다.

이러한 프랑스의 사정을 호치민은 잘 알고 있었다. 정권이 바뀌면 정책도 바뀌기 때문에 협상을 해볼 여지는 충분했다. 하지만 중국은 달랐다. 오랜 역사적 경험으로도 국경을 맞대고 있는 중국은 가장 경계해야 할 대상이었다. 중국과의 협상은 늘 전쟁을 거친 후에야 가능한 일이었다.

프랑스로 날아간 호치민은 교섭 책임자인 장 생트니(J.R. Sainteny)와 '프랑스 · 베트남 예비협약'에 조인했다. 이 협약으로 베트남은 북부의 중국군을 몰아낼 수 있었다. 이제 베트남은 외부 세력을 프랑스로 단일화하고 이에 따라 전선 또한 프랑스로 일원화시킬 수 있었다. 그런데 프랑스는 조약에서의 협약과 달리 16도선 이북으로 진격하며 식민 지배의 야욕을 드러냈다. 곳곳에서 프랑스군과 베트남군 사이에 무력충돌이 일어났다. 1946년 11월 하이퐁에서 무력충돌이 일어나면서 무자비한 프랑스의 폭격으로 6천여 명이 목숨을 잃었다. 프랑스는 베트남군이 집결한 것을 해산하기 위한 조치라고 했지만 사상자 대부분은 민간인들이었다. 결국 호치민은 1946년 12월 19일 반프랑스 전국 항전을 베트남 국민들에게 호소한다. 총이 없는 사람은 칼이나 곡괭이를 들고서라도, 어떠한 희생이 따르더라도 치러야 할 일전이 되었다.

베트남 북부 깊은 산속의 분지를 이곳에서 살아가는 사람들은 므엉타인(Mường Thanh)이라 불렀다. 타이족과 흐몽(H'mong)족이 어울려 살아가는 땅이었다. 므엉타인은 하늘마을이라는 뜻이다. 온통 밀림으로 둘러싸인 분지에는 벼농사를 지을 만큼 풍요로운 땅이 있고 따뜻한 온천도 솟았다. 지금은 사람들에게 디엔비엔푸(Điện Biên Phủ)로 잘 알려져

밀림으로 둘러싸인 분지 지형인 이곳을 인근 소수민족들은 하늘마을이라 불렀다. 평화롭게 타이족과 흐몽족이 삶의 터전으로 삼았다. 산악지대에서 활동하는 베트남 독립군을 소탕하기 위해 프랑스군은 여기에 기지를 건설했다. 비행기가 없으면 들어올 수 없다고 판단했다.

있다.

평화로운 하늘마을에 기지를 만든 것은 프랑스군이었다. 이곳에 기지를 만들고 인근 산악지역에서 활동하는 베트남 독립군을 공격하는 것이 목표였다. 게다가 분지 지형인 이곳에 오기 위해서는 비행기가 필요했다. 밀림과 같은 산으로 둘러싸여 있어서 육로로는 접근하는 것이 거의 불가능했다. 오늘날에도 육로를 통해 디엔비엔푸로 가는 길은 험난하다. 당연히 당시 공군력이 없는 베트남 독립군의 공격으로부터 안전한 장소로 판단됐다.

그런데 베트남군은 몇 년 동안 밀림지역을 뚫고 산을 넘어 대포를 이동시킨다. 사람의 힘을 이용해 밀림 산악지대를 대포를 끌고 이동한 것이다. 1954년 5월 7일 하늘마을에서 마지막 전투가 벌어졌다. 프랑스군 사령관 카스트리(Christian Marie Ferdinand de la Croix de Castries,

▲▲디엔비엔푸 전투에서 패배한 프랑스군은 1955년 4월 하이퐁 항구에서 배를 타고 완전히 떠난다.

▲프랑스군을 물리친 베트남은 잠시 해방의 기쁨을 누렸지만 미국과의 충돌은 이미 예고된 상태였다. 하노이 전쟁박물관에 있는 전투기 잔해 모습.

베트남 사상으로의 초대

1902~1991)는 결국 벙커에서 나와 항복했다. 이렇게 베트남에서 프랑스의 식민 지배는 완전히 종식되었다.

그런데 디엔비엔푸가 함락된 바로 그날인 1954년 5월 7일 제네바에서 회담이 시작되었다. 7월 21일에 폐막된 제네바 회담에서는 잠정적으로 베트남을 북위 17도선을 경계로 남북으로 나눈 후 1956년에 남북 총선거를 실시해 통일정부를 수립한다는 내용에 합의했다. 이는 또 다른 전쟁을 예고하는 것이었다.

1954년 10월 9일 프랑스군은 베트남을 떠났다. 호치민은 다시 하노이로 돌아왔다. 만신창이가 된 도시와 외세에 의해 남과 북으로 재분열되어가는 조국이 그의 눈앞에 있었다. 1954년 5월에 끝난 베트남 북부지역의 이 전투는 20세기 세계사의 한 무대를 장식한다. 식민 지배를 하던 서구 열강을 전쟁으로 물리친 대표적인 전투였다. 그리고 새로운 냉전시대의 전쟁이 가까이 다가오고 있었다.

강은해, 「한국 귀화 베트남 왕자의 역사와 전설」, 『동북아문화연구』 제26집, 2011.

국립중앙박물관, 『붉은 강의 새벽』, 서울 : 국립중앙박물관, 2014.

김원명, 「원효의 비불교적 배경 시론(試論)」, 『철학논총』 제58집, 새한철학회, 2009.

김종욱, 「19세기 말 베트남 근왕(勤王)운동의 실패 원인에 관한 재고찰」, 『동남아 연구』 21권, 2011.

김호귀, 「『이종입(二種入)』과 『금강삼매경(金剛三昧經)』의 이입(理入)과 사행(四行)의 관계」, 『한국선학』 23권, 한국선학회, 2009.

노대환, 「18세기 후반－19세기 조선 지식인의 베트남 인식」, 『朝鮮時代史學報』 58, 2011.

박태원, 『원효』, 서울 : 한길사, 2013.

──, 『원효사상연구』, 울산 : 울산대학교 출판부, 2011.

──, 「원효의 선(禪) 사상」, 『철학논총』 68집, 새한철학회, 2010.

──, 『원효의 『금강삼매경론』 읽기』, 서울 : 세창미디어, 2014.

──, 『원효의 화쟁철학』, 서울 : 세창출판사, 2017.

박희병, 『베트남의 기이한 옛이야기』, 경기 : 돌베개, 2000.

──, 『베트남의 신화와 전설』, 경기 : 돌베개, 2007.

박희영, 「종교란 무엇인가? : 고대 신화와 의식에 대한 분석을 중심으로」, 『서양고

전학연구』 13, 한국서양고전학회, 1999.

손노선 외, 「베트남의 무속과 무당들의 접신현상」, 『한국무속학』 제28집, 2014.

송정남, 「프랑스 植民地下의 南베트남 土地制度」, 『국제지역연구』 제5권, 2001.

송정남, 「16세기 베트남의 천주교 유입과 성격」, 『동남아연구』 18권, 2008.

에른스트 캇시러, 『국가의 신화』, 최명관 역, 서울 : 도서출판 창, 2013.

유인선, 『베트남의 역사』, 서울 : 이산, 2003.

윤대영, 「19세기 후반~20세기 초 베트남의 '新書' 수용」, 『東洋史學硏究』 117집,
    2011.

원효, 『금강삼매경론』, 은정희 외 역주, 서울 : 일지사, 2009.

──, 『금강삼매경론』, 『한국불교전서』.

윌리엄 J. 듀이커, 『호치민 평전』, 정영목 역, 서울 : 도서출판 푸른숲, 2003.

응웬따이트, 『베트남 사상사』, 김성범 역, 서울 : 소명출판, 2018.

응웬응옥꿰, 「15세기 베트남 대표문인 응웬짜이(阮薦)의 愛國詩 考察」, 『동방문학
    비교연구회』, 2014.

이근명, 「11세기 후반 송·베트남 사이의 전쟁과 외교 교섭」, 『동북아역사논총』
    34호, 2011.

이병학, 『역사속의 원효와 『금강삼매경론』』, 서울 : 혜안, 2017.

───, 「금강삼매경론 설화의 사회적 의미 – 송고승전의 원효전을 중심으로」,
    『北岳史論』 9, 국민대학교, 2002.

이승헌, 『남베트남 민족해방전선 연구』, 서울 : 고려대학교출판부, 1970.

이정빈, 「한국·베트남 고대사의 비교연구」, 『동서인문학』 53집, 2017.

쟝 라꾸뛰르, 『베트남의 별』, 아시아아프리카라틴아메리카 연구원 역, 서울 : 소나
    무, 1988.

정천구, 『베트남 선사들의 이야기』, 서울 : 민족사, 2001.

조동일 외, 『베트남 최고시인 阮薦』, 서울 : 지식산업사, 1992.

최덕경, 「7~13세기 漢喃銘文과 베트남史의 모색」, 『中國史硏究』 제11집, 2000.

최병욱, 「19세기 전반 베트남 제국(帝國)의 국제질서」, 『동남아시아연구』 21권,
    2011.

──────, 『베트남 근현대사』, 경기 : 창비, 2009.

최유진, 「『금강삼매경론(金剛三昧經論)』에 나타난 원효의 일심(一心)」, 『인문논총』 11권, 경남대인문과학연구소, 1998.

필립 랑글레 외, 『베트남현대사』, 윤대영 역, 경기 : 진인진, 2017.

한국철학회 편, 『철학사와 철학』, 서울 : 철학과현실사, 1999,

Đào Duy Anh khảo chứng(다오주이안 고증), Nguyễn Thị Thanh Xuân chú thích(응웬티타인쑤언 주석), *Kinh Đạo Nam*(도남경), Hà Nội: NXB Lao động, 2007.

Lê Quý Đôn(레뀌돈), *Vân Đài Loại Ngư*(芸臺類語), Hà Nội: NXB Văn hóa Thông tin, 2006.

──────────────, *Quần thư khảo biện*(群書考辨), Hà Nội: NXB KHXH, 1995.

Lê Thị Lan(레티란), *Tư tưởng làng xã ở Việt Nam*(베트남의 마을 사상), Tạp chí Khoa học xã hội Việt Nam (số 3 − 2015).

Lê Sỹ Thắng(레시탕), *Lịch Sử Tư Tưởng Việt Nam*(tập 2)(베트남 사상사 2), Hà Nội: NXB KHXH, 1997.

Mai Hồng(마이홍), "Đôi nét về văn Thiện Đàn(kinh giáng bút)"(티엔 단 문에 대해), *Thông báo Hán Nôm học*, 2002.

Nguyễn Duy Hinh(응웬주이힌), *Triết học phật giáo Việt Nam*(베트남불교철학), Hà Nội: NXB Văn hóa thông tin, 2006.

Nguyễn Hùng Hậu(응웬훙허우), *Lược khảo tư tưởng thiền trúc lâm Việt Nam*(베트남죽림선사상략고), Hà Nội: NXB KHXH, 1997.

Nguyễn Lang(응웬랑), *Việt Nam Phật giáo sử luận*(베트남불교사론), Sài Gòn: NXB Lá Bối, 1974.

Nguyen Tai Thu eds(Institute of Philosophy, VASS), *The History of Buddhism in Vietnam*, Washington, D.C., U.S.: The Council for Rasearch in Values and Philosophy, 2008.

Nguyễn Tài Thư(응웬따이트), *Mấy tư tưởng cơ bản của Lê Quý Đôn trong 『Quần thư khảo biện』*(『군서고변』에 나타난 레뀌돈의 기본 사상들), *Thông báo triết học số 21*, Viện triết học.

Nguyễn Trãi Toàn Tập Ⅱ(응웬짜이 전집 Ⅱ), Trung tâm nghiên cứu quốc học(국학연구소), TP HCM: NXB Văn học, 2000.

Phạm Bích Hợp(팜빅헙), *Người Nam bộ và tôn giáo bản địa*[Bửu sơn kỳ hương, Cao đài, Hòa hảo](남부 사람과 그 지역의 종교), Sài Gòn: NXB Tôn giáo, 2007.

Phòng nghiên cứu lịch sử dân tộc(민족역사연구실), Ban tuyên giáo tỉnh ủy Đồng Tháp(동탑성선전부), *Phật thầy Đoàn Minh Huyên*(불사 도안민휘엔), Đồng Tháp, 2000,

Trần Thái Tông(쩐타이똥)(Thích Thanh Từ 강해), *Khóa Hư Lục*(콰흐룩), Giáo hội Phật giáo VN(Ban văn hóa trung ương)(베트남불교회), HCM, 1996.

Trần Văn Giàu(쩐반지아우), *Sự phát triển của tư tưởng ở Việt Nam(Từ thế kỷ 19 đến Cách Mạng tháng tám)*, Tập III: *Thành công của chủ nghĩa Mác-Lênin và tư tưởng Hồ Chí Minh*(베트남 사상의 발전–19세기에서 8월혁명까지 3집: 호치민사상과 마르크스 레닌주의의 성공), Hà Nội: NXB Chính trị quốc gia Hà Nội, 1997.

『陳太宗御製課虛』,「金剛三昧經序」(越南佛典叢刊, 河內遠東博古學院護刊, 河內北圻佛敎總會發行).

용어

인명

홍(雄) 임금 26, 31, 32, 35, 39, 40, 41, 43, 45, 47

도서 및 문헌

The Invitation to Vietnam's Thought

베트남 사상으로의 초대